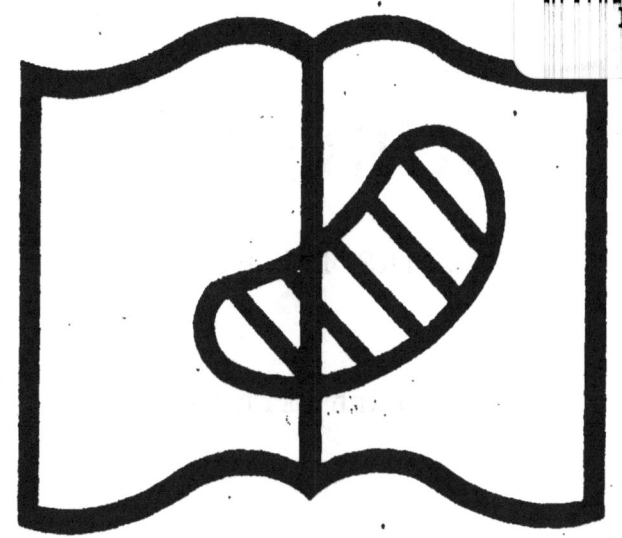

Original illisible
NF Z 43-120-10

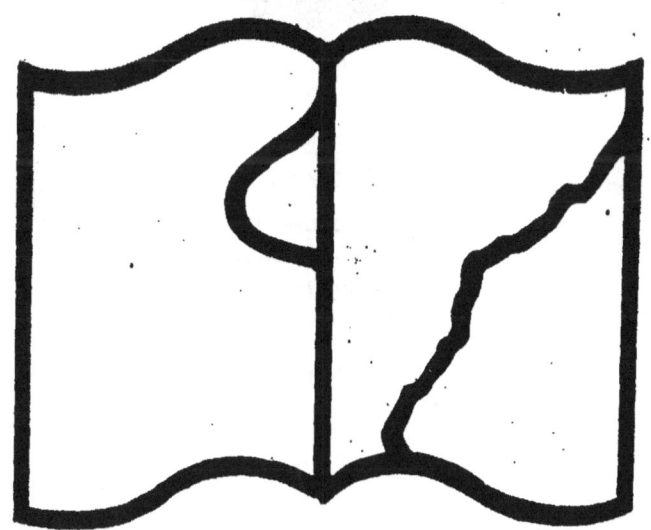

Texte détérioré — reliure défectueuse
NF Z 43-120-11

"VALABLE POUR TOUT OU PARTIE
DU DOCUMENT REPRODUIT".

QUIBERON

SOUVENIRS DU MORBIHAN

PAR

M. ALFRED NETTEMENT

ANCIEN REPRÉSENTANT DU MORBIHAN

PARIS
LIBRAIRIE JACQUES LECOFFRE
ANCIENNE MAISON PERISSE FRÈRES DE PARIS
LECOFFRE FILS ET Cie, SUCCESSEURS
90, RUE BONAPARTE, 90

1869

QUIBERON
645

8° Lk⁷ 1994⁷

Tombeau des victimes de Quiberon.

QUIBERON

SOUVENIRS DU MORBIHAN

PAR

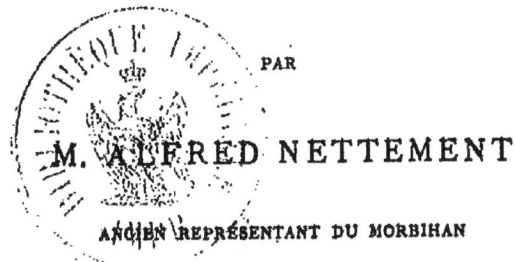

M. ALFRED NETTEMENT

ANCIEN REPRÉSENTANT DU MORBIHAN

PARIS

LIBRAIRIE JACQUES LECOFFRE

ANCIENNE MAISON PERISSE FRÈRES DE PARIS

LECOFFRE FILS ET Cie, SUCCESSEURS

90, RUE BONAPARTE, 90

—

1869

AU LECTEUR

Il y a près de vingt ans déjà qu'une dette de reconnaissance, dont je chercherai à m'acquitter tous les jours de ma vie sans croire jamais l'avoir payée, m'amena, pour la première fois, dans le Morbihan. Étranger à ce noble pays, dont j'avais toujours admiré, dans l'histoire, la foi profonde, les simples et mâles vertus, j'avais reçu de lui une marque de confiance et un titre qui équivalaient à des lettres de grande naturalisation. Le Morbihan était devenu pour moi cette patrie locale inscrite dans le cercle plus étendu de la grande patrie; je devais une visite à la contrée qui m'avait adopté : je partis. Ce sont les notes prises à vol d'oiseau dans les pérégrinations successives que j'ai faites dans le Morbihan, en 1850 et en 1851, puis en 1860 et en 1868, et les lettres écrites à quelques amis, qui me fournissent les documents à l'aide desquels je vais essayer de retracer mes impressions et mes souvenirs. On verra, dans le cours de mon récit, comment je subis peu à peu l'attraction de ce triste et terrible nom de Quiberon, qui rappelle tant de sang et de larmes versés; comment, après avoir bien souvent erré sur cette plage homicide, je prolongeai dans l'histoire l'étude commencée sur le théâtre des événements, et de quelle manière, après avoir remué tous les problèmes historiques que soulèvent cette expédition et son désastreux dénoûment, je fus amené à donner pour titre à mon livre le nom de QUIBERON.

1*er* avril 1869.

SAINTE-ANNE D'AURAY

I

DE PARIS A VANNES PAR ANGERS, LA LOIRE ET NANTES.

Lorsqu'au commencement du mois de septembre 1850, je me rendis pour la première fois en Bretagne, la voie ferrée qui relie aujourd'hui Paris à Nantes et à Vannes s'arrêtait encore à Angers. Arrivé de grand matin dans cette ville, après un trajet de dix heures, je jetai un rapide coup d'œil sur le magnifique hôtel des ducs d'Anjou ; puis je m'embarquai, à six heures du matin, sur le bateau à vapeur qui descendait la Loire, et je trouvai à bord quelques voyageurs dont le nom ou la personne m'étaient connus : le prince de Lucinge, MM. de Monti et de Mirabeau. Ceux qui ont fait par eau le voyage d'Angers à Nantes savent combien ce fleuve est, à cet endroit, magnifique de largeur, et combien, lorsque les eaux sont hautes, il présente un aspect imposant et majestueux. En même temps, les deux rives nous renvoyaient les souvenirs de la Vendée militaire, dont MM. Muret et Crétineau-Joly ont raconté les fastes glorieux. Voici que, sur la rive gauche de la Loire, au-dessous d'Angers, dans un pays qui s'est appelé autrefois les Mauges, et qui a conquis dans l'histoire, par des prodiges d'héroïsme, un nom aujourd'hui immortel, la Vendée, nous voyons s'élever sur un monticule escarpé, appelé le mont Glonne, la petite ville de Saint-Florent.

Là Bonchamp mourant sauva la vie à cinq mille prisonniers républicains que les Vendéens, exaspérés par les cruautés des bleus, voulaient mettre à mort. « Mon ami, avait dit à d'Autichamp le héros chrétien qui sentait venir la mort, c'est sûrement le dernier ordre que vous recevrez de moi, laissez-moi espérer qu'il sera exécuté : grâce pour les prisonniers ! » A l'instant plusieurs officiers sortirent de la chambre, et, montant à cheval, ces hérauts de la miséricorde et du pardon, qui portaient le testament de clémence dans lequel Bonchamp mourant venait d'écrire sa suprême et sublime volonté, allèrent répéter, de proche en proche, à la foule émue, ces mots qui sauvaient cinq mille vies : « Grâce aux prisonniers ! Bonchamp mourant le veut, Bonchamp mourant l'ordonne ! grâce aux prisonniers ! » A ces paroles, les paysans sentirent leur colère tomber. La plupart d'entre eux faisaient partie de l'armée de Bonchamp, et le vénéraient comme un père : ils n'avaient rien à refuser à cette agonie suppliante. Et puis la grandeur de l'action imposée à leur obéissance filiale, par le héros mourant, leur apparaissait dans toute sa splendeur : la Vendée, à cette heure de défaite et de revers où l'on implore la pitié du vainqueur, ne demandait point grâce, elle pardonnait [1].

[1] M. Alfred Lallié a mis dans toute la lumière de l'évidence cette généreuse intervention de Bonchamp, contestée par des écrivains appartenant au parti opposé. Ses articles ont paru à Nantes, dans la *Revue de Bretagne et de Vendée*.

Nous voyions en même temps s'étendre cette vallée en amphithéâtre dans laquelle se pressaient, dans les journées du 17 et du 18 octobre 1793, quatre-vingt-dix mille personnes, soldats, femmes, enfants, vieillards, blessés, fuyant le meurtre et l'incendie, et apercevant derrière eux la fumée qui s'élevait de leurs villages brûlés par les républicains. Le passage de la Loire par les Vendéens devant Varades, le passage de la Bérésina par notre armée dans la retraite de Moscou, deux échos douloureux qui se répondent dans l'histoire ! Ce fut à Varades, que nous apercevons sur la rive droite, que Lescure, blessé à mort, fit rassembler autour de son lit de douleur le conseil de la grande armée, et proposa de nommer général en chef Henri de la Rochejaquelein. M. Henri, comme l'appelaient les paysans, s'était caché dans un coin et pleurait à chaudes larmes. Ce brillant général d'avant-garde qu'on chargeait de conduire une retraite représentait qu'il n'avait que vingt et un ans et qu'il ne savait que se battre, et il demandait que l'on confiât à un autre un honneur dont il ne se reconnaissait pas digne. Mais il y avait déjà plus de six mois qu'il avait prononcé son immortelle harangue : « Si j'avance, suivez-moi ; si je recule, tuez-moi ; si je meurs, vengez-moi ! » Et il marchait si bien et si vite en avant, le noble jeune homme, que les paysans avaient peine à le suivre. Il fallut donc qu'il se résignât à ce commandement en chef, qui devait achever d'immortaliser son nom.

Le bateau fuit en déployant au-dessus de nos têtes son blanc panache de fumée, et nous nous séparons de la grande armée vendéenne, que nos souvenirs voient remonter vers Ingrande, tandis que nous descendons vers Ancenis. A mesure que nous continuons notre route, et surtout quand nous approchons de Nantes, le lit du fleuve s'élargit. A peu de distance de la grande ville, qui ne compte pas moins de cent huit mille habitants, au nord l'Erdre, au sud la Sèvre, se jettent dans la Loire, qui grossit de plus en plus. Lorsqu'enfin Nantes apparaît à nos regards, nous nous rendons compte, en voyant les nombreux bras de la Loire et la largeur de son cours principal, de la difficulté que présentait l'attaque de la ville, située sur la rive droite du fleuve, et de l'échec qu'éprouva l'armée vendéenne lorsque Cathelineau, qui avec son impétuosité ordinaire avait pénétré jusqu'à la place Viarmes, fut atteint d'un coup de feu.

Il semble que la Providence, qui a dessiné le cours des eaux sur la terre que nous habitons, et qui a élevé les coteaux et creusé les vallées, ait prédestiné l'emplacement où s'élève Nantes à recevoir une grande ville. En effet, la cité, construite dans cette situation, domine le cours et les deux rives du grand fleuve de la France de l'ouest, et les deux rivières, qui, coulant en sens opposés, lui apportent le tribut de leurs eaux, augmentent encore l'importance politique, militaire, commerciale de cette situation. Napoléon, dans ses dictées de Sainte-Hélène, a exprimé ce jugement : « Maîtres de Nantes, a-t-il dit, de cette grande ville qui leur assurait l'arrivée des convois anglais, les armées royales pouvaient sans danger manœuvrer sur les deux rives de la Loire et menacer Paris. Si, profitant de leur étonnant succès, Charette et Cathelineau eussent réuni leurs forces pour marcher sur la capitale, c'en était fait de la république. » Hélas ! Cathelineau avait à alléguer devant l'histoire une excuse trop valable à laquelle n'a pas songé Napoléon ; suivant le mot sublime d'un paysan, son parent : « Le bon Cathelineau avait rendu à Dieu la grande âme que celui-ci lui avait donnée pour venger sa gloire ! »

La ville de Nantes, qui a pour armes un « navire équipé d'or aux voiles d'argent, au chef aussi d'argent semé d'hermines, l'écu couronné d'un cercle comtal, avec la devise : *Favet Neptunus eunti,* » est une belle et grande cité, quoiqu'elle ait bien quelques plaintes à élever contre Neptune, qui accumule les sables dans le lit de la Loire trop large en cet endroit pour que son cours soit assez rapide. Le sol de l'ancienne cité ne s'élève pas beaucoup au-dessus du fleuve, qui l'inonde à l'époque des grandes crues. Mais les nouveaux quartiers, bâtis sur les pentes douces qui descendent vers la Loire, sont plus sains que les anciens, et les maisons construites en pierres blanches qui se prêtent facilement aux fantaisies de la sculpture, à l'exclusion du granit employé dans le reste du département, donnent à cette charmante cité un aspect pittoresque et riant qui contraste avec les scènes de mort dont ces lieux ont été témoins. Là, tomba Cathelineau, le Saint de l'Anjou, ce glorieux paysan sorti du rang sous le drapeau blanc, comme un élu de Dieu et de la victoire, pendant qu'à la frontière d'autres jeunes victorieux, d'une origine aussi humble, sortaient du rang sous le drapeau tricolore. C'est encore sur la place Viarmes que, quelques années plus tard, l'illustre Charette fut fusillé après avoir répondu aux juges, qui lui demandaient pourquoi il avait repris les armes : « Pour ma religion, pour mon roi et pour ma patrie. » Je demandai à voir cette place où Carrier avait établi le quartier général de ses meurtres, d'où partirent les ordres homicides qui envoyèrent sur les bateaux à soupapes tant de victimes destinées à être englouties dans la Loire, qui charriait chaque jour des cadavres à la mer. C'est à cette époque que l'*armée révolutionnaire de Brutus*, composée de trois compagnies : les *volontaires de Marat*, au nombre de soixante hommes seulement ; les *éclaireurs de la montagne*, et les *hussards américains*, composés de nègres et de mulâtres, se forma à Nantes pour aider l'exterminateur révolutionnaire dans son effroyable besogne. Quand la religion et le sens moral se retirent du cœur de l'homme, il va plus loin que la bête fauve dans le goût du meurtre et la soif du sang. L'homme qui peut s'élever jusqu'à l'ange peut descendre jusqu'à Satan, et il y a vraiment quelque chose de diabolique dans la figure des monstres révolutionnaires de cette époque : Marat, Carrier et leurs émules avaient le génie du mal, comme saint Vincent de Paul avait le génie du bien.

Un de mes amis de l'Ouest, M. Édouard de Kersabiec, que j'étais allé voir, voulut bien m'indiquer aussi la maison qu'habitaient les demoiselles du Guigny, ces deux loyales Vendéennes qui donnèrent asile à la duchesse de Berry, en 1832 ; la sœur de M. de Kersabiec, mademoiselle Stylite, était la fidèle compagne de la princesse. Deux humbles servantes, Charlotte Moreau et Marie Boissy, se trouvèrent au-dessus de toutes les séductions d'un gouvernement qui disposait d'un budget d'un milliard. Si l'esprit court les rues à Paris, l'honneur court les routes en Vendée. MADAME, aussi heureuse que Charles II dans son malheur, trouva plus d'un Pendrill parmi les paysans de l'Ouest, et cette terre de fidélité lui offrit plus d'une fois le chêne de Boscobel, célébré par Joubert, l'ami de Fontanes et de Chateaubriand. Ce fut dans la maison de mesdemoiselles du Guigny que MADAME, en sortant avec ses vêtements à demi consumés d'une cachette placée derrière la plaque d'une cheminée rougie par le feu, dit au général Dermoncourt, qui l'avait poursuivie dans toute la Vendée :

— Général, je me remets à votre loyauté.

— Madame, répondit le général, vous êtes sous la sauvegarde de l'honneur français.

Mes moments étant comptés, je me contentai de jeter un coup d'œil sur le reste des vitraux de l'église de Saint-Nicolas, au nombre des plus beaux qui fussent en France, et sur l'admirable monument qu'avec l'aide du ciseau du célèbre Michel Columb Anne de Bretagne éleva à son père François II. Ce tombeau, sur lequel l'image de marbre du duc François II est couchée, est un remarquable spécimen de la sculpture au XVe siècle. Les statues de femmes adossées aux quatre coins du monument, les anges qui soutiennent les oreillers sur lesquels repose la tête du duc dormant son dernier sommeil, et jusqu'à la levrette de Bretagne et au lion accroupi aux pieds du trépassé, concourent à l'expression de morne majesté de ce beau morceau. Le temps vole, il faut partir ; à sept heures, j'étais dans le coupé de la petite diligence qui conduisait, en dix heures environ, de Nantes à Vannes.

1*

Je serais tenté de croire que les chemins de fer ont diminué la patience humaine en raison directe de ce qu'ils ont ajouté à la vitesse de la locomotion. Les enfants gâtés de la vapeur voudraient qu'on attelât des chevaux de course aux diligences, et je n'oserais affirmer qu'il ne se rencontre pas des gens disposés à trouver la vapeur paresseuse depuis l'avénement du télégraphe électrique. « Marche ! marche ! » c'est le cri de notre temps, et Dieu sait pourtant où l'on arrive et comment on arrive ! On est moins pressé en Bretagne, et notre attelage cheminait assez lentement. A la pâle lueur de la lune, qui éclairait la route de ses rayons douteux, j'apercevais quelques échappées du paysage, et un de mes compagnons de voiture voulait bien me fournir les explications que je lui demandais. La lune, sortie de dessous un nuage, donnait en plein quand nous arrivâmes à la Roche-Bernard. Au moment où nous allions nous engager sur le pont immense, aux arches gigantesques et étroites, qui domine de cent pieds au moins les plus hautes marées, j'aperçus le cours de la Vilaine, roulant vilainement ses flots sombres et tristes à travers un paysage de rochers. J'ai rarement vu de paysage aussi désolé que celui-ci ; on dirait que ce lieu a été le théâtre d'un cataclysme de la nature, et l'imagination placerait volontiers, sur les bords maudits et déserts de la Vilaine aux flots noirs, le souvenir de quelqu'un de ces grands crimes qui effrayent l'humanité.

Ordinairement on descend de voiture pour passer le pont de la Roche-Bernard ; le mouvement d'oscillation, que les grands vents qui viennent de la mer impriment au tablier de ce pont gigantesque, effraye beaucoup de voyageurs et surtout de voyageuses, et je me hâte d'ajouter que leurs appréhensions ne sont pas tout à fait sans motif. Il y a quelques années, en effet, le pont sur lequel j'ai passé en 1850 et 1851 fut emporté par un coup de vent. J'ai entendu depuis raconter, par un bon et respectable prêtre de la province, que, se trouvant dans une voiture publique, par le plus beau temps du monde, sur le pont de la Roche-Bernard, il eut toutes les peines du monde à se défendre contre les instances d'une voyageuse que la peur avait jetée dans une crise nerveuse, et qui voulait absolument qu'il lui donnât l'absolution, sauf à entendre plus tard sa confession. Cette furie de dévotion s'apaisa au bout du pont et ne dépassa pas la dernière arche. Ne rions pas trop de cette femme ; combien y en a-t-il parmi nous qui n'aient pas à se reprocher quelque bonne résolution prise au milieu du péril, et, dès qu'il vient à disparaître, oubliée?

A peine avions-nous fait quelques pas au delà du pont, que j'entendis un bruit de voix qui chantaient sur un rhythme lent et mélancolique des paroles dont je ne comprenais pas le sens; des pas cadencés marquaient la mesure de ce chant grave et monotone. « Qui peut chanter à cette heure, et que chante-t-on? demandai-je à mon compagnon de voyage. — Ce sont, me répondit-il, des pèlerins bretons qui n'ont pu se trouver à Sainte-Anne le jour du grand pardon, et qui se rendent, en chantant des cantiques, à ce sanctuaire révéré pour faire leur pèlerinage particulier. Nous sommes en Morbihan. »

Je demeurai pensif et silencieux, et, quelques minutes après, je vis passer les pèlerins. Les hommes et les femmes marchaient par bandes séparées, et on pouvait juger, au pas allègre et allongé des marcheurs, qu'ils arriveraient vite au but de leur pèlerinage ; la foi leur donnait des ailes. Je me souvins involontairement des vers au mètre rapide de Brizeux :

> Courage, pèlerins; nous sommes sur la terre !
> De nos souliers de cuir frappons-la hardiment.
> L'ouragan est passé, le soleil nous éclaire,
> Il séchera le sel de notre vêtement.
> Marchons avec gaieté, marchons légèrement.

Ce fut ma première émotion en entrant dans le Morbihan, cette terre de foi et de prière. Voici quelle fut la seconde : le crépuscule commençait à se lever ; j'aperçus dans la campagne un de ces calvaires rustiques si communs dans ce pays, qui aime tout ce qui lui rappelle que nous devons vivre pour le Dieu qui mourut pour nous. Un paysan, avant de se rendre au travail de la journée, s'était agenouillé devant ce calvaire et priait de tout son cœur. Le bruit de la diligence qui passait ne le troubla pas, et il ne détourna pas la tête pour nous regarder : il avait mieux à faire. Ce recueillement me rappela le trait raconté par madame de la Rochejaquelein, au sujet des soldats vendéens qui, trouvant sur leur chemin un calvaire, au moment où ils s'élançaient contre les bleus, s'agenouillèrent par un mouvement spontané. Un officier, qui ne connaissait ni cette population ni cette guerre, voulut les rappeler au sentiment de la situation. « Laissez-les prier, dit Lescure, qui s'y connaissait, ils ne s'en battront que mieux après. » Quelques minutes après, en effet, ces paysans héroïques inventaient, un demi-siècle à l'avance, la tactique des zouaves, et prenaient à la course une batterie, sans lui laisser le temps de tirer une seconde volée. La vie aussi est un combat, et le travail est une

lutte pour ces laborieux agriculteurs, obligés d'arracher à la terre la moisson fécondée par leur sueur. La prière est donc bonne pour qui tient le manche de la charrue comme pour qui tient la crosse du mousquet.

En Bretagne, tous travaillent et tous prient. On voit les femmes, en revenant du marché, continuer vaillamment leur tricot, soit à pied, soit à cheval, quand leurs doigts ne tiennent pas les grains de leur chapelet. Le tricot et la quenouille se partagent, avec les soins à donner aux bestiaux, les journées des femmes. Nous étions presque à la porte de Vannes, lorsque j'aperçus, près d'une haie, une jeune femme qui, debout, filait une quenouille, tandis qu'un jeune garçon tenait la vache qu'il allait sans doute conduire sur la lande. La prière d'abord, le travail ensuite ; le rude travail du labour, puis l'élève des bestiaux ; enfin le travail manuel des femmes, le plus ancien dans la province ; car du Guesclin disait déjà fièrement, il y a trois siècles, au prince Noir, qu'il n'y avait pas de fileuse en Bretagne qui ne filât une quenouille pour contribuer au payement de sa rançon ; n'est-ce pas la Bretagne presque tout entière ? n'est-ce pas surtout le Morbihan ?

Quelques mots seulement sur la situation, les limites et l'aspect général du Morbihan, ce département formé d'une partie de la basse Bretagne. Il est situé dans la région N.-O. de la France, et il doit son nom à sa position sur le golfe du Morbihan, en langue celtique la Petite Mer. C'est une contrée maritime, dont les limites sont : au nord, le département des Côtes-du-Nord ; au sud, l'océan Atlantique ; à l'est, les départements d'Ille-et-Vilaine et de la Loire-Inférieure ; à l'ouest, celui du Finistère. Il y a peu de départements en France dont l'aspect soit aussi pittoresque. La partie septentrionale se dessine en collines couvertes de landes et tapissées de bruyères, dont l'inclinaison générale se porte vers le sud ; là, elles viennent expirer sur des plaines fertiles et des vallées plantureuses arrosées par de nombreux cours d'eau, la Vilaine, le Blavet, l'Auray, et leurs affluents, l'Oust, le Larhon, le Lié, le Ninian, la Claye, l'Aff et l'Artz, qui se jettent dans la Vilaine; la Sar, l'Evel, le Ligan, le Tarun, le Scorff, qui se jettent dans le Blavet; la Sale, qui se jette dans l'Auray. La superficie du Morbihan est de 679,781 hectares, et sa population de 486,504 habitants, ce qui donne à peu près 72 habitants par kilomètre carré. Sur cette superficie, il y a 260,600 hectares de terres labourables, 63,500 de prairies naturelles, 1,700 de vignes, 274,000 de pâturages, landes, bruyères et pâtis, et 73,500 de bois, forêts et terres incultes. On arrive ainsi au chiffre de 673,300 hectares; le reste est occupé par les routes et les chemins. La propriété y est morcelée en deux millions de parcelles, possédées par 120,000 propriétaires. On compte dans le Morbihan 47,000 chevaux de race bretonne, 315,000 bêtes à cornes, 220,000 moutons, 69,000 porcs, 84,000 ruches d'abeilles, 8,000 boucs, chèvres et chevreaux. Les principales essences de ses forêts sont le chêne, le hêtre; il y a, dans le voisinage de Vannes, quelques châtaigneraies. Le Morbihan fabrique en moyenne 441,000 hectolitres de cidre, et récolte 130,000 hectolitres de pommes de terre. L'agriculture y est en progrès. Depuis le commencement du siècle, sa population s'est accrue de 99,000 âmes, et de 14,000 depuis le recensement de 1860. Rien de plus curieux que sa côte, bizarrement découpée en baies, en rades et en ports, et hérissée de caps et de promontoires. La presqu'île de Quiberon fait une saillie de douze kilomètres dans la mer, et les presqu'îles de Rhuys et de Crac, en étendant comme des grands bras leurs pointes rapprochées, ont formé cette petite mer que les Celtes ont nommée le Morbihan. Au delà, le grand océan Atlantique, poussé par les vents du sud-ouest, vient déferler sur la côte dentelée qui s'étend de l'embouchure de la Vilaine jusqu'à Lorient.

J'ai ajouté à mes observations personnelles l'étude des documents historiques, écrits ou restés inédits, qui pouvaient compléter les notions que j'avais recueillies. C'est ainsi qu'en grossissant ma gerbe de tous les épis que pouvait m'offrir le passé, j'ai été amené à composer cet écrit, dont les trois points culminants, assez semblables à ces grands menhirs qui dominent mélancoliquement la côte morbihannaise, sont Sainte-Anne d'Auray et son pèlerinage, Quiberon, et enfin le Champ des Martyrs.

II

VANNES. — AURAY.

Quand on se place sur la butte de Kérino, qui s'élève au bout du port, pour embrasser d'un coup d'œil la ville de Vannes, située à l'extrémité septentrionale et à seize kilomètres de l'embouchure du golfe du Morbihan, cette ville, dont les édifices apparaissent groupés en amphithéâtre sur le sommet et le versant méridional d'une colline au bas de laquelle coule une petite rivière, et qui se prolonge dans la vallée où l'on a construit deux quartiers dont la plupart des maisons, à cause de l'humidité du terrain, sont bâties sur pilotis, présente un aspect agréable et pittoresque. Vannes, semblable à ces personnes qu'il faut voir par leur bon côté pour les apprécier, mérite alors le nom de *Gwenet* (la blanche), ou de *Vennet* (la belle), que l'amour filial de ses enfants lui a donné. L'impression est moins favorable quand, en arrivant comme nous par la diligence, on s'engage dans la ville. Des rues tortueuses et humides, des carrefours sombres sur lesquels donnent de gothiques maisons hâlées par le temps et le vent qui souffle de la mer, disposent l'âme à la mélancolie. La vieillesse a par elle-même quelque chose de grave et de sévère, et Vannes est une vieille cité. Elle remonte si haut dans l'histoire, qu'elle eut l'honneur, — redoutable honneur ! — d'avoir César pour ennemi et pour historien. Je sais qu'un litige s'est élevé sur la situation de Vannes antique, que les uns placent au bourg de Locmariaker, qui est comme encombré de débris d'antiquités romaines, tandis que d'autres veulent que la capitale des Vénètes, *Dariorigum*, ait été bâtie sur l'emplacement de Vannes, ou à peu de distance.

Je ne possédais pas l'érudition géographique et archéologique nécessaire pour résoudre ce problème ; d'ailleurs, ce n'était pas précisément pour découvrir la position de l'antique *Oppidum* des Vénètes que j'étais venu dans le Morbihan. Il me suffisait de savoir que les Vénètes étaient un peuple vaillant et tenace qui, réfugié dans ses lagunes, comme, à une autre extrémité de l'Europe et sur une autre mer, les Vénitiens, avait énergiquement lutté contre la fortune de Rome. Habitant quelques points fortifiés situés au milieu de vastes et profonds marais produits par les inondations de l'Océan, les Vénètes, entourés de ces lagunes de l'Ouest, rendaient leur pays presque inaccessible en coupant les routes et les chaussées. Quand la mer était basse, ni armées ni flottes ne pouvaient arriver jusqu'à eux ; à la marée haute, les navires arrivaient ; mais, comme les Vénètes étaient les plus hardis marins du monde et qu'ils possédaient des bâtiments de haut bord construits en chêne, aux flancs épais, aux poupes et aux proues hautes comme des forteresses, ils méprisaient les légères trirèmes des Romains. Le génie de César surmonta cependant tous ces obstacles. Les Romains, armés de longues faux emmanchées dans des perches immenses, coupaient les agrès des navires, et, après leur avoir ainsi ôté tout moyen de gouverner, ils entouraient de leurs légères galères ces masses immobiles comme des forteresses au milieu de l'Océan, et ils les prenaient d'assaut ; ces faux remplaçaient l'artillerie, et ces galères étaient les canonnières du temps. Les Vénètes furent donc vaincus et traités en ennemis, selon l'énergique expression de César ; c'est-à-dire que l'élite de leurs marins fut précipitée dans les flots ou passée au fil de l'épée ; « le reste de la population, vendu à l'encan, dit M. Amédée Thierry, alla, sous le fouet des marchands d'esclaves, garnir le marché de la province et de l'Italie. » Bien des siècles plus tard, le néo-paganisme de la Révolution française devait se montrer, aux mêmes lieux, aussi inhumain que le paganisme antique et l'impitoyable génie de Rome, contre les Morbihanais, restés aussi fiers et aussi inflexibles que leurs lointains aïeux.

La position de Vannes offrait des avantages naturels

qui lui assignaient un rôle important dans tous les siècles. Aussi voyons-nous les Anglais, dans les longues guerres que nous eûmes avec eux, attacher un grand intérêt à la possession de Vannes. Édouard III, ce terrible Édouard qui gagna contre nous la bataille de Crécy, une de ces blessures qui saigneront éternellement dans notre histoire, écrivait au prince de Galles, ce redouté prince Noir qui devait gagner contre nous la bataille de Poitiers, cet autre désastre qui forme, avec Azincourt, une trilogie fatale, une lettre pour lui annoncer la résolution de mettre le siége devant Vannes. Voici un passage de cette curieuse lettre, dont le style annonce que la langue française, comme la France elle-même, était encore à cette époque en voie de formation : « Très chier filtz, sachiez qe par l'advis et conseils des plus sages de nostre ost, avons mys nostre siege à la cité de Vanes, qu'est la meillour de Bretaigne après la ville de Nauntes, et plus poet (peut) grever et restreindre le païs à nôtre obéissance, qar il nous estoit advis que si nous eussoms (eussions) chivaché plus avaunt, sauns (sans) etre seur de la dite ville, le païs qu'est renduz à nous, ne pourroit tenir devers nous en nulle *mannerre* (manière). La dite ville est seur la mear (mer), et est bien fermiez ; qe si nous la puissoms aver (pouvons avoir), il serra greaunt esploit à nostre guerre. Le païs est assez pleniteouse des blés et de char. » Édouard III n'eut point Vannes, dont les habitants repoussèrent l'armée anglaise.

Quand j'arrivai à Vannes, la ville était sous l'émotion de la présence du conseil général, qui, dans une proportion réduite, donne à la cité dans laquelle il se rassemble un peu du mouvement et de la vie des anciens états. Je descendis à l'*Hôtel du Dauphin*, situé sur la place, et où plusieurs de mes collègues, membres du conseil, se trouvaient réunis. Le luxe et le confort, ces corrupteurs de notre temps, n'avaient pas obtenu, lors de mon premier voyage, droit de cité à Vannes, qui n'a rien de commun, Dieu merci! avec Capoue. Je ne pense pas que l'*Hôtel du Dauphin* pût avoir du temps où Édouard III mettait le siége devant la ville un mobilier très-différent de celui que j'y trouvai en l'an de grâce 1850. Notez que c'est un fait que je constate, et non une plainte que j'exprime : quand on trouve dans une hôtellerie bon lit et bon visage, nourriture saine et soins suffisants, a-t-on le droit de demander quelque chose de plus? Les tentures de soie, les tapis soyeux, les glaces, les pendules et les bronzes, se payent comme le reste, quoiqu'on ne les porte pas sur la carte, et je ne suis pas de ceux qui croient à la nécessité de ce superflu. Je vois encore d'ici ma modeste chambre, dont l'ameublement se composait de deux immenses lits à baldaquins de serge verte, où l'on aurait pu coucher en travers comme en long, d'une commode et d'un secrétaire en bois de noyer, qui n'avaient pas attendu pour être façonnés les immortelles idées de 1789, et de quelques chaises de paille avec un seul fauteuil. Une petite table en bois blanc pour écrire, accessoire nécessaire pour l'hôte qui habitait cette pièce à cette époque, complétait le mobilier ; car je ne parle pas d'une espèce de trépied destiné à recevoir la malle du voyageur. Point de cristaux, de bronzes, de porcelaines : un gobelet et une carafe en verre, un chandelier en cuivre sur lequel s'élevait un luminaire que l'on appelait naïvement à Vannes une chandelle, et que la langue parisienne aurait baptisé du nom de bougie, sans pour cela lui ôter l'odeur du suif; un pot à eau et une cuvette de terre blanche; mais du linge beau et épais qui faisait honneur à la quenouille des fileuses de Bretagne, des couvertures en riche laine, et des draps qui répandaient une bonne et fraîche odeur de lessive.

Après quelques heures de sommeil, dont j'avais besoin pour me reposer de ma course rapide, je m'habillai à la hâte, et j'eus quelques mains amies à serrer. Je ne prétends pas faire ici, comme de raison, l'histoire de la députation du Morbihan en 1850; je crois pouvoir seulement affirmer que, dans cette province comme dans un grand nombre de provinces de France, le bon sens populaire avait cherché dans tous les rangs des hommes de bonne volonté et de convictions fortes. Il y avait parmi nous des gentilshommes honorés et aimés, un prêtre d'un esprit juste et vif, d'un caractère sûr et ferme dans son inébranlable douceur; un homme de la bourgeoisie, intelligence studieuse et ornée, cœur honnête, pur, religieux et fervent, M. Monnier, qui avait professé autrefois avec distinction au collége de Vannes, et que je nomme et que je loue en toute liberté, parce que, dès la première année de la Législative, il mourut à Paris, en demandant que son corps fût transporté dans son cher Morbihan, où il voulait dormir son dernier sommeil. Enfin je représentais dans la députation cette puissance vague et indéfinie qu'on appelait, à cette époque, un quatrième pouvoir dans l'État, la presse, pouvoir qui, après avoir contribué à tant de déchéances, n'est plus, à son tour, au moment où j'écris, qu'un pouvoir déchu.

Après quelques bonnes paroles échangées, nous convînmes d'aller, le jour même, à Auray, pour nous rendre de là à Sainte-Anne. Pour quiconque vient dans le Morbihan, ce pèlerinage est un devoir de piété et de cœur. J'avais en outre, en m'y rendant, une dette de reconnaissance à payer. Le petit séminaire du Morbihan est situé dans le lieu même du pèlerinage, et il était alors sous la direction d'un homme qui m'avait, malgré sa jeunesse, inspiré autant de respect que d'affection ; c'était un de ces jeunes prêtres dans lesquels la grâce de Dieu semble se presser d'agir, parce qu'il n'entre pas dans la volonté de sa providence de les laisser longtemps sur la terre. Je réclame, à l'égard de M. l'abbé Le Blanc, comme tout à l'heure à l'égard de M. Monnier, la liberté de la louange, parce que cette louange ressemble ici à ces fleurs qu'on effeuille sur un tombeau. L'épi mûrit si vite, que le céleste moissonneur n'attendit pas, pour le cueillir, le temps ordinaire de la moisson. C'était ce jeune prêtre qui, renonçant aux assemblées politiques où il aurait pu briller par la solidité et la clairvoyance de son esprit comme par la fermeté pleine de douceur de son caractère, m'avait désigné pour son successeur, en préférant à l'éclat de la position qu'il abandonnait les services obscurs mais inappréciables qu'il pouvait rendre, en formant ceux qui sont appelés à former les autres. Je remis donc à mon prochain retour les visites que j'avais à faire à Vannes et les courses que je projetais dans cette ville, et je me mis en route pour Auray dans un de ces cabriolets traînés par un des chevaux du pays qui ont quelques-unes des qualités de leur province : car ils mangent peu, réclament peu de soins, et marchent vite et longtemps. Un jeune gars de quatorze ans, assis sur le brancard, était notre cocher ; M. l'abbé Lecrom, le collègue dont j'ai parlé plus haut, et moi, nous remplissions le cabriolet dans lequel nous roulions vers Auray.

La route de Vannes à Auray se déroule, sur une étendue de seize kilomètres, en partie à travers des bois profonds et touffus, dans lesquels, à plus d'une époque, et même sous le gouvernement de Juillet, les réfractaires ont cherché un asile. La connivence que trouvaient dans le pays ces hommes, la plupart doux, religieux et honnêtes, mais qui ne pouvaient se résoudre à servir un pouvoir qui blessait tous leurs sentiments et tous leurs souvenirs, les dérobait presque toujours aux poursuites de la gendarmerie. Point de chaumière, de métairie, point de château où on leur refusât l'écuelle de soupe, le morceau de pain et le verre de cidre dont ils avaient besoin pour soutenir leur vie errante. Un d'entre eux s'était créé une industrie dont j'emportai un spécimen à Paris. Dans les heures longues et solitaires qu'il passait dans les bois, il s'était exercé à tailler avec son couteau des ustensiles de buis, en demandant préalablement à un grand propriétaire, — car pour être un réfractaire on n'est pas un voleur, et les forêts du Morbihan n'ont rien de commun avec la forêt de Bondy à la mauvaise renommée, — la permission de prendre dans ses propriétés la matière première de son travail. Le propriétaire dont il s'agit s'était hâté de donner la permission demandée, et j'emportai à Paris un couvert de buis; sans être un chef-d'œuvre de sculpture, c'était vraiment une œuvre remarquablement ornementée par le couteau de cet artiste rustique, qui, à côté de quelques arabesques de fantaisie et des premières lettres de son nom signant son œuvre, avait gravé trois signes cabalistiques, vœu fervent sorti d'un cœur dévoué et plus habitué à prier pour le malheur que pour la prospérité, pour l'exil que pour les gouvernements établis. Cette position d'outlaw dans une société civilisée ne laissait pas cependant d'avoir des inconvénients. Mon compagnon de voyage me montra, chemin faisant, un carrefour boisé et profondément encaissé dans une vallée arrosée par un petit cours d'eau, où plusieurs réfractaires surpris avaient récemment fait le coup de feu avec les gendarmes : car, s'ils ne tiraient jamais les premiers, ils rendaient coup pour coup. De retour à Paris, nous fîmes, avec nos autres collègues, des démarches pour faire cesser cette situation anormale et dangereuse, et nous fûmes assez heureux pour réussir.

A une lieue de Vannes et à deux lieues d'Auray, nous rencontrâmes, au milieu d'un petit village, une antique et pauvre chapelle consacrée à la sainte Vierge, et à laquelle se rattache une légende restée chère aux souvenirs populaires. A l'époque de la dernière croisade, dit la légende, qui n'est fondée, il faut en convenir, sur aucun document authentique, un chevalier du Garo, seigneur du château du même nom, dont on aperçoit les vastes ruines à peu de distance, fut sauvé par un miracle qui rappelle celui de Notre-Dame-de-Liesse. Fait prisonnier à

Béthléem, avec son écuyer, par les mécréants, le sire du Garo avait été enfermé, ainsi que lui, dans un coffre en bois, et ils devaient subir ensemble, le lendemain, le supplice du pal. Les longues heures de cette suprême nuit, attristée par l'attente d'un horrible lendemain, s'étaient passées pour ces deux infortunés dans une fervente prière; le rosaire n'avait pas quitté leurs doigts, et le nom de la sainte Vierge leurs lèvres : « Sainte Marie, Mère de Dieu, priez pour nous, pauvres pécheurs, maintenant et à l'heure de notre mort! » répétaient-ils; et leur accent devenait plus pressant et plus vif à mesure que l'heure de cette mort cruelle et inévitable approchait. Les premiers rayons du soleil commençaient à pénétrer à travers les fissures des planches du coffre, et ils étaient dans l'agonie de l'attente, lorsque l'écuyer, appliquant son œil à une de ces fissures, s'écria avec un étonnement dans lequel perçait un mouvement de joie, qu'il apercevait une verte campagne toute pareille à celle de son pays. Le sire du Garo l'interrompit par un gémissement, et le supplia de ne pas lui rappeler des souvenirs qui amolliraient son courage, si près du moment où il allait avoir à affronter le martyre. Mais l'écuyer, dont l'œil était resté attaché sur la fente du coffre, répéta avec plus d'assurance que jamais :

— Monseigneur, je ne me trompe pas; c'est bien la campagne de notre chère Bretagne, et, je l'affirmerais presque, c'est celle qui entoure votre noble château du Garo.

C'est alors qu'il aurait fallu voir le sire du Garo s'irriter et tout à la fois se lamenter! Il pleurait, le bon chevalier, au souvenir de son vieux manoir, de sa jeune femme et de ses petits enfants qu'il y avait laissés. Pourquoi avoir prononcé ce nom qui lui avait rendu la vie si douce et qui allait lui rendre la mort plus amère, en lui rappelant tout ce qu'il perdait? Et les larmes du bon chevalier coulaient, coulaient, et les grains du rosaire continuaient de rouler entre ses doigts, et le doux nom de Marie, la Mère des douleurs et la consolatrice des affligés, revenait sans cesse sur ses lèvres. Tout à coup un bruit de voix retentit.

— Allons, dit le chevalier, préparons-nous, ce sont les bourreaux qui arrivent.

— Par la grâce de Dieu et de sa sainte Mère, vous vous trompez, monseigneur, ce sont les femmes du village du Garo qui vont porter leur lait à la ville de Vannes.

Quelques minutes après, le coffre s'ouvrait, et le sire du Garo, accompagné de son écuyer, allait, entouré de ses vassaux ivres de joie, rendre grâce à Dieu du miracle qu'il avait fait en sa faveur, et faisait le vœu de bâtir dans ce lieu une chapelle à Notre-Dame.

Voilà la légende qui se rattache à la chapelle de Notre-Dame-de-Bethléem. Pendant que mon compagnon de voyage me la racontait, notre cheval breton continuait sa course rapide, et bientôt nous entrions dans la charmante petite ville d'Auray, gracieusement assise sur la rivière du même nom.

Au moment où nous entrions à Auray, deux noces, sortant de l'église, commençaient à former sur la promenade de la ville, au son national du biniou, qui accentue si vivement la mesure, ces rondes bretonnes qui plaisaient tant à madame de Sévigné. Il y avait un moment, en effet, où ces rondes prenaient un caractère plein d'intérêt, et qui n'était pas sans grâce. Ces danseurs aux longs cheveux, aux larges chapeaux et aux vastes braies, tenant par la main les jeunes femmes et les jeunes filles, aux bonnets plus blancs que la neige, qui, assez semblables aux bonnets des filles de Saint-Vincent de Paul, descendent sur le cou et sur les épaules, et abritent le visage contre les rayons du soleil et le vent cuisant qui souffle de la mer, tournaient quelque temps, tantôt d'un pas lent, tantôt d'un pas rapide; puis, tout à coup, la ronde s'arrêtait, et, sans que les mains se quittassent, les deux moitiés du cercle se rapprochaient vivement avec un élan rhythmique, par un avant-deux plein d'entrain et de verve, dont le biniou, gonflé par le musicien, donnait le signal en accentuant plus vivement son appel. Déjà, en 1850, le petit bonnet coquet que portent nos lingères faisait concurrence à la coiffure nationale des jeunes filles d'Auray. Je regretterais, dans l'intérêt de l'art comme dans celui des femmes d'Auray, dont les traits sont généralement réguliers et agréables, que ce nouveau venu, qui n'a ni caractère ni raison d'être dans ce climat sujet au vent et à la pluie, remportât la victoire; mais, dans ce temps où tout passe, comment les bonnets ne passeraient-ils pas ?

Je rencontrai chez le respectable curé d'Auray, qui avait l'honneur de recevoir son évêque à dîner dans son nouveau presbytère, construit en granit, selon l'usage du pays, plusieurs de mes collègues, entre autres MM. de Saint-Georges et de Kéridec. M. le comte de Saint-Georges, père du représentant et lui-même ancien député

de la Restauration, demeuré debout au milieu de la société
de notre temps, comme un de ces types d'honneur et de
loyauté sur lesquels les révolutions n'ont pas de prise, occupait, à côté de monseigneur, la place d'honneur qui lui
appartenait à tant de titres. M. l'abbé Le Blanc, que je
venais chercher de Vannes, était là avec un grand nombre
d'ecclésiastiques; M. de Gouvello de Kérantré, M. Doré,
maire de la ville et habile et intelligent constructeur de
navires, M. Georges de Cadoudal, qui arrivait avec nous
de Vannes, étaient au nombre des convives. Le dîner fut
long, comme tous les dîners bretons : des poissons magnifiques, pêchés dans l'Océan; le cidre, qui est la boisson
nationale du pays; le vin de Bordeaux, que la mer amé-
liore en le portant sur les côtes de la Bretagne; le vin de
Malaga, que l'Espagne lui envoie, faisaient de ce dîner
une sorte de banquet, animé par une conversation tout à
la fois vive et amicale; car tous ceux qui étaient assis à
cette table étaient unis d'esprit comme de cœur.

Après le repas, nous fîmes une courte promenade dans
la ville, et M. de Saint-Georges père voulut bien me conduire à la tour de la Croix, position élevée du faîte de laquelle on aperçoit un magnifique panorama. La petite ville
d'Auray, qui a assez de mérites réels pour ne pas avoir de
prétentions, a pourtant celle d'avoir été fondée par le roi
Artus, si célèbre par les récits de la Table ronde. Tout
ce que je puis dire, c'est que si elle doit à l'enchanteur
Merlin les avantages de sa position, la beauté de son site
et le charme de son paysage, la baguette du célèbre enchanteur l'a admirablement douée. Lorsqu'on gravit les
pentes conduisant au Loch, cette promenade publique

qui domine l'Auray, rivière d'un cours peu étendu qui, prenant sa source à Plaudren, longe la ville à laquelle elle a donné son nom, avant de se précipiter dans la mer, on est étonné de la beauté du spectacle qu'on a sous les yeux, et que le R. P. Martin a si bien décrit dans son petit livre sur le pèlerinage de Sainte-Anne. Au nord apparaissent la Chartreuse, le bourg de Brech, et, plus loin, la jolie flèche de Pluvigner, dominant les forêts de Camors, de Floranges et de Lanvaux; plus à droite, les châteaux de Treulan, de Kerso et de Kermadio, le bourg de Pluneret, le campanile de Sainte-Anne, ce pèlerinage aussi cher à la Bretagne que celui de Saint-Jacques de Compostelle l'est à l'Espagne, comme l'a écrit M. Rio ; enfin Grand-Champ à l'extrémité de l'horizon. Au levant, la route de Vannes se déroule comme un ruban, et, au delà des larges landes à la couleur dorée, l'œil découvre les clochers de Plœren, Plougoumélen, Baden, enfin Vannes, l'antique cité; puis Port-Navalo, Sarzeau et Saint-Gildas-de-Rhuis, où l'on visite les ruines de l'église du monastère, un moment gouverné par Abailard, qui était allé chercher la paix sur les bords d'une mer toujours agitée et au milieu d'une population « dont la langue barbare lui était, disait-il, inconnue. » Au midi, le bras de mer d'Auray se déploie sous les yeux du spectateur avec un tableau mouvant, animé par les chaloupes, les péniches, les chasse-marées, les bricks, les goëlettes, enfin les navires de toute espèce : les constructeurs d'Auray lancent des bâtiments de cinq cents tonneaux, il y en a qui vont jusqu'à huit cents. Les deux rives, fortement accidentées, laissent apparaître, à travers des rochers battus par les flots, des bouquets de

2*

pins et de sapins fouettés par les vents d'ouest, qui sont terribles dans cette région, le pavillon de Haute-Folie, et les châteaux de Plessis-Kaer, de Kerisper-Montaigu et de Kérantré-Gouvello. La vue s'étend, de ce côté, sur l'île aux Moines, l'île d'Arz et les groupes de rochers semés dans le golfe du Morbihan, la petite mer, comme l'appellent les Bretons à cause du voisinage de la grande. Le panorama continue à se développer jusqu'au phare de Belle-Isle et aux rochers menaçants d'Houat et d'Hoëdic. En remontant vers le couchant on voit apparaître Crach et les ruines pittoresques du château et de la chapelle de Locmaria ; plus loin, Carnac et cette armée de pierres blanches qui se dressent comme des géants pétrifiés dans la plaine, en posant, comme le sphinx égyptien, une énigme dont les archéologues cherchent encore le sens. Derrière Carnac, se cache Quiberon, Quiberon, dont le nom gémit dans notre histoire en évoquant un éternel souvenir de sang et de deuil, et que je retrouverai à la fin de ce récit dont il sera le couronnement! La gentille ville d'Auray, après avoir été une position militaire importante, que Charles de Blois et Montfort se disputèrent, après avoir perdu cette importance avec son château fort, que Henri II fit démolir en 1558, et dont les pierres furent employées à la construction du fort de Belle-Isle, après avoir été un moment privée de sa richesse commerciale, a retrouvé la prospérité à laquelle sa position lui donne des droits ; l'activité règne dans son port, sur ses quais ; la construction, la pêche de la sardine, le grand et le petit cabotage, le commerce des grains, des fruits, du beurre, du miel, des bestiaux, des chevaux, une fabrique de dentelle, des tuileries, des briqueteries, répandent partout le travail et l'aisance.

La petite ville d'Auray, que je devais souvent revoir, m'a laissé, comme à tous ceux qui l'ont visitée, un agréable souvenir. Le charme de son site, la fraîcheur de ses eaux que le flux de la mer vient grossir, son port vivant et animé, l'aspect agreste de sa promenade du Loch, les splendeurs pittoresques du paysage dont elle est entourée, la grâce de ses femmes dans leur costume national, la mâle beauté de ses hommes, qui ont fourni à la chouannerie ses types les plus vigoureux, son église gothique et ses couvents à la flèche aiguë, les restes de son vieux château du moyen âge, enfin les souvenir évoqués de tous côtés par l'histoire, donnent à ces lieux un attrait si vif, qu'on souhaiterait d'y vivre, et qu'en les quittant on leur dit : Au revoir !

III

ORIGINE DU PÈLERINAGE A SAINTE-ANNE.

Nous partîmes de bonne heure d'Auray, le 6 septembre 1851, pour nous rendre à Sainte-Anne, où l'abbé Le Blanc nous avait donné rendez-vous. La distance est si courte, — une lieue à peu près, — que nous avions préféré, l'abbé Lecrom, plusieurs ecclésiastiques, quelques autres personnes et moi, faire le trajet à pied : pour un voyageur à qui le pays est inconnu, c'est la meilleure manière de le voir. Une belle journée d'automne favorisait d'ailleurs cette promenade, et la mer, qui n'est pas loin, nous envoyait de temps à autre une fraîche brise qui tempérait la chaleur du jour. Chateaubriand a écrit quelques pages délicieuses sur le printemps en Bretagne ; à en juger par trois des quatre voyages que j'ai faits dans le Morbihan, tous trois au mois de septembre, l'automne de la Bretagne vaut presque son printemps, car j'ai été continuellement favorisé par une température agréable et douce, et le soleil ne s'est pas caché pendant mon séjour sous ces brumes épaisses qui assombrissent les vers de Brizeux.

Nous partîmes vers dix heures du matin. Dans la soirée précédente, j'avais lu, avant de m'endormir, l'intéressant petit livre du R. P. Arthur Martin, de la Compagnie de Jésus, sur le *Pèlerinage à Sainte-Anne d'Auray,* et, la tête pleine des merveilles qui avaient fait établir cet oratoire, j'étais intarissable en questions auxquelles mes compagnons de route répondaient avec une inépuisable complaisance. « Il me semble, leur disais-je, que, sans admettre légèrement les miracles, nous ne devrions pas nous montrer trop difficiles à croire à de nouvelles preuves de la bonté de Dieu. Ne sommes-nous pas ses enfants? N'est-il pas le meilleur des pères? Un fils comblé de bontés par son père a-t-il le droit de se montrer incrédule quand on lui annonce que ce bon père vient de lui accorder une nouvelle faveur? Il y a des esprits que le surnaturel choque : pauvres esprits forts qui mesurent à leur faiblesse et à la sécheresse de leur âme la puissance et la miséricorde de Dieu! Esprits faibles et arrogants qui disent à la bonté infinie, cet autre océan, ce que la puissance infinie a seule le droit de dire à la mer : « Tu n'iras pas plus loin! » Comme si ce qui est au-dessus de notre intelligence était au-dessus de la puissance et de la bonté divines! Comme si l'ordre naturel que nous voyons presque exclusivement sur la terre ne faisait pas partie d'un ordre plus général, et comme si Dieu pouvait cesser d'être infini en puissance et en bonté parce que nous sommes petits par l'esprit et le cœur! Pour moi, cette histoire me ravit. Je reconnais dans le bon Nicolazic, comme l'appelle le P. Martin, cette pureté, cette humilité et cette simplicité que la tradition nous montre dans les instruments dont Dieu aime à se servir pour répandre de nouvelles grâces sur la terre. C'est le David de la Bible que Dieu va chercher au milieu de son troupeau pour abattre le Philistin Goliath et pour remplacer l'infidèle Saül sur le trône d'Israël; c'est cette Marie que l'ange salue en l'appelant pleine de grâce, sous l'humble toit du charpentier de Nazareth; c'est, dans notre propre histoire, Jeanne d'Arc, à laquelle les anges et les saintes apparaissent en lui annonçant que Dieu ne veut pas que notre France, destinée à remplir une glorieuse mission sur la terre, soit écrasée par l'orgueilleuse Angleterre, et qu'il lui ordonne, à elle, simple bergerette des champs, de ceindre l'épée et d'aller délivrer Orléans aux abois, pour mener ensuite sacrer à Reims le gentil Dauphin de France.»

Comme le soleil était chaud, nous nous assîmes un moment sous des grands arbres qui bordaient la route où nous cheminions. En face de nous, un paysan qui, probablement, allait prendre une charge de blé au bourg voisin, venait de faire arrêter son attelage, composé, suivant l'usage du pays, de deux bœufs précédés d'un cheval. Le cheval allongeait la tête pour chercher à terre quelques brins d'herbe ; les deux bœufs, immobiles et mornes, jouissaient avec une tranquille joie de cet instant de trêve, et leur conducteur s'appuyait sur leur forte tête pour se délasser, sans que ces vigoureux animaux parussent sensibles à ce poids. Dans la charrette, étroite et petite comme on les construit dans le Morbihan, une jeune femme se tenait debout : elle portait un enfant dans ses bras. Tout l'ensemble de ce petit tableau présentait un caractère de calme et de placidité qui reposait l'âme. Un des ecclésiastiques qui était avec nous reconnut la jeune femme et lui adressa quelques mots ; elle habitait un village éloigné de quelques lieues de Ker-Anna, et elle avait profité de la charrette pour venir placer sous la protection de la sainte son enfant malade ; car sainte Anne est une puissante protectrice ; dans les litanies composées en son honneur, et que récitait sans doute la jeune mère, on l'appelle « le Remède des infirmes, la Santé des malades, » (*Medicina infirmorum, Sanitas languentium*). Comme Marie, sa fille, sainte Anne est nommée par la piété des chrétiens la Consolatrice des affligés et la Protectrice de tous ceux qui crient vers elle ; la Nuée qui répand la rosée du ciel (*Nubes rorida*) ; et dans une des hymnes que l'on chante au sein du sanctuaire placé sous son invocation, l'Église s'exprime ainsi : « Anne, pieuse mère, je vous salue, vous dont le nom est si doux ; Anne, dont le nom veut dire grâce et amour, daignez offrir à Dieu nos prières. Anne, heureuse êtes-vous d'avoir enfanté une pareille fille ; heureuse la fleur issue de vous d'avoir une pareille mère ! »

Après quelques minutes de repos, nous nous levâmes afin de poursuivre notre route, et la conversation continuant à rouler sur les faits qui avaient précédé l'établissement du pèlerinage, et chacun apportant son souvenir ou sa réflexion, je voyais, pour ainsi dire, refleurir devant moi toute cette légende sur les lieux mêmes où les faits s'étaient passés. Il y a quelques siècles, les lieux où se trouvent aujourd'hui la chapelle miraculeuse, la haute tour, la vaste maison et le bel enclos du petit séminaire, n'étaient que des champs et des prairies jetés sur les bords marécageux d'une lande, à une petite distance d'un hameau qu'on appelait *Ker-Anna,* le village d'Anne, en mémoire d'une chapelle bâtie sur ce terrain sous l'invocation de la sainte, dans les premiers siècles du christianisme, chapelle détruite vers la dernière année du vii° siècle. Le souvenir vague et lointain de la dévotion que le pays avait eue pour la sainte, quelques débris informes de l'antique chapelle, enfouis dans le sol sur lequel elle s'élevait jadis, voilà tout ce qui restait, en l'an 1622, des honneurs qu'on avait rendus à sainte Anne. Je me trompe; un phénomène étrange, que personne ne pouvait expliquer et que cependant il était impossible de nier, car il s'était plusieurs fois renouvelé, entourait d'une religieuse terreur l'endroit où étaient enfouies ces vénérables ruines. Elles se trouvaient dans un champ de blé appelé le *Bocenneu* ou le *Bocenno,* et, de mémoire d'homme, jamais dans cet endroit on n'avait pu faire passer le soc de la charrue. On était obligé de cultiver cette partie du champ à la bêche, comme si cet endroit, autrefois consacré et destiné à l'être de nouveau, eût été trop saint pour que les animaux y fussent admis, et que l'homme seul dût y pénétrer. Cent fois l'épreuve avait été renouvelée, cent fois elle avait amené le même résultat : les bœufs, arrivés sur la limite du terrain, s'arrêtaient court et refusaient d'avancer; si on les pressait de l'aiguillon, ils reculaient violemment et renversaient la charrue. Ce fait était si connu, que, lorsqu'on envoyait un laboureur au Bocenno, on ne manquait pas de lui dire : « Prenez bien garde à l'endroit de la chapelle ; » c'était comme un proverbe dans le pays. Au moment où commence cette histoire, on venait de renouveler l'expérience, et l'issue qu'elle avait eue avait vivement frappé les esprits. Les bonnes gens répétaient, dans les veillées d'hiver, que la Providence, qui ne fait rien pour rien, avait ses desseins, et que, vraisemblablement, sainte Anne, pour laquelle le pays avait gardé une profonde dévotion, serait encore honorée dans ces lieux.

A cette époque, la ferme du Bocenno appartenait à messire de Kerloguen, et elle était cultivée par un de ses fermiers, nommé Yves Nicolazic. C'était une de ces âmes simples et grandes dont la pureté et l'humilité ont toujours plu à Dieu. Chrétien fervent, il avait une dévotion profonde pour la sainte Vierge et pour sainte Anne, sa mère. Sa vie s'écoulait dans le travail et dans la prière, et, quand on le rencontrait le soir, revenant du labour, dans les chemins mêmes que nous suivions, on était sûr de lui voir dans les mains son chapelet, qui remplaçait le manche de la charrue. C'était un homme droit et juste, et sa réputation sur ce point était si bien établie dans le pays, que ses voisins le choisissaient pour arbitre de leurs différends, assurés qu'il aurait mieux aimé mourir que de donner tort à qui avait raison. En 1623, Yves Nicolazic commença à avoir quelque avant-goût des révélations surnaturelles que Dieu devait lui accorder. C'était d'abord comme des clartés extraordinaires qui resplendissaient au milieu de la nuit dans la pauvre chambre qu'il habitait; ces clartés, selon le pieux récit de ce saint homme, habitué à mesurer le temps par la prière, se prolongeaient pendant la durée de deux *Pater* et de deux *Ave*. La même lumière lui apparut dans le champ du *Bocenno*, mais elle dura moins longtemps. Enfin, un jour qu'il était allé chercher ses bœufs dans les champs, et qu'en les ramenant il passait auprès d'une source qui alors s'échappait humblement d'un sol couvert de gazon, — c'est aujourd'hui la belle fontaine de Sainte-Anne, — les animaux donnèrent des signes de terreur et refusèrent d'avancer. Par une coïncidence étrange, le beau-frère de Nicolazic, qui était allé chercher aussi ses bœufs aux champs, et qui revenait à la même heure, éprouva la même résistance. Tous deux firent quelques pas de plus vers l'endroit où jaillissait l'eau, et, s'y rencontrant, ils aperçurent une dame d'un aspect auguste, debout et tournée du côté de la source. Sa robe, d'une blancheur éblouissante, descendait jusqu'à terre; elle était environnée d'une clarté douce et cependant vive, qui rayonnait sur les objets voisins. Le premier mouvement des deux beaux-frères avait été de s'enfuir; cependant, s'encourageant mutuellement, ils revinrent sur leurs pas, mais la vision avait disparu.

A partir de ce moment, ces visions se renouvelèrent

continuellement pour Nicolazic. Tantôt, lorsqu'il revenait des champs à la tombée de la nuit, un cierge, porté par une invisible main, marchait à côté de lui et éclairait sa route, sans que le souffle du vent fît vaciller cette flamme surnaturelle qui s'élevait vers le ciel. Tantôt la sainte lui apparaissait auprès de la fontaine solitaire, témoin de sa première apparition. Quelquefois aussi elle se montrait à lui dans la maison ou dans la grange, à côté de vieilles pierres sculptées que le père de Nicolazic avait autrefois tirées du sol où étaient enfouies les ruines de l'antique chapelle. Toujours revêtue d'une robe d'une éclatante blancheur, ses pieds reposaient sur un nuage, et sa main portait un flambeau; elle gardait le silence, mais la majesté de son visage, quand ses regards s'arrêtaient sur le laboureur, était tempérée par une douce bienveillance. Le pieux Nicolazic était comme ravi pendant la durée de ces apparitions; cette lumière céleste lui rappelait celle qui avait rempli les apôtres de joie lors de la transfiguration sur le sommet du Thabor. Il lui arriva aussi, vers cette époque, d'entendre des accords d'une harmonie céleste s'élever du sein des saintes ruines.

Tant qu'il restait entouré des glorieuses visions du monde surnaturel, son cœur était comme inondé d'allégresse; mais, quand il rentrait dans le monde naturel, la crainte et le trouble s'introduisaient dans son âme. Nicolazic était un homme humble et sage; il appréhendait parfois d'être le jouet de vaines illusions. Pourquoi Dieu honorerait-il un homme simple, ignorant et faible comme lui, de ces révélations sublimes? Il avait pensé, au début, que ce pouvait être l'âme de sa mère, qu'il avait eu le malheur de perdre récemment, qui réclamait ses prières, et il avait fait dire plusieurs messes pour le repos de son âme ; mais la continuation des apparitions l'avait obligé d'abandonner cette idée, et, de plus en plus troublé, il résolut d'aller chercher des lumières et des conseils dans le couvent des Franciscains d'Auray.

Le R. P. Modeste, auquel Nicolazic s'adressa, était un homme de haute piété et de grande prudence. La réputation du laboureur, sa foi profonde, sa vertu, sa simplicité et son humilité, ne lui permettaient pas de douter qu'il fût sincère. Il savait d'ailleurs que les merveilles au sujet desquelles il était venu le consulter n'étaient pas sans précédent dans l'histoire de l'Église. Mais, de ce que les miracles sont toujours possibles à Dieu, il ne s'ensuit pas que ceux que les hommes racontent soient toujours réels. Il recommanda donc à Nicolazic de redoubler de ferveur et de fidélité dans tous ses devoirs, et d'aller demander à Dieu la connaissance de ses desseins dans l'église du Saint-Esprit et dans celle de Notre-Dame de la Garde, aujourd'hui détruite, mais qui était alors en grande vénération sur toute la côte du Morbihan.

Nicolazic obéit et attendit que Dieu voulût bien éclaircir ce mystère. C'était le 25 juillet 1624 ; le lendemain, tombait la fête de sainte Anne. Nicolazic était allé à Auray, probablement pour se préparer à faire ses dévotions. Il revenait, le soir, par un temps obscur, en récitant, selon sa coutume, son chapelet le long du chemin. Il était arrivé près de la croix de pierre que nous montra un de nos compagnons de route, et qu'on a appelée depuis la croix de Nicolazic. Tout à coup il aperçoit la sainte qui, portée sur son nuage et son flambeau à la main, éclairait tous les objets à l'entour. Il continue sa route sans que les grains du chapelet cessent de courir sous ses doigts. La sainte le suit, et le mystérieux flambeau l'éclaire jusqu'à la porte de sa maison. La durée de cette vision avait produit sur Nicolazic une impression profonde. Il se demandait plus que jamais ce que Dieu voulait de lui, et, repassant au fond de son cœur tout ce qui lui était arrivé dans ces derniers temps, il se retira dans une grange, sans prendre de nourriture, afin de veiller dans la prière et la méditation. Il s'était étendu sur quelques bottes de paille et prenait un peu de repos, sans que le sommeil descendit sur ses yeux, tant son esprit était rempli de pensées, et tant les sentiments d'une fervente piété débordaient de son cœur, lorsque, entre onze heures et minuit, un bruit étrange arriva à ses oreilles. Il écoute, on ne saurait s'y tromper; c'est une multitude innombrable qui, arrivant de tous côtés, fait retentir la terre du bruit de ses pas, auquel se mêle un murmure de voix confuses. Ne semble-t-il pas que, pour encourager son serviteur, Dieu le faisait assister, par anticipation, à un de ces pèlerinages qui devaient peupler bientôt la solitude de ce lieu alors sauvage et retiré? Les pas s'approchent, le murmure des voix augmente; Nicolazic, étonné, se lève avec précipitation; il court au dehors pour s'enquérir du motif qui amène, à une pareille heure, un rassemblement aussi considérable de personnes dans cet endroit isolé. D'où viennent-elles? Que veulent-elles? Nouveau sujet de surprise! Dès qu'il est sur le seuil de sa porte, le bruit cesse, il n'entend plus rien, et il n'aperçoit personne. Il s'avance dans les prairies voisines, rien ne trouble la paisible solitude de la campagne déserte et le silence profond de la nuit. Tous les bruits de la nature sont endormis avec elle, et c'est à peine si l'on entend le murmure léger du vent qui agite, de temps en temps, le feuillage. Nicolazic, de plus en plus étonné, et sous le coup d'une émotion surnaturelle, rentre dans la grange, et, reprenant son rosaire, il recommence à prier avec une nouvelle ferveur. Tout à coup la grange s'éclaire, et une voix, s'élevant dans le silence, demande au pieux laboureur s'il n'avait jamais ouï dire qu'il y eût jadis une chapelle dans le *Bocenno*. Avant qu'il ait répondu, la Dame à l'aspect auguste qu'il avait vue dans ses précédentes apparitions lui apparaît de nouveau, et elle lui dit dans la langue du pays : « Yves Nicolazic, ne crains pas, je suis Anne, la mère de Marie; va donc dire à ton pasteur qu'au milieu du champ qu'on appelle le *Bocenno* il y avait, avant qu'il existât de village, une chapelle célèbre, la première qu'on ait élevée, en Bretagne, en mon honneur. Voilà aujourd'hui neuf cent vingt-quatre ans et six mois qu'elle a été détruite, et je désire qu'elle soit rebâtie par tes soins; Dieu veut que mon nom y soit vénéré encore! » Ainsi dit-elle, et elle disparaît avec la lumière.

Il est difficile de dire de quelle joie l'âme de Nicolazic fut inondée en entendant ces paroles. Il savait enfin ce que Dieu attendait de lui. Le Seigneur daignait le choisir pour instrument du rétablissement de la chapelle de Sainte-Anne, pour laquelle lui, pauvre laboureur de Bocenno, il avait toujours eu une tendre dévotion. La sainte elle-même avait bien voulu l'assurer qu'il était désigné pour cette œuvre, et un jour viendrait où il pourrait l'honorer dans un sanctuaire bâti sur le lieu même que ses mains avaient si longtemps cultivé. Il s'endormit l'esprit rempli de ces riantes espérances. Sous la première influence de cette révélation céleste, et dans ce monde surnaturel où il était comme transporté, il ne doutait de rien : il croyait, il espérait, il aimait. Mais à son réveil le monde naturel reprit son empire. Que de difficultés dans la mission qui lui était imposée ! Comment lui, pauvre laboureur, convaincrait-il le recteur de sa paroisse qu'il était chargé par sainte Anne de rétablir son sanctuaire ? S'il ne passait pas pour un imposteur, ne passerait-il pas au moins pour un visionnaire ? Et puis, où trouver l'argent nécessaire à la construction d'une église ?

— Ces doutes, ces anxiétés douloureuses, n'ont rien de nouveau pour nous, disais-je à mes compagnons de voyage ; nous les trouvons au début de toutes les missions. Écoutez Jeanne d'Arc, quand, deux siècles auparavant, l'archange annonce à la jeune bergère que c'est elle qui fera lever le siége d'Orléans et qui rendra au roi Charles son royaume ; Jeanne se prend à pleurer et répond « qu'elle n'est qu'une pauvre fille qui ne sait ni chevaucher ni conduire la guerre. » Il faut que l'ordre d'en haut soit renouvelé pour qu'elle l'exécute. Elle craint l'incrédulité, les railleries, la contradiction, et son humilité recule devant la grandeur de la mission.

— C'est précisément l'histoire de Nicolazic, reprit un des recteurs dans la compagnie desquels je cheminais, et, j'ai quelque honte à le dire, un de nos lointains prédécesseurs, le recteur de Pluneret, dont vous voyez là-bas le clocher, dom Sylvestre Roduëz, joua, en 1624, dans le lieu où nous sommes, le rôle qu'un rude capitaine, Robert de Baudricourt, joua à Vaucouleurs, au xve siècle. Ce fut ce capitaine qui, lorsque l'oncle de Jeanne d'Arc, Durand Laxard, alla, de la part de la vierge inspirée, l'avertir de sa mission, répondit brutalement qu'il lui conseillait de bien souffleter sa nièce et de la ramener ensuite chez ses parents. Le recteur de Pluneret n'accueillit pas avec beaucoup plus de bienveillance le pauvre Nicolazic, lorsque, pressé de nouveau par sainte Anne, celui-ci vint lui faire part de sa mission. Au seul mot d'apparition, le recteur s'emporta ; il chassa de chez lui le pieux laboureur. La phase des contradictions qui se trouve dans toutes les missions commençait. En vain Nicolazic va visiter le vicaire de Pluneret; dom Jean Thominec le reçoit encore plus mal que le recteur. Sans se laisser décourager, car, ainsi que Jeanne d'Arc, il est pressé par les Voix, Nicolazic retourne chez dom Sylvestre; mais celui-ci s'emporte, le réprimande, le taxe d'orgueil, et lui demande s'il est croyable que Dieu envoie des révélations à un ignorant comme lui. Puis, comme Nicolazic insistait encore, il le chassa de sa présence en le menaçant de le priver pendant sa vie des sacrements, et, après sa mort, de la sépulture chrétienne, s'il persistait dans ses folles imaginations. Mais Dieu, qui envoie à ses élus des épreuves, leur réserve des consolations. Nicolazic, repoussé sur la terre, est soutenu par le ciel. Les visions que Dieu accorde à son serviteur se multiplient. Sainte Anne lui apparaît de nouveau ; le champ de Bocenno s'illumine pendant la nuit de soudaines clartés ; le pieux laboureur entend une seconde fois le bruit des pas d'innombrables et invisibles pèlerins qui accourent de tous côtés au sanctuaire, œuvre de ses prières et de ses larmes ; des concerts d'une merveilleuse douceur parviennent à ses oreilles. Quelques hommes distingués, qui connaissent sa piété, qui estiment son caractère, M. de Kermadio-Lescouët, propriétaire d'une terre dans le voisinage, et M. de Kerloguen, propriétaire du *Bocenno*, l'engagent à aller consulter de nouveau les franciscains d'Auray. Ceux-ci ne lui donnent aucune espèce d'encouragement. « N'y a-t-il pas assez de chapelles dans la campagne ? un grand nombre de ces chapelles ne sont-elles pas abandonnées ? Pourquoi en augmenter le nombre ? » A cette réponse si décourageante, Nicolazic ne peut s'empêcher de verser quelques larmes. Cependant sa foi le soutient, et bientôt après sainte Anne lui annonce que « sa confiance sera récompensée par la découverte de sa statue, qui a été autrefois honorée en ces lieux. »

Tout en conversant ainsi, nous étions arrivés à Sainte-Anne, et nous nous représentions par la pensée l'aspect ancien des lieux où se passa cette scène mémorable. Au milieu de la nuit, Nicolazic avait été averti par sainte Anne que le moment de la découverte de la statue précieuse était arrivé. Le flambeau qu'elle portait, restant allumé, marche devant le pieux laboureur, qui va chercher des témoins, car il veut que tout se passe d'une manière authentique. C'est son beau-frère Le Roux, ce sont Julien Lezulit, Jean Tanguy et Jacques Lucas ; François le Bloënec se réunit bientôt à eux. Le flambeau surnaturel continue à marcher devant eux ; il est visible pour tous, excepté pour deux d'entre eux, qui ne se sont pas approchés, à la Pâque précédente, du tribunal de la pénitence. Élevé à trois pieds de terre, et brillant à trente pas à peu près en avant, sa flamme droite et immobile, s'épanouit en gerbe rayonnante et éclaire un vaste espace. Parvenu au-dessus de l'emplacement de la chapelle, il s'arrête, puis, s'élevant et s'abaissant par trois fois à peu de distance d'un bouquet d'arbres verts, il semble disparaître dans le sol. Nicolazic a dit : « C'est là ! » Il montre à son beau-frère l'emplacement où il faut creuser. Celui-ci commence à ouvrir la terre avec un outil du pays qu'on appelle *tranche*. Au bout de quelques moments, il annonce qu'il vient de rencontrer du bois ; c'est la statue. Tous s'agenouillent, et ils allument un cierge bénit. Puis ils relèvent la sainte image, toute couverte de terre ; ils la déposent sur le gazon près d'une haie, et chacun retourne au village en bénissant Dieu, pour prendre quelque repos pendant le reste de la nuit.

IV

LE SANCTUAIRE DE SAINTE-ANNE.

En devisant ainsi, nous étions arrivés à Sainte-Anne, et, pendant que notre imagination évoquait le passé, nos yeux voyaient le présent, de sorte que nous assistions en même temps aux efforts, aux épreuves de Nicolazic, et à la réalisation de ses vœux et de ses espérances. Nous nous arrêtâmes un instant sur la vaste plaine ombragée de châtaigniers, à l'extrémité de laquelle jaillit de terre la source consacrée par la première apparition de la sainte.

Jadis cette source ignorée se perdait obscurément sous les buissons; aujourd'hui elle est devenue une magnifique piscine, bâtie en pierres de taille, et qui présente un parallélogramme de soixante-quatorze pieds de longueur sur quarante-six de largeur, partagé en trois bassins. Le dernier, qui reçoit l'excédant de l'eau dont les deux autres sont alimentés par des sources vives, entoure d'une belle nappe un piédestal surmonté de la statue de la mère de la sainte Vierge. Sur cette place s'ouvre la rue des Merciers, d'où l'on entre par trois portes dans la cour de la Chapelle. Cette cour est longue de deux cent soixante pieds et large de deux cent vingt. Au milieu s'avance l'église, qui semble venir au-devant des pèlerins : assez belle image de la grâce de Dieu, qui vint ici au-devant d'un de ses plus humbles serviteurs. Cette église est adossée au couvent autrefois occupé par les Carmes, et dans les bâtiments duquel est maintenant établi le petit séminaire. Tout autour de la cour s'étendent, sous la forme de cloîtres, de longues galeries destinées à abriter les pèlerins par les mauvais temps. Ces galeries viennent se rejoindre aux trois portes d'entrée, et se terminent par deux escaliers qui, montant le long du portique, conduisent à une esplanade abritée par une élégante coupole, et dominant une vaste arcade qui sert d'entrée principale. Sur cette espèce de trône s'élève un autel imposant du haut duquel le saint sacrifice de la messe peut être entendu de vingt mille fidèles et vu d'un bien plus grand nombre : c'est la *Scala Santa*. Avant la Révolution, on y voyait un beau groupe de statues en pierre représentant la scène de l'*Ecce homo*, morceau dû à un excellent artiste du xvie siècle, le petit-fils de François de la Barre, de sorte que les degrés qui conduisent à la plate-forme rappelaient ceux du prétoire de Jérusalem. Ce monument semblait calqué sur celui de Rome, où l'on monte à genoux les degrés de marbre tirés par Constantin du palais de Pilate, et que les pieds du Christ ont foulés. La Révolution, qui a partout laissé, comme un torrent, les traces de son passage, a brisé, en passant, ces statues. Elles sont aujourd'hui remplacées par celles de la Sainte Famille, tirées, en 1815, d'un ancien et magnifique rétable des Cordeliers d'Auray, que les iconoclastes de 93 ont également dévasté.

A la vue de ces constructions, de la tour d'une hauteur de cent cinquante pieds, qu'on aperçoit de si loin de tous les points de la campagne, et dans l'épaisseur de laquelle est pris le chœur de l'église, nous admirâmes cette puissance de la foi qui transporte encore des montagnes[1]. « On s'étonne tous les jours, disait l'un de nous, qu'un homme de génie, Brunel, par exemple, se dise, en s'arrêtant sur les bords de la Tamise : « Un pont souterrain passera sous « les eaux du fleuve, et réunira les deux rives ; » et voici qu'un homme du peuple, un simple paysan, étranger à la science et sans lettres, a fait épanouir sous sa prière ardente tout cet ensemble de constructions merveilleuses, et a créé ce grand établissement dans un lieu presque sauvage. Cette église, cette tour élevée, ce cloître immense, la Scala-Santa, les vastes bâtiments occupés aujourd'hui par le petit séminaire, ces beaux jardins, cet enclos de cinquante et un arpents de terres, fermé par un mur de huit cent trente-trois toises, ces grandes prairies, ces excel-

[1] Le sanctuaire de Sainte-Anne a été très-agrandi, en 1868, aux dépens de la vaste esplanade sur laquelle 20,000 pèlerins pouvaient entendre la messe. L'aspect des lieux se trouve donc modifié.

La Scala santa.

lents vergers, ces allées magnifiques de châtaigniers et de tilleuls, ce canal et cette pièce d'eau de deux cent cinquante-six toises, tout cela est sorti de la prière féconde du pauvre Nicolazic. Il avait vu, par ce regard de l'espérance chrétienne, qui scrute les profondeurs de l'avenir, son champ se transformer en une belle église, et il avait annoncé à ces amis, étonnés de sa confiance, que les choses se passeraient ainsi, et que toute la Bretagne viendrait en pèlerinage dans ce lieu. Tout ce qu'il avait espéré, Dieu l'a réalisé. »

Pendant que nous exprimions ces pensées, le supérieur du petit séminaire de Sainte-Anne nous redisait les dernières épreuves de Nicolazic et son inaltérable confiance en même temps que son invincible fermeté. La découverte de la statue n'a pas encore convaincu le recteur de Pluneret. Il traite Nicolazic avec plus de rigueur que jamais, et il hésite, quand il parle de lui, entre les noms d'impie et de visionnaire. Dom Thominec, le vicaire, n'est pas moins dur. Un événement malheureux semble prêter quelque autorité à la sévérité de leurs appréciations : un incendie se déclare dans la grange de Nicolazic, et déjà l'on va dire que Dieu lui-même condamne le pieux serviteur de sainte Anne, lorsqu'on remarque avec étonnement que deux grands gerbiers de seigle, placés tout à côté du bâtiment, n'ont pas été même noircis, bien que le vent soufflât de leur côté, et que les objets renfermés dans la grange n'ont pas éprouvé l'atteinte du feu. Tandis que Nicolazic trouve ainsi la contradiction et l'obstacle là où il devait espérer trouver l'aide et le concours, la voix du peuple, qui est quelquefois la voix de Dieu, se déclare en sa faveur. Les pèlerins, dont il a entendu les pas dans le lointain de l'avenir, les voilà qui arrivent. La nouvelle des merveilles qui s'opèrent au Bocenno s'est répandue, en effet, dans toute la Bretagne. Aussitôt les populations s'ébranlent ; elles veulent voir la statue ; elles veulent prier Dieu dans l'endroit où il opère des prodiges. C'est pour le recteur de Pluneret une nouvelle occasion de faire éclater sa colère contre l'humble et persévérant Nicolazic. Il ordonne qu'on renverse l'escabeau sur lequel se trouve le vase d'étain où les pèlerins étrangers déposent leurs offrandes destinées à bâtir une église. Mais cette fois Dieu le punit : il est atteint, dans tout son corps, de douleurs qui ne s'apaisent qu'après un pèlerinage que, pendant toute une semaine, il va faire furtivement chaque nuit à la fontaine de Sainte-Anne, dans laquelle il trempe ses membres endoloris. Plein de reconnaissance pour la sainte, dont l'intercession lui a obtenu sa guérison, il confesse enfin publiquement son erreur et se réconcilie avec Nicolazic. Ce fut alors, et seulement alors, — tant l'Église est circonspecte et sévère quand il s'agit d'admettre des faits miraculeux, — que l'évêque de Vannes, M. de Rosmadec, qui avait ordonné l'enquête la plus minutieuse et la plus exacte sur les faits allégués par Nicolazic, qui l'avait fait interroger par dom Jacques Bullion, bachelier en Sorbonne, l'avait interrogé lui-même à plusieurs reprises et l'avait fait comparaître devant son beau-frère, M. Kermeno du Garo, ancien conseiller au parlement, et enfin l'avait envoyé passer quinze jours dans le couvent des Capucins de Calmont-Haut, pour y être examiné d'une manière plus suivie par les théologiens du couvent, ce fut seulement alors que M. de Rosmadec reconnut que le doigt de Dieu était là et autorisa l'érection de la chapelle. Les

offrandes se montaient déjà à dix-huit cents écus, somme
très-considérable pour le temps.

Dès que cette permission est donnée, un immense mouvement commence, et l'église de Sainte-Anne d'Auray s'élève comme par enchantement, comme s'élèvent encore, Dieu merci! les églises dans le Morbihan. Chacun veut y apporter sa pierre, chacun son offrande. Le riche donne les matériaux, le pauvre son travail. C'est la maison de Dieu : tous y prieront, tous veulent avoir contribué à la bâtir. Ce fut une belle et grande journée pour tous, pour l'heureux Nicolazic surtout, que celle où le sanctuaire vénéré de Sainte-Anne fut inauguré devant une foule innombrable, qui chantait les gloires et les miséricordes de Dieu. On était accouru à cette fête, non-seulement de toutes les parties du diocèse, mais de toutes les contrées de la Bretagne et de toutes les provinces voisines, et la lande disparaissait sous des milliers de pèlerins. A partir de ce moment le pèlerinage fut fondé. Les Carmes, auxquels l'évêque de Vannes avait confié la fondation de Sainte-Anne, établissent les règlements les plus sages pour l'entretien de la piété et du bon ordre. Point de danses, point de divertissements profanes; le biniou lui-même, cher aux oreilles bretonnes, est exilé. Outre le pèlerinage individuel, qui est perpétuel, car pour la misère et la reconnaissance, la prière et l'action de grâces sont de tous les jours, il y a dans l'année des fêtes solennelles, qui amènent des flots de pèlerins. Celle de saint Louis, le 25 août; celle de saint Michel, le protecteur de la France, le 29 septembre; celle de la Pentecôte et celle de sainte Anne, le 26 juillet, sont les principales. Dans ces grandes fêtes on a vu jusqu'à quatre-vingt mille pèlerins bivaquer sur la lande de Sainte-Anne, car les bâtiments ne suffisent pas, on le pense bien, à loger cette immense multitude. Les habitants de chaque district de la Bretagne, reconnaissables à leurs costumes, sont rassemblés par groupes. Dans chaque groupe, les femmes occupent le centre, et les hommes, à une distance assez grande, forment un cercle autour d'elles ; c'est ainsi qu'on passe la nuit en chantant des cantiques, et ces pieuses vigiles ont rappelé aux pieux écrivains, qui les ont racontées, les vigiles du christianisme primitif.

Rien n'a manqué aux gloires de sainte Anne. Dans cette histoire, qui s'ouvre par le nom d'un humble paysan, bientôt les noms des rois, des princes et des seigneurs et même les noms des papes arrivent. Anne d'Autriche, reine de France, avait une dévotion particulière pour l'oratoire de Sainte-Anne d'Auray, et, en entrant dans l'église, nous avons lu son nom inscrit de sa royale main sur le registre de la confrérie ; elle y fit écrire aussi celui du Dauphin, son fils, qui devait s'appeler Louis XIV. Au-dessous de ces noms augustes viennent tous les grands noms de la cour de France, à cette époque, ceux de Charlotte de Montmorency, mère du grand Condé, de Claire d'Enghien, d'Anne de Bourbon, de Mademoiselle, des duchesses d'Elbœuf, d'Uzès, de Montbazon, de Cossé-Brissac, des comtesses d'Egmont, de Saint-Paul, de la Guiche, de Schombert. Henriette de France, cette reine d'Angleterre qui serait la plus malheureuse des reines, s'il n'y avait pas une reine de France du nom de Marie-Antoinette, Henriette d'Angleterre, qui passa comme l'herbe des champs du matin au soir, et dont la mort retentit encore, comme un coup de tonnerre, dans l'oraison

L'église de Sainte-Anne.

funèbre de Bossuet, sont venues à Sainte-Anne et ont écrit leurs noms sur le registre de la confrérie. Nous avons trouvé sur la liste celui de la marquise de Sévigné, et, plus tard, celui de Marie Leczinska. De notre temps même, sous la Restauration, en 1823, la fille de Louis XVI, et, en 1828, Madame la duchesse de Berry, parurent dans ce lieu et y laissèrent des marques de leur piété et de leur munificence. Plusieurs papes, Urbain VII, Innocent X, Alexandre VII, Innocent XI, Clément XII, Benoît XIV et Clément XIV attachèrent au pèlerinage de Sainte-Anne des grâces précieuses, qui accrurent encore la dévotion et l'empressement des fidèles.

Et comment cet empressement n'aurait-il pas été aussi vif? Ce n'était pas en vain que l'on faisait le pèlerinage de Sainte-Anne. Combien de fois les cœurs brisés revinrent consolés, les esprits tourmentés par le doute convaincus, les malades incurables guéris! Les merveilles du christianisme primitif furent renouvelées; les aveugles virent, les sourds entendirent, les muets parlèrent et les paralytiques marchèrent. C'est en entrant dans l'intérieur de l'église que l'on s'explique encore mieux le concours des pèlerins accourus de toute part à Sainte-Anne d'Auray. Tous les murs sont chargés d'*ex-voto*. L'estropié guéri a laissé là ses béquilles; le malade, condamné par les médecins, a déposé le suaire déjà préparé pour l'ensevelir; le matelot, battu par la tempête et sauvé par l'intercession de sainte Anne, a suspendu aux voûtes une barque taillée par ses mains. Il y a des villes et des villages qui font encore à Auray des pèlerinages annuels, en commémoration d'un anniversaire. Quimperlé est venu, en mémoire d'un incendie arrêté; Pont-l'Abbé, en mémoire d'une maladie contagieuse miraculeusement suspendue, a franchi vingt-cinq lieues; l'Ile-Dieu en franchit tous les ans soixante. On voit revenir chaque année les gens d'Arzon, et ils chantent encore le cantique que chantaient leurs pères, lorsque, échappés presque seuls, au nombre de quarante-deux, à la mort qui décima un équipage français dans une bataille navale livrée sous le règne de Louis XIV, ils vinrent se prosterner dans ce sanctuaire où nous prions. Qui les rencontrerait dans le trajet, les entendrait chanter encore aujourd'hui le cantique d'action de grâces des gens d'Arzon, qui fut composé à cette époque :

> Nous avons été de bande
> Quarante-deux Arzonnois
> A la guerre de Hollande
> Pour le plus grand de nos rois.

> Sainte mère de Marie,
> Par un miraculeux sort,
> Vous nous conservez la vie
> Dans le danger de la mort.

> Ce fut de juin le septième
> Mil six cent septante et trois,
> Que le combat fut extrême
> De nous et des Hollandois.

> Sainte mère, etc.

> Les boulets comme la grêle
> Passaient parmi nos vaisseaux,
> Brisant mâts, cordage, voile,
> Et mettant tout en lambeaux.

> Sainte mère, etc.

> La merveille est toute sûre
> Que pas un homme d'Arzon
> Ne reçut la moindre injure
> De mousquet ni de canon.
>
> Sainte mère, etc.

Je n'ai pas vu le grand pèlerinage de Sainte-Anne ; mais je suis sorti de la chapelle édifié et ému. Tant de bonté attestée par tant de reconnaissance, cette longue histoire des miséricordes de Dieu, racontée par les témoignages mêmes de la gratitude de ceux qui les ont éprouvées après avoir invoqué l'intercession de la mère de la sainte Vierge, me pénétraient à la fois d'émotion et de respect. Ici, ce sont des mères à qui leurs enfants écrasés par des roues de moulin, par le fléau des pressoirs, ou tombés dans la vase, ou précipités dans des gouffres, ou étouffés, ont été rendus ; là ce sont des muets qui ont recouvré la parole, des aveugles la vue, des sourds l'ouïe, des paralytiques le mouvement, des insensés la raison. Toutes les souffrances du corps et de l'âme sont venues sous ces voûtes, toutes y ont trouvé un remède ou une consolation. Sainte Anne a arrêté les incendies, a mis un terme aux maladies contagieuses en purifiant l'atmosphère de son souffle béni. Les marins n'ont pas en vain chanté le bel hymne *Ave parens Stellæ maris :* « Salut à vous qui avez enfanté l'étoile des mers, arrachez-nous aux tourbillons de l'orageux Océan. » Ceux de Saint-Malo, ceux d'Ouessant, ceux de Cancale, ceux du Croisic, ceux de Nantes, ceux de Vannes, ceux d'Auray, ceux de tous les ports, ont suspendu de nombreux *ex-voto* aux voûtes, en mémoire de leur retour au pays qu'ils avaient craint de ne plus revoir.

Enfin je vis un autel sur lequel un étendard mahométan avait été déposé par des chrétiens, qui, prisonniers des Turcs, avaient pris pour cri de ralliement le nom vénéré de sainte Anne, et s'étaient emparés de la galère sur laquelle on les employait à ramer.

Au milieu de ces récits, de ces pieuses stations, de ce voyage autour de deux siècles qui ont laissé leur empreinte à Sainte-Anne, les heures avaient couru. La première étape de mon voyage dans le Morbihan était accomplie. Le jour même je quittai le jeune et vénérable supérieur du petit séminaire en lui disant au revoir, et en lui promettant de revenir l'année suivante, le 29 septembre, qui est une des grandes fêtes du sanctuaire. J'y revins, en effet, en 1851, mais le jeune prêtre n'y était plus pour me recevoir ; je ne trouvai que son tombeau, sur lequel j'allai prier. Avant de nous quitter, nous avions longuement parlé de la situation de la France, et de nos inquiétudes plus que de nos espérances. Qu'allait-il advenir? que deviendrions-nous? que deviendrait surtout notre cher pays? L'un de nous, le meilleur des deux, n'avait pas à s'occuper de cet avenir et de ces épreuves que Dieu avait résolu de lui épargner. Je me suis toujours souvenu de cette leçon. Nous ne sommes point ici-bas pour connaître l'avenir que peut-être nous ne verrons pas, nous y sommes pour y faire notre devoir de chaque jour qui ne dépend pas du lendemain, et que l'événement ne peut pas changer. Faisons donc notre devoir et laissons faire le reste à Dieu.

V

NOUVEAU VOYAGE DE PARIS A VANNES PAR RENNES.

Je n'avais pas revu la Bretagne depuis le mois de septembre de l'année 1851 ; mais, dans les derniers jours du mois de juillet 1860, je résolus de m'y rendre pour assister au pèlerinage de Sainte-Anne d'Auray. La dernière fois que j'avais visité le Morbihan, j'étais attaché à ce noble et vaillant pays par le lien public d'un mandat donné et accepté. Les événements avaient rompu ce lien, mais en laissant subsister celui d'une reconnaissance et d'une affection qui dureront autant que ma vie. Mon voyage, cette fois, avait donc un but exclusivement religieux, et cependant j'éprouvais une douce satisfaction à l'idée de revoir des lieux remplis de grands souvenirs, et des amis à qui j'avais voué une affection que le temps n'a pas affaiblie. Cette fois, au lieu de prendre le chemin de fer de Nantes, je pris celui de Rennes, parce que je devais m'arrêter un jour dans la maison de l'ordre de Sainte-Croix, fondé par le R. P. Moreau, et qui envoie ses ouvriers évangéliques à la fois dans nos campagnes et dans nos colonies les plus lointaines. Que d'événements intervenus depuis mon dernier voyage dans le Morbihan ! La scène du monde se renouvelle plus vite dans notre époque que dans toute autre. Des acteurs en descendent, d'autres y montent, et le spectacle changeant des choses humaines semble défier par sa mobilité le burin de l'historien, trop lent pour le suivre.

On dit que tous les voyages se ressemblent ; les voyages en chemin de fer ont particulièrement ce privilége. La vapeur court si vite, que les paysages qu'on laisse des deux côtés ne nous présentent guère que des arbres qui fuient avec un air effaré, comme s'ils appartenaient tous à cette forêt menaçante qui marchait contre Macbeth. Le regard se fatigue à vouloir saisir ces perspectives fuyantes, et bientôt on ne cherche plus à discerner les objets devant lesquels on passe avec une rapidité qui finit par vous étourdir. Je ne vous dirai donc pas si la route de Vannes par Rennes est plus ou moins pittoresque que la route de la même ville par Nantes; la distance est à peu près la même, les prix de transport n'offrent qu'une très-légère différence, et la diligence qui conduit de Rennes à Vannes parcourt, à très-peu de choses près, le même nombre de kilomètres que celle de Nantes à l'ancienne capitale des Venètes. Que vous preniez l'une ou l'autre, vous aurez dix heures à passer dans une voiture étroite et mal construite, où vous serez serré, étouffé, secoué, et vous arriverez rompu, car il est remarquable qu'à mesure que les chemins de fer se multiplient et cherchent à réunir dans leurs wagons tous les genres de conforts, les diligences deviennent de plus en plus incommodes et retournent aux coches, comme si elles craignaient de nous laisser des regrets. Il est vrai que sur le parcours de Paris à Vannes, par la double voie de Nantes et de Rennes, elles jouissaient, en 1860, de leur reste. Dans dix-huit mois, le chemin de fer devait relier Vannes à Paris. En une journée on devait aller de l'une à l'autre ville, résultat désiré par les voyageurs qui descendent tout meurtris de la diligence, appréhendé par Brizeux, qui craignait de voir sa chère Bretagne perdre, à la suite de ce dangereux rapprochement, sa physionomie originale et son autonomie morale et intellectuelle.

Dans mon rapide voyage, il n'y eut pas d'incident. Je fus seulement témoin d'une de ces petites scènes de mœurs que les fumeurs donnent chaque jour, sur toutes les lignes. J'étais monté dans un wagon de première, où se trouvaient deux jeunes gens; à peine étais-je assis, qu'on me fit la question de rigueur, tout en préparant les cigares, tant la réponse est prévue : « Monsieur, la fumée du tabac ne vous incommode pas? » Devant cette interpellation, le voyageur incongru qui a le malheur de ne pas fumer doit immédiatement porter la main à son chapeau, et remercier les fumeurs de cette suprême condescendance, en déclarant qu'il n'est pas incommodé par cette odeur de tabagie qui le prend à la gorge et infecte de son parfum âcre et nauséabond les vêtements qu'il porte, de manière qu'en descendant d'un wagon on a l'air de sortir d'un corps de garde. Le mieux est de répondre à l'interrogation d'usage par ces mots plus aimables et plus empressés : « Au contraire. » Je suis ennemi du mieux qui est ennemi du bien, je me contentai donc de donner mon assentiment aux fumeurs par un simple mouvement de tête, qui voulait dire : « Je connais vos droits et mes devoirs. » En effet, au milieu de la multitude des fumeurs, un homme qui ne fume pas commence à devenir importun et ridicule. C'est un misanthrope, un Alceste qui rompt en visière avec le genre humain, un être insociable qui cherche à se singulariser, et qu'il faut envoyer vivre avec les loups. Admirez la puissance d'un usage! Au commencement, les fumeurs étaient modestes et se faisaient petits. Ils s'excusaient de leur mauvaise habitude et demandaient seulement qu'on voulût bien les supporter. Maintenant ils sont chez eux partout, et ce sont eux qui ont quelque peine à supporter ceux qui n'ont pas le même travers, et qui bientôt leur devront des excuses.

Au bout de quelques heures, nous descendions au Mans.

Je ne vous dirai rien de cette ville, où je retrouvai le souvenir de Mme de Lescure se frayant à grand'peine un passage dans la grande rue, encombrée d'hommes, de chevaux et de voitures traînées par des bœufs, qui fuyaient pêle-mêle après la déroute de l'armée vendéenne. Pendant les douze heures que j'y passai, je suis resté dans la maison de Sainte-Croix, magnifique établissement où le catholicisme a montré une fois de plus cette fécondité inépuisable, cette vertu créatrice qu'il tient de son fondateur et qui fait sortir de rien toutes choses. J'emportai de ce rapide séjour beaucoup de bons souvenirs et une belle parole du R. P. Moreau, figure pleine de puissance, d'originalité et de vie, qui s'est plusieurs fois offerte à mon esprit dans la suite de mon voyage, pendant que je lisais les *Moines d'Occident* de M. de Montalembert, ces ancêtres spirituels des moines de nos jours. Cette parole, la voici. Avant de construire la maison d'habitation nécessaire à son ordre, le P. Moreau commença par construire son église, monument remarquable qui ne coûta pas moins de quatre cent mille francs. Un personnage

4

considérable lui fit remarquer qu'il avait manqué à toutes les règles de la prudence humaine en bâtissant son église avant de bâtir pour son institut une maison d'habitation.

— A tout seigneur tout honneur, répondit le P. Moreau. J'ai commencé par loger Dieu, c'est maintenant à lui de me loger.

Dieu l'a logé en effet, et bien logé. On ne remarque point ces miracles du catholicisme, parce qu'ils recommencent tous les jours.

Après un séjour de douze heures au Mans, je repris le chemin de fer, et je charmai les heures du trajet du Mans à Rennes en continuant la lecture des *Moines d'Occident*, de M. de Montalembert. Les heures s'envolaient à tire-d'aile pendant que je m'enfonçais sous les sombres arcades des vieux cloîtres, relevés un moment par la plume de cet enchanteur. J'admirai cette introduction jetée devant l'ouvrage comme un majestueux portique. J'y trouvai cette fierté de pensée et cette vivacité de sentiment, ce flot qui jaillit intarissable de cette riche intelligence comme une source d'eau vive; ce mélange de préoccupation des choses contemporaines avec le souvenir des choses du passé, qui donne un charme particulier à cet ouvrage à double perspective; cette personnalité hardiment accentuée au milieu des médailles effacées de notre temps; ce juste enthousiasme pour les vertus des moines, avec un aveu sincère des abus qui ont amené la ruine de leur institut; cette indignation généreuse contre les spoliateurs, et cet humble acquiescement à la justice de Dieu s'accomplissant par l'injustice des hommes; toutes ces qualités, enfin, nuancées de quelques défauts, qui donnent une physionomie originale et séduisante aux œuvres de M. de Montalembert. Tout entier à cette lecture, je n'avais pas la conscience du temps qui s'écoulait, et nous entrions dans la gare de Rennes, que je m'en croyais encore assez loin ; il était neuf heures du soir.

Pour se rendre de la gare à la ville, il faut traverser la Vilaine sur un pont. J'allai descendre à l'hôtel de France, rue de la Monnaie, afin de m'assurer une place pour Vannes dans la diligence du matin ; mais, par une de ces combinaisons imaginées, ce semble, pour le plus grand ennui du voyageur, on ne pouvait me donner de place que conditionnellement, et dans le cas seulement où les voyageurs arrivant de Paris le lendemain matin n'auraient pas retenu toute la voiture. Je me levai inutilement à cinq heures du matin ; tout était pris. Je le regrettai d'autant plus, que ce contre-temps me faisait manquer le grand jour du pèlerinage d'Auray, qui est le 25 juillet. Il fallut bien me résigner et me dire que sainte Anne donnait audience tous les jours aux pèlerins. Je trouvai, grâce à l'indication d'un brave Breton qui stationnait devant l'hôtel, une autre diligence qui partait le soir à neuf heures. J'y arrêtai ma place, et, après avoir fait une longue visite à mes amis du *Journal de Rennes*, que j'avais aimés jusque-là sans les connaître, comme on s'aime entre gens qui ont les mêmes sentiments et les mêmes idées, mais que j'eus un grand plaisir à voir, je résolus de consacrer le reste de ma journée à parcourir Rennes.

Rennes, cette ville ducale, aux anciens états de Bretagne et aux vieux parlements, la préférée de notre reine

Anne de Bretagne, n'a pas réalisé l'idéal que son nom avait évoqué dans mon esprit. Il est vrai qu'il ne reste guère à l'antique capitale de la Bretagne de son long passé que son nom. C'est du terrible incendie de 1720 que date la transformation de la ville. Cet incendie, qui s'alluma dans la nuit du 20 au 21 décembre chez un menuisier de la rue Tristain, s'étendit sur une grande partie de la ville ; les flammes ne s'arrêtèrent qu'au bout de sept jours, après avoir consumé huit cent cinquante maisons.

On profita de ce désastre pour reconstruire les rues sur un plan régulier. L'ingénieur Robelin et l'architecte Abeille dessinèrent le plan d'une ville nouvelle, en indiquant l'emplacement des grands édifices projetés pour son embellissement : parmi les améliorations arrêtées, il faut compter la rectification du cours de la Vilaine au moyen d'un canal. Ceci explique comment toute la partie centrale de Rennes m'apparut comme une ville moderne, tirée au cordeau. C'est une nouvelle venue du dix-huitième siècle qui étale ses jeunes splendeurs, tandis qu'alentour s'enchevêtrent, comme les fils d'un rouet tombés des mains d'une fileuse bretonne, les rues étroites, noires et tortueuses de la vieille cité, avec leurs maisons de bois chères aux archéologues et aux artistes. Je ne trouvai réellement à admirer dans Rennes que l'ancien palais du Parlement, qui, gardant sa destination, est aujourd'hui le Palais de Justice. La cathédrale, en style bas-roman, a quelque chose de lourd et d'écrasant ; l'église Saint-Germain est médiocre ; celle de la Toussaint, comme la plupart des églises des jésuites, est plutôt ornée que belle.

La pierre de granit dont on s'est servi dans la construction de ces églises, et qui noircit promptement, leur donne un air d'antiquité prématuré. Je m'arrêtai assez longtemps devant la croix monumentale de pierres mêlées de dorure érigée sur une des places de la ville, en face d'une allée sombre et touffue, et à laquelle on monte par des degrés ; elle semble s'élever sur une petite colline comme sur un trône. C'est de là que le P. Rauzan prêcha, en 1817, une mission. Les quais de la Vilaine sont d'un aspect pittoresque, et la grande plaine, toute couverte de verdure, qui s'étend de l'autre côté, repose agréablement les yeux.

Vers dix heures du soir, je m'embarquai pour Vannes. Je n'ai rien à dire de cette course de nuit, qui ne me permit de rien voir. J'avais pour compagnons dans le coupé un négociant de Paris qui, né à Rennes, menait sa femme jeune encore au pèlerinage de Sainte-Anne d'Auray, pour lui demander, à ce que j'appris par leur conversation, d'envoyer à leur foyer une de ces petites têtes blondes qu'on appelle quand on ne les a pas, et qui sont, comme l'a dit un ancien, autant de gages que nous donnons contre nous à la fortune, cuisants et chers soucis que tout le monde veut avoir, frais sourires qui coûtent quelquefois plus tard bien des larmes ! Depuis longtemps déjà le soleil s'était levé, lorsque, à quelques lieues de Vannes, en passant dans un gros bourg qui célébrait la fête de son patron, j'admirai le gracieux porche d'une église. La foule était si grande, qu'elle n'avait pu tenir tout entière sous les voûtes du sanctuaire et qu'elle débordait au dehors. Je retrouvai la Bretagne que j'avais en

4*

vain cherchée à Rennes. Ces chrétiens aux longs cheveux, qui, agenouillés à la porte de la maison de la prière, suivaient du regard les progrès du saint sacrifice qui s'accomplissait à l'intérieur, et se joignaient du fond du cœur aux oraisons du prêtre, me rappelèrent ces pèlerins de Sainte-Anne dont les cantiques, retentissant en notes graves et tristes au milieu de la nuit, m'annoncèrent, à mon premier voyage, que j'avais passé le pont gigantesque de la Roche-Bernard et que j'étais entré dans le Morbihan. Une heure après, j'étais à Vannes.

VI

KÉRONIK. — SAINTE-ANNE. — KERLÉANO. — KÉRANTRÉ.

Comme à mes précédents voyages, j'avais fait retenir ma chambre à l'hôtel du Dauphin, situé sur le Cours, presqu'en face du collége d'où M. Rio sortit en 1815, avec ses jeunes et vaillants camarades, pour faire cette campagne qu'il a racontée dans sa *Petite Chouanerie,* livre où la séve de la jeunesse coule à pleins bords, et où l'on sent palpiter ces cœurs de seize ans qui, noblement prodigues de leur vie, ne savent ni compter les sacrifices ni calculer les périls.

Toutes les fois qu'on demeure un certain nombre d'années sans visiter un pays, on s'étonne, en y arrivant, des vides qu'y a faits la mort et des changements qui se sont opérés dans les habitudes et dans les mœurs. C'est la pensée qui me saisit au moment où j'arrivai à Vannes. Ce saint et excellent évêque, le dernier descendant, je crois, de du Guesclin, qui m'avait reçu la première fois dans son grand séminaire avec tant de bienveillance et avec une simplicité apostolique, et qui, pendant que ses professeurs profitaient des vacances pour faire une partie de boules, m'avait raconté quelques épisodes de la première Révolution à Vannes, en me désignant du doigt le lieu où l'on fusillait les prisonniers de Quiberon qu'on faisait sortir dix par dix du jardin du grand séminaire transformé en prison, — il était mort !

Le curé de Saint-Patern, cœur d'or et volonté de granit, qui avait exercé une si grande influence dans le département en 1848 et 1849, — mort !

Le général Joseph de Cadoudal, que, dans mes deux premiers voyages, j'étais allé visiter, à deux kilomètres d'Auray, dans sa maison de Kerléano, où il était resté, comme une fidèle sentinelle, devant le monument de son formidable frère, jusqu'à ce que Dieu l'eût relevé de sa faction, — mort !

Le marquis Lemintier, cet homme de bien et de sens qui m'avait si courtoisement reçu dans sa maison de campagne de Limoges, située à peu de distance du canal, et plusieurs autres personnes que j'aurais aimé à revoir, avaient aussi cessé de vivre ; et jusqu'à mon hôte du *Dauphin*, que je ne trouvai plus là et qui avait succombé à une maladie de poitrine dont il était déjà atteint, je crois, quand je quittai Vannes. — Tous morts !

Une nouvelle surprise m'attendait en entrant à l'hôtel : la simplicité bretonne, qui m'avait frappé à mes premiers voyages, avait en partie disparu en cédant la place à l'élégance et à la recherche parisiennes. On m'introduisit dans une chambre, au rez-de-chaussée, tapissée avec soin et meublée d'un lit moderne en acajou avec rideaux de mousseline blanche : je n'y dormis pas mieux que sous l'immense baldaquin d'indienne qui abritait, à mon premier voyage, mon lit d'une simplicité morbihannaise. Secrétaire, commode en acajou, siéges dans le nouveau style, pendule d'un nouveau modèle, rien n'y manquait, pas même une caisse à bois couverte de tapisserie. Le progrès matériel pénètre partout, mais, presque partout, il pénètre seul, en laissant le progrès moral derrière lui. Il y a neuf ans, le domestique m'avait servi maigre le vendredi et le samedi, sans prendre mes ordres, comme si la chose allait d'elle-même ; cette fois il me demanda si je faisais maigre le samedi. En questionnant quelqu'un du pays, j'appris qu'il fallait attribuer ce relâchement de l'austérité bretonne aux travaux du chemin de fer de Vannes, qui amenaient beaucoup d'étrangers dans la ville.

Je me hâtai de courir au logis de mon ancien collègue et ami, l'abbé Lecrom, un des chanoines de la cathédrale, et, une heure après, nous étions en route pour Sainte-Anne d'Auray. Notre équipage n'était pas brillant ; c'était une voiture légère, couverte de toile, traînée par un de ces petits chevaux bretons, sobres devant le râtelier, infatigables au travail, qui ont plus de fonds que d'apparence. Partis à huit heures, nous étions à dix heures à Sainte-Anne, que je ne décrirai pas, parce que j'en ai déjà fait la description dans mon précédent récit. Le grand jour du pèlerinage était passé, puisque nous étions au 26 juillet ; la veille, plusieurs milliers de personnes avaient assisté à la procession solennelle, et c'était le matin, à cinq heures, qu'on avait célébré la messe du haut de la *Scala-Santa* devant les pèlerins, qui avaient passé la nuit sur la lande voisine en chantant des cantiques ; la plupart étaient partis, et nous en avions rencontré un bon nombre sur le chemin. Cependant l'église était encore pleine. Je remarquai ces beaux types de Bretons et de Bretonnes qui m'avaient déjà frappé en 1851, lorsque j'étais venu au pèlerinage de la Saint-Michel, la simple et rustique beauté des femmes et des filles, la force et la stature carrée des hommes, la dignité et le recueillement de ces physionomies ouvertes et pleines d'assurance. Après la messe, nous fîmes visite au supérieur, et, sans accepter son invitation obligeante pour le jour même, nous lui promîmes de revenir le lendemain. Nous remontâmes à midi dans notre véhicule et nous prîmes le chemin de Kéronik, château héréditaire où résidaient le vénérable comte Harscouet de Saint-Georges et son fils.

Bien que Kéronik ne soit pas très-éloigné d'Auray, nous n'y arrivâmes qu'à deux heures. A partir de Pluvigner les chemins deviennent très-difficiles, et il fallut manœuvrer la voiture à travers d'immenses ornières. Je reconnus l'endroit où, à un précédent voyage, le conducteur du cabriolet où j'étais assis demanda le chemin à un petit pâtre breton, qui paissait sept ou huit moutons bien chétifs et deux chèvres dans un maigre pâturage. Mon cocher, qui était *gallo,* c'est ainsi qu'on appelle dans le pays ceux qui n'appartiennent pas à la race bretonne, se fâcha très-fort contre le pauvret, qui ne comprenait pas le français, et affirma que le jeune gars y mettait beaucoup de malveillance.

— Il en met tout autant que vous en mettez à ne pas comprendre le breton, lui dis-je en riant.

Et cette observation fit tomber sa colère.

Cette fois nous pûmes nous diriger d'après les indications recueillies à Pluvigner. Avant d'arriver au château, nous rencontrâmes çà et là quelques groupes de pèlerins attardés, qui, lorsque les mouvements de terrain leur permettaient d'apercevoir à l'horizon la tour de Sainte-Anne, fléchissaient le genou et récitaient dévotement leur chapelet. Sainte-Anne, pour les pèlerins bretons, c'est quelque chose d'analogue à ce qu'était Jérusalem pour les Croisés. On ne nous attendait plus à Kéronik, mais la réception qu'on nous fit n'en fut ni moins bienveillante ni moins cordiale. Après dîner, nous allâmes faire une assez longue promenade dans le parc. Le château de Kéronik est une de ces simples et belles habitations seigneuriales qui, assises au milieu de grands ombrages et devant de fraîches eaux, respirent le calme et la sérénité. Le paysage est agreste et d'une beauté sévère, et un peu mélancolique. Dans ce lieu sauvage et retiré, où l'on se trouve en face de la nature, de soi-même et de Dieu, on comprend que les consciences calmes et pures peuvent seules se plaire. En longeant un beau lac sur lequel s'ébattaient des cygnes, nous aperçûmes de loin des faneuses, qui donnaient un peu de mouvement et de vie à ce paysage endormi et immobile. Selon l'usage du pays, ce sont les hommes qui présentent les bottes de foin au bout de la fourche, et les femmes qui, debout sur les charrettes, les arrangent. Un peu plus loin nous vîmes passer un piqueur à cheval, conduisant douze beaux chiens; c'est la meute de Paul de Saint-Georges.

Fidèles à leurs devoirs de propriétaires comme à tous leurs autres devoirs, son père et lui savent que l'absence de ceux qui possèdent est une cause de gêne et de souffrance pour ceux qui ne possèdent pas et dont la seule richesse est le travail; ils résident donc toute l'année dans cette terre solitaire et retirée, et la seule distraction de Paul de Saint-Georges est d'aller chasser le sanglier dans la forêt de Camors, où ce formidable gibier abonde, et dont on aperçoit de Kéronik les sombres ombrages noircissant l'horizon.

Après notre promenade, nous rentrâmes, et, dans une longue causerie, nous parcourûmes les divers sujets qui préoccupaient déjà, l'été dernier, les esprits, et j'admirai la fermeté de jugement et la droiture de cœur de notre noble et vénérable hôte, l'un des types les plus élevés de cette société de la Restauration, que j'ai entrevue dans ma première jeunesse, beau temps où l'honneur, ce guide incorruptible et sévère, n'avait pas encore cédé sa place à l'intérêt et à l'amour du bien-être dans la plupart des foyers. A huit heures, on vint prévenir que le souper était servi. Nous nous rendîmes à la salle à manger. Je retrouvai cette coutume pieuse des temps passés qui m'avait déjà ému et édifié à mon premier voyage dans le Morbihan. Avant de nous mettre à table, la prière du soir fut dite en commun, afin de permettre aux domestiques et aux ouvriers de la terre qui se lèvent avec le jour d'aller prendre du repos. Dans ces anciennes maisons, les traditions demeurent immuables au milieu de la mobilité continuelle des événements, et la stabilité des mœurs lutte contre les révolutions, comme les roches granitiques de la côte du Morbihan contre les flots qui les assiégent. M. de Saint-Georges père est, comme il y a dix ans, agenouillé à huit heures du soir sur sa chaise, au milieu de sa famille, de ses hôtes et de ses domestiques ; et, quoiqu'il y ait des ecclésiastiques présents, c'est lui qui, en vertu du droit patriarcal, dit la prière du soir. Sa voix est peut-être un peu moins sonore, sa figure un peu plus plissée ; mais la taille est toujours droite, l'intelligence ferme ; l'accent, la piété, les paroles, sont les mêmes. Je me demande si dix années se sont vraiment écoulées entre ces deux prières du soir que j'ai entendu réciter par la même voix, avec la même dévotion, dans le même lieu. N'est-ce pas la veille que je me suis agenouillé ici ? Tant d'événements écoulés, tant de révolutions, ne seraient-ils qu'un rêve ? C'est une belle image de la permanence des croyances, des idées et des sentiments au milieu des sables mouvants du dix-neuvième siècle. Pour ajouter à l'illusion, je vais coucher dans la même chambre et dans le même lit où j'ai passé la nuit dix ans auparavant, à l'époque de la Législative. Tout est à sa place, et je retrouve le tableau généalogique des Harscouët de Saint-Georges au-dessus de la cheminée. Les ancêtres doivent être satisfaits de leurs descendants : ils n'ont pas en vain laissé des enseignements et des exemples : les uns ont été compris, les autres suivis, et la grande devise qui résume à elle seule toute les devises chevaleresques : *Noblesse oblige,* trouve ici sa vivante application.

Le lendemain matin, 29 juillet, entre cinq et six heures du matin, nous prîmes congé de nos hôtes, et nous remontâmes, l'abbé Lecrom et moi, dans notre modeste voiture traînée par notre petit cheval breton. Nous cheminâmes en silence ; l'abbé Lecrom allait dire la messe dans le sanctuaire de Sainte-Anne, et j'y devais faire mon pèlerinage. A huit heures et quelques minutes nous arrivions. Quoique ce fût le troisième jour, il y avait encore beaucoup de monde, et l'église était complétement remplie. Dans cette nef, visitée par tant de chrétiens qui ne sont plus, et où tant d'âmes pieuses se sont épanchées devant Dieu, on respire un parfum de foi et de prière. Ces *ex-voto* qui, suspendus aux voûtes, attestent le bienfait en témoignant la reconnaissance, redoublent la confiance envers Celui qui invite ceux qui sont chargés à venir lui demander la force de porter leur fardeau. Après la messe, nous passâmes dans le petit séminaire, et l'on nous montra les bannières qui, données par de hauts personnages, sont portées dans la procession solennelle de la fête de sainte Anne. Nous fîmes ensuite honneur à un déjeuner maigre auquel nous avait invités le supérieur du petit séminaire. La conversation se prolongea longtemps. Il y avait là des esprits d'élite, de ces âmes à la fois élevées et sereines, dont la conversation a un charme particulier, parce qu'elle calme l'esprit tout en échauffant le cœur. On parla un peu de toute chose, de notre temps d'abord, qui, comme tous les temps, a ses misères, puis des grands ouvrages qui soutiennent et qui consolent, des deux premiers volumes des *Moines d'Occident,* que mes hôtes ne connaissaient pas encore, et dont je parlai avec cet enthousiasme récent et de premier jet qui se communique aisément. Puis j'interrogeai le recteur d'Hoëdic, auprès duquel je me trouvais placé, sur les récits qu'on m'avait faits de cette île, où la simplicité de l'âge d'or semble avoir prolongé son empire.

J'appris de lui que ces récits étaient pour la plupart exacts. Il est tout dans son île : l'autorité civile, car seul il sait lire et écrire, comme l'autorité religieuse ; il est curé de droit, et de fait il est maire. C'est même lui qui préside à la distribution de la boisson ; les pêcheurs de cette île sont rationnés, pour qu'il n'y ait pas d'excès : un litre aux hommes, un demi-litre aux femmes et aux adolescents ; les bénéfices sont consacrés à soutenir les veuves et les orphelins. Ceci me rappelle une histoire que j'entendis raconter, dans l'un de mes premiers voyages, par le vicaire de l'Ile-aux-Moines. Deux hommes d'Hoëdic s'étaient disputés en faisant leurs moissons et s'étaient battus à coups de faux. Les blessures n'étaient pas graves mais le sang avait coulé ! Le recteur les manda devant lui.

— Je vais, dit-il, vous faire embarquer et vous livrer à la justice.

— Oh ! monsieur le recteur, épargnez-nous ! s'écrièrent les deux délinquants.

— Je le veux bien, mais à une condition, c'est que vous vous soumettrez sans mot dire à la peine que je vais vous infliger, et je vous avertis d'avance qu'elle sera sévère.

— Plutôt que d'être livrés aux gendarmes, nous nous soumettrons à tout, monsieur le recteur.

— Eh bien, dimanche prochain, vous vous présenterez tous deux à l'église avec un cierge d'un écu, et vous vous tiendrez agenouillés devant l'autel de la sainte Vierge, votre cierge allumé à la main, pendant toute la grand'messe. Je monterai en chaire et j'avertirai l'assistance de l'amende honorable que vous subissez pour racheter l'offense que vous avez commise envers Dieu, en portant l'un sur l'autre vos mains homicides.

Les libres penseurs se récrieront peut-être contre cette résurrection de la pénitence publique. Je ne proposerai sans doute pas de généraliser dans notre temps le genre de répression appliqué par le recteur d'Hoëdic; mais, en bonne conscience, quand on a commis une faute, ne vaut-il pas mieux s'agenouiller devant Dieu que de se courber devant les hommes? N'était-il pas préférable en outre de demander à ces deux délinquants, violents mais honnêtes, une amende honorable à l'église, où ils devaient librement s'agenouiller pour se relever amnistiés et meilleurs, que de les livrer aux gendarmes, qui les auraient conduits dans une prison d'où, par un long contact avec le crime, ils seraient peut-être sortis pervertis?

Brizeux, qu'on rencontre partout en Bretagne, car il a tout chanté, a redit, dans son poème des *Bretons*, cette innocence de mœurs et cette simplicité primitive :

> Une chaîne d'îlots ou de roches à pic
> De Saint-Malo s'étend jusqu'aux îles d'Hœdic;
> Iles durant six mois s'enveloppant de brume,
> De tourbillons de sable et de flocons d'écume.
> Des chênes autrefois les couvrirent, dit-on :
> Chaque foyer n'a plus qu'un feu de goëmon.
> Parfois, derrière un mur où vivait un ermite
> Dont le vent a détruit la cellule bénite,
> Derrière un mur s'élève un figuier pâle et vieux,
> Arbre cher aux enfants, seul plaisir de leurs yeux.
> La tristesse est partout sur ces îles sauvages,
> Mais la paix, la candeur, la foi des premiers âges;

Les champs n'ont point de borne et les seuils point de clé;
Les femmes d'un bras fort y récoltent le blé;
De là sortent aussi, sur les vaisseaux de guerre,
Les marins de Bretagne, effroi de l'Angleterre.

Après un échange d'affectueuses paroles, nous prîmes congé de nos hôtes du petit séminaire, qui est très-florissant, car il compte trois cent cinquante élèves, et, remontant dans notre voiture, nous repartîmes pour Vannes. A mon dernier voyage, j'avais visité le général Joseph de Cadoudal dans sa maison de Kerléano, située à deux kilomètres d'Auray; je voulus, cette fois, voir sa digne fille; j'avais à lui porter des nouvelles de son excellent frère Georges de Cadoudal et de ses neveux. Le recteur d'Auray, que nous rencontrâmes, nous indiqua le chemin le plus court pour nous rendre à Kerléano, mais non pas le meilleur. Sans doute les Morbihannais, qui sont d'excellents marcheurs, supposent charitablement que ceux qui les interrogent sont doués d'une légèreté égale à la leur et ont comme eux des jarrets d'acier. Il nous fallut gravir une rampe presqu'à pic, et, sans les branches d'arbre auxquelles je me rattrapai, comme un mauvais cavalier se rattrape au pommeau de sa selle, je ne sais vraiment pas si je serais jamais arrivé. On appelle cela, en Morbihan, un chemin; dans tout autre pays on appellerait cela un mur. Quand nous eûmes gravi la pente, assez semblable à ce chemin du ciel dont Bossuet a dit qu'on y grimpe plutôt qu'on n'y marche, j'aperçus la petite maison où, en 1850 et en 1851, j'étais allé voir le général. Dès ma première visite, en 1850, j'avais trouvé le général malade et affaibli : un coup d'apoplexie, dont il avait été frappé, l'avait laissé paralysé d'un côté. Il était affaissé et triste, mais intelligent et toujours bienveillant et affectueux. Sa fille, comme un ange gardien, veillait sur son vieux père et lui consacrait ces trésors de tendresse maternelle que Dieu a mis dans le cœur de la femme, et qui remontent comme ils descendent; Sophocle l'a admirablement compris dans son *Antigone;* Shakspeare le comprend aussi, quand il fait dire à Cordélia :

> O my dear father! Restoration hang
> This medicine on my lips; and let this kiss,
> Repair those violent harms, that my two sisters
> Have in thy reverence made!

Et dans la même scène, quelques lignes plus haut :

> O you kind gods,
> Cure this great breack in his abused nature!
> The untun', det and jarring senses, O wind up
> Of this child-changed father!

« O mon père bien-aimé! que ne peux-tu trouver le rétablissement de ta santé sur mes lèvres! Ah! puisse ce baiser réparer le mal que t'ont fait mes deux sœurs! Et vous, ô divinité bienfaisante, rendez à lui même ce père, qui est devenu un enfant! »

Je le revis encore une fois en 1851. Le mal avait fait des progrès, et le général n'était plus que le reste de lui-même; la paralysie commençait à lui ôter la mémoire, et je ne suis pas bien sûr qu'il m'ait reconnu. Je quittai tristement ce noble vétéran de l'honneur et de la fidélité, avec le pressentiment que je ne le verrais plus. Je retrouvai en effet, en 1860, Mlle Virginie de Cadoudal seule dans la petite maison de Kerléano ; elle avait une tombe de plus et une tombe bien chère à garder. C'est elle qui veille maintenant auprès du monument de Georges de Cadoudal : rotonde en pierre avec un portique soutenu par deux colonnes en fonte, sorte de columbarium antique et qui n'est pas même terminé à l'intérieur, mais où l'on trouve du moins un autel au pied duquel j'ai entendu la messe en 1851 et en 1868 et devant lequel on peut prier et méditer.

Après cette visite, nous allâmes, jusqu'au château de Kérantré, visiter Mme Henriette de Gouvello, une de ces nobles femmes qui, suivant les traditions de leur famille, vivent pour les autres, et que le pauvre bénit comme une seconde providence. Le chemin est à peu près impraticable, et, partis en voiture, nous arrivâmes à pied, en laissant derrière nous notre véhicule à demi brisé. C'est un proverbe dans le pays que les Gouvello gardent les deux bouches du Morbihan (de la petite mer). Du côté d'Auray, le château de Kérantré appartient à Mme Henriette de Gouvello, et, du côté de Sarzeau, nous retrouverons le château de Kérevenant, propriété de M. le marquis de Gouvello, et qui, par son architecture, rappelle les *villa* de l'Italie.

Il était tard quand nous arrivâmes à Vannes. Fatigué de tant de courses, je soupai rapidement et je me couchai. A peine avais-je posé la tête sur l'oreiller, que je m'endormis ; mais mon sommeil, plein des souvenirs des deux journées précédentes, auxquels venaient se mêler les impressions de mes autres voyages, me présenta dans des visions incohérentes et confuses les images et les idées qui s'étaient succédé sous mes regards et dans mon esprit. Tantôt je voyais la tour de Sainte-Anne se dresser imposante et vénérable au bout de la grande lande ; j'entendais les pas pressés des pèlerins et leurs cantiques, et les cloches tintaient l'*Angelus*. Tantôt je m'enfonçais dans les vertes solitudes de Kéronik, et j'éprouvais un charme indicible à sentir les grandes ombres descendre sur mon front, tandis que mes yeux scrutaient la profondeur des eaux transparentes et que le silence des bois laissait parvenir à mes oreilles les notes perlées du rossignol. Et puis je me trouvais tout à coup transporté à Kérantré ; mais, mon imagination reculant de trente ans en arrière, j'avais sous mes yeux le spectacle que j'avais entendu décrire. On était à l'époque du voyage de Mme la duchesse de Berry dans la Vendée et la Bretagne, c'est-à-dire en 1828 ; la petite mer, très-profonde en cet endroit, était couverte de navires de haut bord magnifiquement pavoisés ; le rivage disparaissait sous la foule portant ces costumes pittoresques et ces larges chapeaux qui caractérisent la Bretagne ; les paroisses marchaient au son du biniou en portant leurs bannières, et les salves de l'artillerie se mêlaient au bruit des cloches sonnant à pleines volées. Puis tout à coup, comme il arrive quand le vent balaye ces villes et ces palais fantastiques qu'une invisible palette a peints dans les nuages, cette vision disparut et fut remplacée par une autre. J'étais sur la lande de Mi-Voie, dont le chêne existait encore et se dressait comme le gigantesque témoin de cette lutte de géants. Je voyais Beaumanoir arriver à la tête de sa vaillante bande, et Bemborough se présenter à l'autre extrémité avec les Anglais.

Comme l'a dit un poète breton contemporain du combat, dans le dialecte de Cornouailles : « Combien sont-ils, mon jeune écuyer? — Combien ils sont? Je vais vous le dire. — S'ils sont trente comme nous, en avant, amis, et courage! Droit aux chevaux avec les fauchards! ils ne mangeront plus notre seigle en herbe! — Seigneur saint Kado, donnez-nous force et courage, afin qu'aujourd'hui nous vainquions les ennemis de la Bretagne. Si nous revenons du combat, nous vous ferons don d'une ceinture et d'une cotte d'or, et d'une épée, et d'un manteau bleu comme le ciel. Et tout le monde dira en vous regardant : « Au paradis comme sur terre, saint Kado n'a pas son pareil[1] ! ». C'était le combat des Trente. La mêlée commençait par le choc des deux troupes, semblables à deux blocs d'acier ; puis la lutte se poursuivait, ardente, terrible, implacable. Sous les coups des courtes épées bordelaises, des marteaux d'armes, des haches et des épieux, les armures se brisaient comme le verre ; le sang coulait, les forces s'épuisaient, et Beaumanoir, blessé et haletant, demandait un peu d'eau pour étancher sa soif. J'entendais le cri de Geoffroy du Bois, aigu et strident comme le chant de la trompette : *Bois ton sang, Beaumanoir, et ta soif passera!* Alors des images plus douces remplaçaient ces images de guerre. Les vainqueurs, conduisant après eux les vaincus survivants, rentraient, au son de joyeuses fanfares, au château de Josselin, dont les tours pointues déchiraient les nuages ; les nobles dames s'avançaient sur leurs haquenées au-devant de ce cortége.

[1] *Chants populaires de la Bretagne,* recueillis et publiés par Th. Hersart de la Villemarqué.

Bientôt, passant avec elles le pont-levis, je me trouvais dans la cour d'honneur, en présence de la grande façade, qui, bâtie et décorée avec tant de richesse, dans le style de la Renaissance, étonne et charme les regards par l'élégance inimitable de son architecture, qui s'épanouit en mille détails ravissants et en mille caprices gracieux, et semble fleurir sous le ciseau. J'étudiais d'un regard ravi ces merveilles, cette floraison de l'art qui se joue des obstacles, et je trouvais avec bonheur la devise des Rohan : *A plus*, mêlée partout aux fantaisies de la sculpture, lorsqu'un grand bruit me troubla dans cette étude et bientôt me réveilla. J'allais croire que le duel des Trente recommençait..... C'était le domestique de l'hôtel du *Dauphin* qui m'apportait les lettres et les journaux arrivés le matin de Paris.

VII

VANNES. — LA COUR DU CONNÉTABLE. — L'ANCIEN PALAIS DES DUCS. — L'ANCIENNE SALLE DES ÉTATS. — LA CATHÉDRALE.

J'étais fatigué de ma course rapide, et je résolus de passer les journées du samedi et du dimanche à Vannes. Quelques promenades, des visites, des notes à prendre, mon itinéraire à fixer pendant les moments si courts que j'avais à rester dans le Morbihan, il y avait là de quoi remplir plus d'une journée. Vannes, la première fois que je la vis, me laissa une impression que deux visites successives n'ont pas changée. Certes, ce n'est point une belle ville, mais c'est une ville qui a un caractère, une physionomie qui lui est propre, des souvenirs qui parlent à l'esprit et au cœur. Je sais que, de notre temps, on met avant tout les charmes de la ligne droite et les grâces de l'uniformité, dont nos pères assuraient que l'ennui était le premier-né. La passion de la triangulation est devenue tellement dominante, que si la Sainte-Chapelle se trouvait par malheur sur le parcours d'un tracé, un de ces esprits pleins d'expédients, comme il s'en trouve, ouvrirait l'avis d'élever une barraque semblable à celle vulgairement connue sous le nom de Palais de l'Industrie, pour mettre ce délicieux monument sous remise. Je n'ai point le même enthousiasme pour les boulevards, les moellons alignés, le macadam et le badigeon, et j'aime mieux une ville irrégulièrement bâtie, moins géométriquement percée, avec des rues qui ne sont pas alignées au cordeau, pourvu qu'elle dise quelque chose au cœur et à l'esprit, qu'une ville mesurée et construite au compas, qui n'a ni un souvenir ni une émotion à donner.

Dans le passé, Vannes eut des sujets de gloire et de splendeur. Quand elle fut tombée, après de longues luttes, sous la domination des ducs de Bretagne, elle devint une de leurs résidences préférées. Sa position centrale au milieu de leurs États leur permettait de se diriger rapidement vers le point menacé, en cas de révolte ou de guerre contre des voisins ambitieux. Dans la presqu'île de Rhuys s'élevait la forteresse de Succinio, leur séjour habituel quand il y avait des points noirs à l'horizon ; cette forteresse, dont les ruines sont encore debout, comme un spectre du passé, avait des remparts surmontés d'un parapet saillant à mâchicoulis, et elle était flanquée de six tours. A un quart de lieue de Vannes, les ducs avaient une belle maison de plaisance. Dans l'enceinte même de la cité, ils possédaient « le chastel de la Motte, » antique édifice bâti originairement, dit-on, par le comte de Guevek, mais reconstruit entièrement pendant le xiiie siècle. En outre, le duc Jean II avait fait élever, en face de la Garenne, cette promenade, attristée aujourd'hui par un sinistre souvenir, « un autre chastel, très-bel et très-fort qu'on appelait l'*Hermine*. » Les murs de ce vaste bâtiment, en se joignant aux remparts de la place, contribuaient à en augmenter la force. Montfort et ses successeurs, Jean V, François Ier, Pierre II, François II et la dernière souveraine de la Bretagne, sa fille, la duchesse Anne, habitèrent souvent ces demeures ducales. La cité, aujourd'hui calme, silencieuse et triste, retentissait du bruit des fêtes, des tournois et des carrousels. Elle était, avec Rennes et Nantes, un des siéges ordinaires de la cour; et, après ces deux capitales, Vannes est la ville où les ducs ont réuni le plus souvent les états de Bretagne.

Je ne puis résister à l'envie de rappeler un acte d'héroïsme chevaleresque, très-honorable pour le nom français, qui eut lieu à Vannes, à l'époque des guerres où Montfort était allié avec l'Angleterre. Le comte de Buckingham occupait, avec ses troupes, la ville, qui n'avait pas volontiers reçu ces étrangers; il avait fallu un commandement exprès du duc pour déterminer les bourgeois à ouvrir leurs portes. Encore, leurs députés se présentèrent-ils devant le comte de Buckingham, et lui dirent : « Monseigneur, ne vous mettons nul contredit à entrer en notre ville; mais nous voulons, pour apaiser le peuple, autrement vous ne seriez pas assur (*en sûreté*), que vous nous juriez sur saintes évangiles que quinze jours après que vous en serez requis, vous vous partirez de cette ville, et ferez partir les vôtres, et ne ferez ni consentirez faire dommage ni moleste. » Buckingham comprit que l'entrée de ses troupes à Vannes était à ce prix, et il prêta le serment demandé. « Faire lui convenait, continue Froissard, auquel nous devons cette anecdote, se il ne voulait dormir aux champs. Ainsi fut le comte de Bouckhingen logé en la cité, en l'hotel du duc, au moult plaisant chastel, qui sied dans la ville et est nommé la Motte. » Pendant l'occupation de Vannes par les Anglais quinze gentilshommes français, munis de sauf-conduits, se présentèrent aux portes de la ville pour répondre au défi que quinze gentilshommes anglais étaient allés leur porter jusqu'à Nantes. Ces sortes de duels chevaleresques encadrés dans la guerre, dont le combat des Trente est resté le type le plus célèbre, étaient alors dans les usages. Le comte mit de nouvelles conditions à la bataille. Au lieu de quinze contre quinze, il voulut que les champions combattissent cinq contre cinq, et que le combat eût lieu à pied. Il réduisit le nombre des coups comme le nombre des champions. Chaque combattant ne devait donner que cinq coups de lance, cinq coups d'épée, cinq coups de hache et cinq coups de dague. Les Français demeurèrent vainqueurs et les cinq Anglais furent blessés ou terrassés. Le loyal Buckingham invita, avec courtoisie, les vainqueurs à souper le soir à sa table. Un des Français vainqueurs, Chastel-Morand, fut défié à ce souper par un seigneur anglais nommé Guillaume Farrington ; il accepta le défi, et le combat eut lieu le lendemain. L'Anglais se présenta dans la lice, sans porter la partie de l'armure qui couvrait les jambes, en alléguant un mal de genou qui l'empêchait de la revêtir. Il proposa à Chastel-Morand d'ôter également cette pièce de son armure, en ajoutant qu'on s'engagerait des deux côtés à ne point frapper les parties désarmées. Le loyal chevalier français, sans soupçon, parce qu'il était lui-même sincère, accepta la proposition. Mais, au troisième coup, l'Anglais, abusant de la confiance de son adversaire, lui transperça la cuisse du fer de sa lance ; c'était une félonie. Un long cri d'indignation s'éleva parmi les spectateurs du combat. Le plus indigné de tous était le loyal Buckhingam. Il fit arrêter le lâche Farrington, et, en envoyant au brave Français cent cinquante nobles dans un gobelet d'argent, il lui fit offrir de lui livrer le félon. Vainqueur dans un premier combat, les armes à la main, le chevalier français ne voulut pas rester vaincu dans ce combat de générosité et de noblesse : il ne consentit à accepter que le gobelet, en souvenir du comte de Buckhingam, renvoya l'argent, et lui demanda, comme une faveur personnelle, la grâce de son adversaire déloyal. Ce trait de prud'homie fut admiré par les deux camps, et, comme le dit le bon sire de Joinville à propos d'un autre trait héroïque, « il en fut parlé ès chambre des dames. »

Il n'y a pas aujourd'hui beaucoup de monuments à Vannes, et ceux qui restent ont subi les transformations qu'amène le temps, qui change ce qu'il ne détruit pas.

Cependant nous pouvons aller visiter, en face de la promenade de la Garenne, la dernière tour du château de l'Hermine, qui date du xive siècle, et où le duc Jean IV attira, par un guet-apens peu honorable, le redoutable connétable de Clisson. Un homme de cœur et de talent, que j'aime à citer ici, Hippolyte Violeau, a raconté avant moi, dans ses *Pèlerinages de Bretagne,* comment le duc, qui avait festoyé le connétable, l'amena au pied de la maîtresse tour sous prétexte de lui demander son avis sur la construction encore inachevée du château.

— Je n'en puis plus de fatigue, dit le duc à Clisson ; je vous attendrai donc au bas de l'escalier, tandis que vous examinerez là-haut si tout est comme il convient.

A peine Clisson fut-il au premier étage, que la porte se referma ; il était pris. Bazvalan, gouverneur de la tour, reçut à l'instant même l'ordre de Jean de Montfort de faire lier dans un sac et jeter à la mer l'illustre prisonnier, dès que les ombres de la nuit favoriseraient cette exécution. En vain Bazvalan, qui était un brave capitaine et non un lâche assassin, représenta au duc l'énormité de son action ; Montfort maintint avec colère son ordre. Le lendemain, il demanda à l'officier si l'ordre était exécuté. Mais la nuit, qui porte conseil, avait changé ses dispositions..... Sa poitrine était haletante, son regard plein d'anxiété, sa voix tremblait pendant qu'il faisait cette question. Bazvalan s'inclina et répondit qu'il avait obéi. Alors le duc se tordit les mains de désespoir et éclata en sanglots :

— Plût à Dieu que je vous eusse cru, Bazvalan ! s'écriait-il..... Je suis perdu ! Retirez-vous et ne paraissez oncques devant moi !

Bazvalan se retira en silence. Mais le soir du même
jour, touché du désespoir du duc, qui refusait de prendre
aucune nourriture, et convaincu que son repentir était
sincère, il alla lui avouer que, voulant lui épargner d'éternels remords, il avait ordonné de surseoir à l'exécution.
Clisson, qu'il pleurait après avoir voulu le faire jeter à la
mer dans un sac, était donc encore en vie. Le duc se
précipita dans les bras de ce loyal serviteur, qui l'avait
assez aimé pour oser lui désobéir le jour où il lui avait
commandé un crime.

M. Violeau profite de cette histoire pour faire remarquer que dans tous les siècles il y a eu des crimes, des
trahisons, des misères, et qu'à l'exemple de nos aïeux il
faut, au lieu de nous plaindre de nos épreuves, faire honnêtement le bien et lutter virilement contre le mal. Le
conseil est bon; cependant je ne pus m'empêcher de me
rappeler avec un serrement de cœur, au bas de la tour du
Connétable, que, s'il y a dans tous les siècles des ducs de
Montfort qui machinent le guet-apens et ordonnent le
meurtre, la mer ou les fossés n'attendent pas toujours
inutilement leur proie. L'ordre est donné, un signal retentit, les fusils obéissants font leur office, un noble
cœur est atteint. Montfort était là avec sa colère; mais où
était Bazvalan avec sa vertueuse désobéissance?

Ce fut un menuisier, locataire actuel de la tour du
Connétable, adossée aux anciennes fortifications, qui
datent du xive et du xve siècle, et où l'on aperçoit cependant encore quelques vestiges des murailles romaines,
qui montra à M. Hippolyte Violeau l'ancien monument,
théâtre de ce drame. Ce n'est pas le seul monument de la

ville qui ait subi des transformations, et c'est celui qui a le mieux gardé sa physionomie primitive du xiv° siècle.

Le château de la Motte, résidence des anciens ducs, a été reconstruit au siècle dernier, et il est devenu la préfecture. La salle haute des halles, c'est-à-dire la salle des états, celle où fut votée la réunion de la Bretagne à la France, a fait place à la salle de spectacle. Les archéologues peuvent encore étudier à Vannes la tour construite à droite de la porte Saint-Vincent et qui date du xv° siècle, tandis que cette porte est du xvii°. Au bas des douves du Mené, dans un pan des murs de la préfecture, et derrière les maisons de la place Napoléon et du marché au seigle, on remarque des portions de rempart avec des cordons de briques bien conservés. Ces constructions remontent à la domination de ces Romains, qui bâtissaient pour l'éternité. La cathédrale, placée sous le vocable de Saint-Pierre, et qui est le principal édifice de Vannes, porte le cachet de diverses époques. Le portail et la nef sont du xvi° siècle; la chapelle demi-circulaire, placée du côté nord de l'église, date de la Renaissance; le chœur et la voûte sont modernes. A l'intérieur, le vaisseau de l'église offre un bel aspect. Elle n'a pas de bas-côtés, l'espace est pris par des chapelles latérales, et il y a comme un *forum sanctum* qui suffit à peine le dimanche à la foule qui assiste à la grand'messe, quoique les chaises soient une exception aristocratique, et que la plupart des hommes restent à genoux pendant tout l'office, tandis que les femmes, dont le bonnet rappelle celui de nos sœurs de Saint-Vincent de Paul, s'assoient sur leurs talons.

Ce qui me touche encore plus à Vannes que les monuments, ce sont les souvenirs. Je me rappelle qu'à mon voyage de 1851, dînant un jour avec l'abbé Lecrom, chez le curé de la cathédrale, — ce n'était pas le curé actuel, — notre hôte me fit monter, après dîner, dans une petite tour qui donne sur le jardin du presbytère adossé à l'ancien rempart de Vannes. Nous entrâmes dans une espèce de cabinet casematé.

— C'est ici, me dit l'un des vicaires, que, pris avec Sombreuil, l'évêque de Saint-Pol-de-Léon passa sa dernière nuit. Le lendemain, il fut fusillé, avec dix-sept autres chefs de l'expédition de Quiberon, sur ce plateau boisé que vous apercevez là-bas et qui est la plus belle promenade de la ville.

C'est la Garenne, dont j'ai déjà parlé, et où je conduirai bientôt le lecteur. M. l'abbé Lecrom ajouta :

— Le père de M. Guillemot [1], que nous avons vu ce matin, était au nombre des victimes.

Le Morbihan est plein de souvenirs pareils. L'évêque de Vannes m'avait raconté des choses analogues, en me montrant le mur du grand séminaire, derrière lequel on fusillait les prisonniers. Il n'y a guère d'édifice qui n'ait été une prison, de champ qui n'ait été rougi par le sang des victimes pendant la période révolutionnaire. On parle ici de ces souvenirs comme de choses naturelles et sans grande admiration. Le martyre court les rues. Je crois que les personnes qui ont une crainte peu chrétienne de la mort devraient venir dans ce pays pour se familiariser avec l'idée de leur fin. J'ai rencontré de nouveau, en

[1] Le commandant Guillemot est mort il y a peu d'années. Il avait les sentiments et le courage de son père.

1861, ce souvenir de l'évêque de Saint-Pol-de-Léon. Je dînais chez l'abbé Lecrom, avec le recteur de Malestroit; celui-ci me montra, à titre de relique historique, la tabatière que portait le saint évêque lorsqu'il fut fusillé sur la Garenne, et que le recteur garde précieusement.

Je voulus naturellement visiter la promenade de la Garenne, consacrée par ces sanglants souvenirs; et, depuis, je ne suis jamais venu à Vannes sans y faire un pèlerinage. La promenade de la Garenne, espèce de monticule boisé, est située à gauche du canal qui conduit à la petite mer. Représentez-vous quatre allées étagées l'une au-dessus de l'autre, de sorte que la rangée d'arbres supérieure forme l'allée avec la rangée d'arbres de l'étage au-dessous; ces quatre allées, communiquant ensemble, servent d'escalier. On arrive ainsi, par une pente qui n'est point trop rapide, à une vaste plate-forme encadrée entre quatre rangées d'arbres, au milieu desquelles s'étend une pelouse. C'est là qu'on fusilla les dix-sept victimes, après la funeste expédition de Quiberon. La République de 93 avait l'audace de ses crimes. Elle ne cachait point, comme d'autres, ses attentats dans la profondeur des fossés, derrière les portes des cachots ou dans les ténèbres de la nuit; elle étalait ses meurtres au soleil. Du haut de l'esplanade de la Garenne, la vue est splendide du côté opposé à la mer. Quand on descend de cette esplanade, et que l'on tourne à gauche, on arrive par un chemin assez roide au canal du Morbihan. C'est le côté le plus pittoresque de Vannes, et les maisons dont se compose la place, qui forme un hémicycle en face du canal, sont les plus belles de la ville. Il y a là, à certaines heures, plus de mouvement que dans les autres quartiers, à cause des navires de commerce qui arrivent par la marée haute dans le canal, qui est le port de Vannes. Un boulevard, formé de plusieurs rangées d'arbres, suit pendant une assez longue distance ce canal; par les belles soirées d'été, c'est une promenade agréable et assez fréquentée quand la mer est haute; à la mer basse les boues du canal jettent une odeur fétide et malsaine.

Tout en visitant Vannes, je songeais à mon itinéraire. J'avais entendu parler des courses bretonnes, et surtout d'une course fort originale, où les chevaux étaient montés à poil nu par des cavaliers presque aussi sauvages qu'eux, plus occupés à les retenir qu'à les presser. Ce qu'on m'en avait dit m'avait rappelé la description pleine de feu que Mme de Staël a faite, dans sa *Corinne,* d'une course de chevaux indomptés à Rome. Il m'aurait paru assez piquant de vérifier, sur les bords de la Vilaine, l'exactitude d'une description écrite sur les bords du Tibre. Je me figurais les chevaux bretons, qui sont vifs et impétueux quand ils n'ont pas été usés par le travail, se cabrant à l'entrée de la lande qui va leur servir de champ d'honneur, et contenus avec peine par des hommes aux longs cheveux et aux braies flottantes. Puis je les voyais partir comme un trait, en laissant aller au vent leur épaisse crinière, qui leur donne un aspect presque sauvage dans les pâturages où on les élève. Je fus obligé de m'en tenir au spectacle que me donnait mon imagination : il n'y avait pas de courses annoncées pendant le petit nombre de jours que je devais rester en Bretagne. Je dus donc, quoique à regret, rayer les courses bretonnes de mon programme.

Il me restait à choisir entre deux directions. Il y a en effet, à vrai dire, dans le Morbihan, deux régions, la région de la côte et la région de l'intérieur. Quoique la distance ne soit pas considérable, la différence d'aspect, de culture, et même de climat, est grande. Quand, en partant de Vannes, qui, bien que située presque sur le littoral, a l'avantage de rayonner par ses routes dans tous les sens, on se dirige dans l'intérieur des terres, en inclinant à l'est, vers Ploërmel, qui avoisine le département d'Ille-et-Vilaine, et mieux encore au sud, vers Pontivy, qui se rapproche des Côtes-du-Nord, on trouve une terre humide, fertile, plantureuse, et qui conserve sa verdure jusque dans les derniers jours d'automne. Je me souviens qu'en 1851, au mois d'août, quittant la côte du Morbihan, brûlée par la chaleur et desséchée par les vents de mer, je m'étonnai de trouver, à mesure que j'approchais de Pontivy, les arbres et les champs encore tout parés de leur verdure. L'aspect change, si vous descendez de Vannes à la côte pour aller visiter les nombreux îlots dont se compose l'archipel du Morbihan, ou si vous vous rendez à la presqu'île de Sarzeau, qui forme un des côtés de la baie de Quiberon, de sinistre mémoire; comme si, longeant un des autres côtés, vous visitez Arzon, Lokmariaker et Carnac, où, comme l'a dit un archéologue distingué du pays, le docteur Alfred Fouquet, on peut voir en un jour plus de monuments druidiques qu'en vingt jours dans toute autre contrée du monde. Le paysage est triste, sévère et dénudé, et convient par son austère majesté à la célébration des rites druidiques, dont ces localités, hérissées de menhirs, étaient le sanctuaire redouté. La route de Vannes à Lorient, qui, longeant la côte, monte vers l'ouest, en traversant Auray et Hennebon, et, à la hauteur de cette dernière ville, s'infléchit presqu'à angle droit vers la gauche, à peu de distance du Finistère, pour aller gagner le grand port de mer du Morbihan; la route opposée, qui descend de Vannes à la Roche-Bernard, en longeant la côte, et relie le chef-lieu du Morbihan à Nantes, participent de cet aspect dénudé et triste, parce que les vents qui soufflent de la mer étendent jusque-là leur influence. J'avais déjà visité, dans mes précédents voyages, Pontivy, Ploërmel et Lorient, et je n'avais pu voir dans tous ses détails la côte du Morbihan, qui, moins fertile, offre cependant plus de curiosités au touriste, plus de souvenirs à l'historien. Je résolus d'employer le peu de temps que j'avais à étudier la presqu'île de Quiberon, pour me rendre ensuite au Champ-des-Martyrs. Je mettais ainsi une sorte d'unité dans mon itinéraire : d'abord les péripéties du drame, ensuite son sinistre dénoûment.

VIII

COUP D'ŒIL RÉTROSPECTIF. — LORIENT ET PONTIVY EN 1850. — KERFREZEC. — LE PONT ET LE PORT DE LORIENT. — LE CHANTIER DE CONSTRUCTION. — LA PRÉFECTURE MARITIME. — LA TOUR DE LA DÉCOUVERTE. — PANORAMA.

Pour rendre le récit de mes pérégrinations dans le Morbihan moins incomplet, je veux redire ici les impressions que m'ont laissées mes précédents voyages sur Lorient et Pontivy, et j'emprunte à des notes écrites sur le moment, quand ces impressions étaient encore toutes fraîches, les détails que je vais donner.

Ce fut au mois d'août 1850 que je me rendis à Lorient. J'étais allé visiter, comme je l'ai dit, le général Joseph de Cadoudal à Kerléano. En sortant de chez lui, je retournai à Auray avec son fils, Georges de Cadoudal, qui me mena voir les belles boiseries sculptées de la chapelle des religieuses de *Saint-Louis du Père Éternel*. Ces boiseries viennent de l'ancienne chartreuse de Sainte-Anne. Je ne trouvai pas de place dans la diligence qui mène d'Auray à Lorient, et ce fut alors que je rencontrai Frédéric Ozanam, que je n'avais jamais vu et que je ne devais plus revoir, et avec lequel je fus assez heureux, grâce à l'aimable proposition de M. Debains, son ami, pour cheminer jusqu'à Landevant dans la voiture que ce dernier avait louée pour Lorient. Cette figure douce, inspirée, ascétique, et sur laquelle un mal encore latent jetait déjà une ombre de mélancolie, m'a laissé un profond souvenir.

Nous nous quittâmes à Landevant, où m'attendait la voiture d'un de mes honorables collègues de députation, M. de Kéridec, esprit distingué, que j'avais plusieurs fois rencontré dans les congrès de presse qui marquèrent les dernières années du gouvernement de Louis-Philippe, et qui m'avait invité à venir le visiter dans sa propriété de Kerfrezec. Je passai là d'heureux moments au sein d'une famille justement honorée, et qui me rappela, par ses mœurs patriarcales, l'étroite union de ses membres et le nombre des enfants qui s'asseyaient à la table de l'heureux père, les bénédictions de l'Écriture : « *Uxor tua sicut vitis abundans, in lateribus domus tuæ. Filii tui sicut novellæ olivarum in circuitu mensæ tuæ.* M. de Kéridec jouissait de l'estime universelle et d'une grande influence dans les pays environnants. Kerfrezec est situé dans une presqu'île. Quand la mer est haute, les parties basses de la propriété se changent en grands marais salins. D'après une tradition locale, c'est dans cette région, où la mer et le continent sont pour ainsi dire confondus, tant ils s'entrecoupent et se succèdent rapidement, que Georges Cadoudal, dans les intervalles qui séparaient les prises d'armes, chercha plus d'une fois un refuge ; il échappait aux recherches en se réfugiant, au moyen d'une petite barque, de pointe de terre en pointe de terre, d'îlot en îlot. J'assistai, à Kerfrezec, à un grand dîner auquel M. de Kéridec avait invité les hommes les plus considérables du pays, entre autres dix-huit recteurs et ses quatre principaux fermiers. Je vis arriver à midi ces quatre jeunes gens, bien découplés et à l'œil vif, portant bravement leur élégant costume national : c'étaient des vestes de casimir blanc brodé en couleur. Ils étaient coiffés du vaste chapeau breton, sous lequel tombaient leurs longs cheveux celtiques. J'eus plaisir à causer avec eux : leur vive intelligence, leur politesse naturelle, leur instruction (ils avaient même quelque teinture de la langue latine), me faisaient faire un triste retour sur les fermiers de plusieurs de nos départements du Centre, même de ceux qui avoisinent Paris. Je n'ai guère rencontré qu'en Bretagne cette dignité sans arrogance et cette déférence sans bassesse. La conversation fut intéressante et variée, et l'un des quatre fermiers raconta d'une manière piquante comment, au début de la révolution de Février, à l'époque où les doctrines de Proudhon et celles de Louis Blanc circulaient partout, les métayers et les fermiers de M. de Kéridec avaient gaiement mis en délibération, sous forme de plaisanterie, la question suivante : « Lequel vaut le mieux, dans l'intérêt commun, que le propriétaire légitime de Kerfrezec garde ses biens, loue ses fermes et dirige ses ouvriers, ou que ceux-ci partagent entre eux les propriétés ? » Ces hommes de sens ne tardèrent pas à décider à l'unanimité que, le partage fût-il licite, il valait mieux encore, dans l'intérêt commun, laisser les choses dans l'état où elles étaient. Ce remarquable exemple de sagesse agricole proclamant, dans une époque où les idées étaient si profondément troublées, que le bon sens et l'intérêt bien entendus conseillaient ce que l'honnêteté commandait, m'a paru digne d'être sauvé de l'oubli..

C'est après cette journée passée à Kerfrezec que je me rendis à Lorient, où un autre de mes collègues, M. Dahirel, l'avocat le plus distingué de Lorient, m'avait donné rendez-vous. Il avait bien voulu me faire les honneurs de Lorient, et personne n'était en meilleure position que lui, à tous égards, pour me rendre ce service, tant à cause de l'estime dont il jouissait dans cette ville qu'en sa qualité de membre de la Commission maritime. Lorient est un beau port de mer ; mais, de toutes les villes de Bretagne, c'est la moins bretonne peut-être : la population de cette charmante cité, fondée par la Compagnie des

Indes, est cosmopolite ; l'esprit local n'y a donc pas marqué son empreinte. Seulement, il y a parmi les Lorientais une exigence dont je dois prévenir les voyageurs : tout frais débarqué à Lorient qui a passé deux heures dans la ville sans manger des sardines fraîches, est perdu de réputation. On vous reconnaît pour barbare à ce trait, comme cette marchande de figues d'Athènes reconnaissait Théophraste pour étranger à sa prononciation. Nous fîmes les visites de rigueur avec M. Dahirel, et nous acceptâmes l'invitation à dîner de M. de Suin, alors préfet maritime. Après quoi nous allâmes visiter le port dans tous ses détails ; je ne pouvais avoir un meilleur guide que mon excellent collègue. Il me montra un vaisseau de quatre-vingt-dix canons en construction. Le futur dominateur des mers, debout sur une coulisse sur laquelle devait glisser sa quille, était soutenu de tous côtés par des poutres faisant à peu près l'effet de ces chariots dans le centre desquels on place les enfants pour les aider à faire leurs premiers pas ; deux câbles immenses, semblables à des lisières, retenaient à gauche et à droite le formidable nouveau-né ; il était abrité par une couverture revenant à elle seule à trente mille francs. « Pour lancer ce navire à la mer, me disait mon guide, on abat les poutres qui le maintiennent et on coupe les câbles qui le retiennent. Alors il commence à glisser sur le plan incliné, d'abord doucement, bientôt plus vite, enfin avec une effrayante rapidité, emportant avec lui des pans de bois enflammés par la rapidité de sa course ; il entre dans les flots avec une telle violence, qu'à deux lieues de là les bâtiments en pleine mer ressentent une profonde secousse. » Nous visitâmes le magasin de mâts. J'eus la curiosité de mesurer le mât d'une grande frégate, gisant encore étendu sur le sol : le premier morceau avait quarante mètres de long sur un mètre dix-sept centimètres de diamètre à la base; le second et le troisième morceaux, ajustés au premier, ne mesuraient pas moins de vingt-sept mètres. Ce mât était donc d'un tiers plus haut que la colonne de la place Vendôme. Nous vîmes aussi d'énormes pièces de canon, des machines de toute espèce et un beau bassin pour la réparation des navires. Le soir, nous dînâmes chez M. de Suin, et, après une longue et savante discussion entre notre hôte et M. Dahirel, sur l'inscription maritime et la fourniture de la marine par l'État ou par l'industrie privée, la conversation devint générale à la suite de l'entrée d'un aimable couple, M. et Mme de Roujoux. Cette jeune femme jeta les grâces souriantes de son esprit sur la causerie au moment où elle menaçait de devenir un peu trop technique, et la rendit plus vive, plus alerte et plus gaie ; de sorte que la soirée finit d'une manière charmante et m'a laissé un agréable souvenir, comme une de ces oasis où l'on a trouvé, après une chaude journée, le calme, l'ombre et le frais.

Si Lorient, qui, fondé sous Louis XIV, n'a pas deux siècles d'existence, n'offre pas de monuments antiques à la curiosité de l'archéologue et n'éveille pas ces vieux souvenirs qui transportent l'imagination dans le lointain des âges, son magnifique pont suspendu, ses chantiers, ses ateliers, son port, méritent d'attirer l'attention du touriste. Mais, si vous voulez jouir d'un des plus admirables panoramas du monde, il faut monter à la tour du port dite *Tour de la Découverte;* alors, non-seulement vous verrez la vaste mer avec ses voiles lointaines, semblables aux ailes des oiseaux, mais cette délicieuse campagne que Brizeux a chantée, le Scorf et sa vallée profonde, l'Ellé et le Léta :

> Rien ne trouble ta paix, ô doux Léta ! Le monde
> En vain s'agite et pousse une plainte profonde !
> Tu n'as pas entendu ce long gémissement,
> Et ton eau vers la mer coule aussi mollement.

IX

LOCMINÉ UN JOUR DE MARCHÉ. — BAUD ET LA VÉNUS DE QUINIPILY. — STATUETTE DE LA SAINTE VIERGE. — LE LYCÉE DE PONTIVY. — LE CHATEAU DES ROHANS. — LES FILLES DE JÉSUS. — STIVAL. — VERRIÈRES. — LA CHRONIQUE DE SAINT-MÉRIADEC. — LE BLAVET. — DOMAINES CONGÉABLES. — LA CHAPELLE DE LA HOUSSAIE. — LE VIEUX FILEUR. — RETOUR DE PONTIVY. — PAYSAGE.

Deux jours après mon retour de Lorient à Vannes, je me remis de nouveau en course, et, cette fois, dans une direction toute différente, puisque le but de ma course était Pontivy, c'est ainsi qu'en 1850 on appelait encore Napoléonville. Nous montâmes, à cinq heures du matin, dans une voiture de louage avec l'abbé Lecrom et le recteur de Saint-Pierre de Vannes, et nous nous arrêtâmes chez le recteur de Locminé pour prendre une tasse de café et laisser manger les chevaux. Locminé, situé à vingt-six kilomètres de Vannes et à peu près à mi-chemin de Vannes à Pontivy, est un peu plus qu'un bourg, un peu moins qu'une ville ; il est à une distance d'environ vingt kilomètres de Josselin, qu'on laisse à sa droite, et de douze kilomètres de Baud, qu'on laisse à sa gauche un peu au-dessous.

Je ne parlerai pas ici de Josselin, dont j'ai parlé ailleurs ; quand à Baud, nous n'eûmes pas le temps de nous y rendre pour faire une visite à la Vénus de Quinipily, ainsi nommée depuis qu'elle a été transportée de Castenec au château de Quinipily, sur les ruines pittoresques duquel elle semble régner. Ce fut dans une autre course que je la vis. Certes, le sphinx de l'antiquité n'a jamais autant embarrassé les Œdipes de son temps par ses énigmes que la statue en question les archéologues du nôtre par les incertitudes de son origine équivoque. Les uns veulent qu'elle soit une divinité romaine, les autres une divinité égyptienne. Ceux-là reconnaissent dans ce torse mutilé et taillé les vestiges d'une Vénus, les autres en font une Isis. La question a été débattue dans de nombreux ouvrages, et elle n'a pas encore été tranchée. En attendant que l'archéologie ait mis ses adeptes d'accord, contentons-nous de ce que nous apprend l'histoire sur la statue de Quinipily. A Castenec, elle portait le nom de *Femme de la garde* ou de *Vieille de la garde, Groac'h-argouard,* ce qui n'a rien de commun avec le type de Vénus. Vers le milieu du dix-septième siècle, un ordre du gouverneur, provoqué par le clergé, la fit précipiter dans le Blavet, parce qu'elle était l'objet d'un culte superstitieux pour les paysans. Ceux-ci la retirèrent des eaux de la rivière, et, comme ils persistaient dans leurs superstitions, Claude de Lannion la fit précipiter de nouveau dans le Blavet, après lui avoir fait subir quelques mutilations exigées, disent les chroniques du temps, par la pudeur publique. Quand elle fut de nouveau tirée de la rivière et transportée à Quinipily, on la retailla pour faire tomber toutes les objections de la morale. Ces modifications suffisent, ce me semble, pour expliquer les interminables querelles des archéologues. Qu'y a-t-il de nouveau, qu'y a-t-il d'ancien dans la statue ainsi par deux fois modifiée? Nul ne le sait. La Vénus de Quinipily, pour lui conserver un nom qu'elle ne mérite guère, s'élève, comme je l'ai dit, au milieu des ruines si pittoresques du château, sur lesquelles elle semble régner du haut de son antiquité rajeunie. On peut admirer à ses pieds une belle cuve de granit, et au-dessous un bassin en cœur, d'où s'échappe un filet d'eau pour tomber dans un bassin carré. Ces deux bassins sont remplis d'herbes vertes et de petites fleurettes blanches, qui, sous cette rosée perpétuelle, ne se flétrissent jamais ou plutôt ne meurent que pour renaître. Lorsqu'on s'éloigne des ruines pour revenir vers Baud, on rencontre, au bord du sentier qui serpente à travers les bois, une roche moussue, dans laquelle une niche creusée sans art a reçu une statuette de la sainte Vierge. A cet aspect un contraste frappant, signalé par le savant archéologue du Morbihan auquel j'emprunte quelques-uns de ces détails, se présente de lui-même à l'esprit : on vient de laisser sur son trône de ruines la corruption antique, vaincue, abandonnée et solitaire, et l'on voit les paysans qui passent s'agenouiller, quand tinte l'Angelus, devant

6*

la statue de la Vierge immaculée en répétant pieusement :
« Sainte Marie, conçue sans péché, priez pour nous. »
C'est la rencontre de deux mondes.

Le jour où nous descendîmes à Locminé était un jour de marché. Je remarquai que les hommes avaient le millésime de l'année gravé en acier sur leur vaste chapeau, assez semblable par la forme aux chapeaux de nos charbonniers. La plupart d'entre eux portaient une veste de drap blanc. Je m'arrêtai quelque temps sur la place du marché, et j'étudiai particulièrement un groupe dans lequel se détachaient un paysan et un marchand de cochons qui étaient en train de faire affaire. La figure de ce marchand était impayable : c'était un mélange de finesse réelle et de bonhomie affectée, et je plaignais de tout mon cœur le chaland qui avait affaire à ce fin matois. Enfin, après bien des débats, le marché fut conclu par une tape frappée dans la main. Toutes les fois qu'il y a vente, il y a chopine bue. Quand un prix acceptable est offert, le vendeur dit : « Il faut voir, buvons un coup. » Cela mène loin quand on fait plusieurs affaires. — « Bien souvent, me dit notre hôte, on trouve, au retour du marché, des paysans endormis dans des fossés avec leur ceinture pleine d'argent. Ils dorment sous la garde de la foi publique, et il n'est jamais arrivé qu'un paysan, dans cet état, ait été volé. » La Bretagne, vous vous en apercevez, est très-loin de Paris. Il faut dire, pour l'excuse des paysans de Locminé en particulier, et des paysans bretons en général, que pendant la semaine ils ne boivent guère que du lait caillé ou de l'eau ; mais, le dimanche et les jours de marché, ils boivent du cidre et des chopines d'eau-devie pour le faire passer. Quand ils ont bu, ils chantent à pleine gorge et font du tapage. Les Bretons ne ressemblent pas aux Anglais, que l'ivresse de bière abrutit; les Bretons ont le cidre gai.

Nous partîmes, après deux heures de halte, pour Pontivy, et nous descendîmes chez le recteur, qui nous avait invités à dîner. L'abbé Aléosse, un de ses vicaires, que j'avais rencontré à Auray, insista avec bonté pour me donner l'hospitalité durant la nuit.

Il y avait onze ecclésiastiques ou recteurs à table et en outre plusieurs hommes distingués du pays, entre autres M. du Bodan, procureur général, que je devais rencontrer plus tard à l'Ile-aux-Moines et qui parla avec beaucoup de force et d'éloquence du mauvais état des prisons, de celle de Brest surtout, où chaque lit contenait, dit-il, deux prisonniers. Nous allâmes, après dîner, visiter le lycée de Pontivy : l'État lui donnait vingt-six mille francs de subvention et il ne comptait que quarante élèves internes. En sortant du lycée, nous nous rendîmes à l'ancien château de Pontivy, demeure féodale des Rohans au quatorzième siècle, habité aujourd'hui par les Filles de Jésus, car il est dans la destinée de la religion d'hériter de toutes les grandeurs de ce monde. Les Filles de Jésus, que nous interrogeâmes, nous racontèrent qu'elles avaient cent cinquante élèves internes ou externes. Sauf quelques pensionnaires payant, elles donnaient gratuitement l'éducation et la nourriture à leurs élèves ; en outre, elles tenaient la salle d'asile pour trois cents enfants. Quelle subvention recevaient-elles pour tout cela ? En tout douze cents francs. Comment avec si peu de ressources suffisaient-elles à tant de besoins? Je croyais vous l'avoir dit : elles s'appellent les Filles de Jésus.

Nous allâmes souper à une lieue de Pontivy, chez le recteur de Stival, ami du général Joseph de Cadoudal, et qui, avant d'entrer dans les ordres, avait fait le coup de fusil dans les rangs des chouans. Sa figure, pleine de résolution et d'énergie, rappelait la première phase de sa vie. En face du crucifix, qui décorait sa chambre, était appendu un faisceau d'armes.

Cedant arma cruci! (que les armes cèdent à la croix!) Oui! les armes avaient cédé à la croix ; mais on pouvait juger que cette main, qui ne s'étendait plus aujourd'hui que pour bénir, les avait vaillamment portées.

Il nous montra les deux chapelles de Stival, dans lesquelles nous remarquâmes deux verrières bien conservées. La première de ces chapelles est dédiée à la sainte Vierge, la seconde à saint Mériadec. Ce sont les verrières de cette dernière surtout qui méritent d'attirer l'attention de l'artiste ou du voyageur. L'exécution en est vraiment belle. L'une de ces verrières est signé Jeh. de Fiamar et porte la date de 1557. Une autre, qui porte la date des premières années du seizième siècle, présente un singulier anachronisme : on y voit le bonhomme Siméon tenant l'enfant Jésus dans ses bras, et ôtant ses besicles pour chanter son *Nunc dimittis*. Le recteur de Stival nous avait, dans la chapelle de saint Mériadec, signalé une pierre posée droite comme une borne et dans laquelle on remarque un trou ; il nous fit voir en même temps une autre entaille plus étendue, creusée, à peu de distance, dans la muraille de l'église, et, en sortant, il nous raconta la légende de saint Mériadec qui se rattache à cette chapelle. « Une chèvre entra, dit la légende, pendant que le saint roi Mériadec priait. Elle donna un coup de corne dans son prie-Dieu de pierre. Le trou qu'on remarque dans la borne est le résultat de ce coup de corne. Le roi, impatienté d'être troublé dans son oraison, lança un coup de pied à l'animal importun et cornu, mais son pied rencontra la muraille et y fit l'entaille, qui, depuis, y est restée. » A ce compte, le pied de saint Mériadec aurait eu au moins dix-huit pouces de long.

Malgré toutes mes représentations, l'abbé Aléosse, avec la cordialité de son hospitalité bretonne, me força à occuper sa chambre pendant la nuit. J'éprouvai une fois de plus la justesse de l'observation de Bossuet au sujet de l'influence des objets extérieurs sur notre âme, ce miroir qui conserve l'empreinte des images pures ou impures qui viennent s'y réfléchir. Ce Christ, cette Vierge, ces saints tableaux, ce bénitier, cette chaste chambre de jeune prêtre, cette atmosphère de prière et de piété qu'on y respirait, agissaient sur moi à mon insu. Il me semblait que ma prière avait plus d'élan et que mon âme s'élevait plus fervente vers Dieu dans cette chambre sacerdotale, comme si le saint ange, protecteur de ces lieux, réchauffait de son haleine dans mon cœur les sentiments qui s'attiédissent au milieu du tumulte des affaires et des luttes de la vie politique, où j'étais alors engagé.

Le lendemain, je descendis aux bains de Pontivy, situés dans une position charmante sur le cours du Blavet. Figurez-vous une de ces maisons blanches avec des volets verts qu'avait rêvées J.-J. Rousseau, tapissée de rosiers en fleurs, prodigues de leurs couleurs et de leurs parfums. Des fenêtres de l'établissement des bains on voit se développer un panorama charmant : en face, la cathédrale ; sur la gauche, le château à tourelles aiguës qui, des mains des Rohans, est passé dans celles des Filles de Jésus ; plus loin, l'hôpital ; à droite, la caserne. La rive droite du Blavet, toute bordée de verdure, fuit devant le regard en formant de gracieux festons ombragés de beaux arbres. Deux ponts traversent la rivière, dont la source est dans le département des Côtes-du-Nord et jusqu'à laquelle arrive le canal qui relie Brest à Nantes. Au sortir de Pontivy, le Blavet, on le sait, traverse Hennebon, où il devient navigable, et continuant sa route, il va se perdre dans la rade de Lorient. Pour compléter le panorama, on aperçoit, dans le lointain, les hauteurs couronnées d'arbres qui entourent Pontivy d'une ceinture boisée. Nous dînâmes, ce jour-là, chez l'abbé Aléosse, qui avait réuni à sa table le recteur d'Hennebon, celui de Stival et M. de Galzin, ancien préfet de la Charente et zélé catholique, alors président des conférences de Saint-Vincent de Paul à Rennes. La conversation fut intéressante et animée, et, après la part donnée aux circonstances générales qui préoccupaient alors vivement les esprits, elle tomba sur les domaines congéables, qui sont une des difficultés de la localité.

On appelle domaines congéables ceux dont le fonds a été cédé, dans un temps éloigné, par le propriétaire, pour une faible rente, quelquefois pour une redevance insignifiante. Il y a des domaines de ce genre qui rapportent cinq francs, d'autres un franc cinquante centimes ; ceux-ci quelques poulets, ceux-là un sac de farine. Sur chacun de ces domaines vit une famille entière qui descend de celui auquel le domaine a été primitivement loué. Si le fonds appartient au propriétaire, la superficie, c'est-à-dire les bâtiments, les fossés, les plantations, appartiennent au fermier. Le droit rigoureux du propriétaire du domaine congéable est de donner congé au fermier après lui avoir payé une indemnité réglée à dire d'expert. Mais on pressent que les paysans nés sur ces domaines fécondés par les sueurs de leurs pères et leurs propres sueurs ont fini par se croire chez eux, et l'on comprend de quel œil ils devaient regarder, surtout après la Révolution de 1848, les propriétaires qui voulaient exercer leur droit et les congédier.

Après dîner, nous fîmes une promenade jusqu'au joli village de la Houssaie. La route est charmante. Nous suivîmes, par le chemin de halage, la courbe gracieuse que forme le Blavet en aval et au sud de Pontivy, et nous aperçûmes, à travers un rideau de verdure, la flèche élancée de la chapelle du village, située sur une colline dont nous gravîmes la pente. En approchant de cette chapelle, nous trouvâmes à la porte un paysan breton arrivé aux dernières limites de l'âge ; d'après ce qu'on nous dit, il était presque centenaire ; assis sur un escabeau, il filait gravement sa quenouille. J'ai toujours regretté qu'un artiste de talent ne se soit pas trouvé là pour retracer la figure vénérable et pleine de caractère de ce patriarche du Morbihan, encadrée dans ses longs cheveux blancs, qui employait à des ouvrages de femme ses bras affaiblis par l'âge et incapables désormais de manier, comme au temps de son ancienne vigueur, la pioche et le hoyau. Les anciens auraient dit que les trois fileuses fatales, au moment de couper la trame de sa vie, le trouvèrent lui-même filant. Mais ce fileur de Bretagne n'avait jamais entendu parler des Parques. C'était à la porte d'une église et en mêlant des *Pater* et des *Ave* à son labeur qu'il finissait en travaillant sa laborieuse vie. Il ne répétait pas le mot d'ordre de cet empereur romain arrivé à son heure dernière : *Laboremus* (travaillons); mais, sans le connaître, il le mettait en pratique.

La chapelle de la Houssaie est remarquable par son belvédère, du haut duquel on suit le cours du Blavet dans la vallée, où il semble s'attarder avec un plaisir que l'on comprend, tant elle est riante, fraîche et ombreuse. En redescendant, un de mes compagnons me montra une verrière représentant la passion de Notre-Seigneur, et remarquable par un singulier anachronisme : un soldat, tenant un huit de pique, montre à Notre-Seigneur le verso de la carte dont il cache les couleurs, et lui dit : « Devine. »

Le moment est venu de quitter Pontivy, cette ancienne ville doublée d'une ville nouvelle, Napoléonville, qui date du premier Empire. Entre ces deux cités, ou, pour me servir de termes plus modestes et par là même plus en rapport avec le sujet, entre ces deux quartiers, le contraste est aussi complet qu'il peut l'être. Le quartier de Tréleau, humide, sale et comme enfoncé dans un bas-fond fangeux, semble écrasé sous une énorme montagne schisteuse qui lui intercepte l'air et le soleil. Il ne contient que deux monuments, la vieille église de Saint-

Divy, qui, construite dans le style ogival de la dernière période, porte sur ses colonnes les macles des Rohans, et le château féodal de ces fiers gentilshommes. Ce château, construit en 1485 sur les ruines d'un antique château qui, ébranlé par les guerres et le temps, s'était affaissé de lui-même, s'accroche au flanc d'une montagne, comme pour regarder, par-dessus les maisons, le Blavet couler dans la vallée. Le nouveau quartier, le quartier impérial, assis, plein de vie et rayonnant de jeunesse, sur la pente adoucie d'une colline, ouvre de faciles perspectives au regard dans ses rues larges, régulières et bien aérées. Seulement, à l'époque où je vis Pontivy, c'est-à-dire en 1850, la nouvelle ville, plutôt commencée que finie, semblait avoir été surprise par le coup de fortune qui précipita Napoléon sur le rocher de l'île d'Elbe au moment où il méditait de faire de la ville de saint Divy la capitale et la citadelle du Morbihan.

Le lendemain était le jour marqué pour mon retour à Vannes. Je causais avec un des convives de la veille, lorsque la cuisinière de l'abbé Aléosse vint m'avertir que le perdreau qu'on avait conservé du dîner pour mon déjeuner était servi. Comme la conversation était intéressante, je ne descendis pas sur le champ. Une demi-heure après, la cuisinière reparut; elle venait me dire, d'un air assez effaré, qu'une respectable dame d'Auray était venue demander à déjeuner à M. le vicaire et qu'elle avait mangé mon perdreau. « Très-bien, lui dis-je stoïquement. — J'ai servi pour monsieur une cuisse de poulet, ajouta-t-elle. — Très-bien, » répétai-je sans me déranger, car la conversation était loin d'être épuisée. Une demi-heure

7

après, la cuisinière rouvrit la porte une seconde fois, et me dit d'un air consterné que deux religieuses de Nantes qui quêtaient pour leur ordre avaient mangé la cuisse de poulet. « Il n'y a plus qu'une tranche de bœuf froid, » ajouta-t-elle tristement. Cette fois je compris que, si je voulais déjeuner ce jour-là, il fallait me hâter, et je descendis. « Cette maison est un grand chemin, me disais-je : tout le monde y passe et y mange, et la part de Dieu se compose ici de toutes les parts. »

En revenant de Pontivy à Vannes, j'admirai encore une fois la fraîcheur du paysage, ces vallées étroites et ombreuses qui, arrosées par des sources d'eaux vives, s'enfoncent au milieu de riantes collines, comme ces vies obscures et cachées qui dérobent leur bonheur aux regards du monde ; ces éminences boisées qui servent de cadres aux vallons, où les chaumières, semblables à des nids, disparaissent dans la verdure ; enfin ces clochers à jour qui, de distance en distance, se dressent en portant la croix vers le ciel, la croix, qu'on trouve partout en Bretagne, sur le front des monuments, dans l'intérieur de chaque demeure, au détour des allées d'un grand bois, et plus encore dans le cœur des Bretons.

X

LES PARDONS. — LES LUTTES.

Je voulais, avant d'engager mes lecteurs dans une course qui les conduira dans la presqu'île de Ruys et les introduira dans plusieurs îles du Morbihan, et dans la baie douloureusement célèbre de Quiberon, leur parler de ces pardons bretons que Brizeux fait chanter par des chœurs de jeunes gens et de jeunes filles dans des stances qu'il serait curieux de comparer au *Carmen sœculare* d'Horace :

UN JEUNE HOMME.

Où courez-vous ainsi, pieuses jeunes filles,
Qui passez deux à deux sous vos coiffes gentilles ?
Ce tablier de soie et ce riche cordon
Disent que vous allez toutes quatre au pardon.

UNE JEUNE FILLE.

Laissez-nous, laissez-nous poursuivre notre route,
Jeunes gens ! Nous allons où vous allez, sans doute ;
Et ces bouquets de mil au bord de vos chapeaux
Disent assez pourquoi vous vous faites si beaux.

Mais je trouve dans un livre récemment publié [1], une description si dramatique et si vraie d'un de ces tournois rustiques de la Bretagne, qui forment le principal divertissement de ces réunions, que je ne résiste pas à la tentation de mettre sous les yeux du lecteur les principaux traits de ce tableau peint d'après nature.

Il importe de dire d'abord ce que c'est qu'un pardon. Le pardon, en Bretagne, est à la fois une fête religieuse et une fête nationale. C'est ce qu'on appelle ailleurs, en Poitou, par exemple, les *assemblées*. En Bretagne, on fait toujours la part de Dieu, et on la fait grande et bonne ; si le pardon dure deux jours, le premier appartient tout entier à Dieu. Dès la pointe du jour, la grand'messe est célé-

[1] *La Bretagne, Paysages et Récits,* par Eugène Loudun.

brée avec pompe. Tout le monde y assiste, hommes et femmes ; les femmes entrent gravement dans la nef, où il n'y a ni chaises, ni bancs, et qui offre l'aspect d'un forum : c'est en effet le forum de la prière. Les hommes, graves et recueillis, prennent place dans le chœur et les bas-côtés. Il faut avoir assisté à une de ces pieuses cérémonies, avoir vu cette population tout entière à genoux, en roulant dans ses doigts les grains d'un chapelet, pour comprendre le moyen âge, cette époque où l'Église tenait encore dans ses bras la civilisation naissante et présidait à ses joies comme à ses douleurs. Après la messe vient la procession, que toute l'assistance suit en chantant des cantiques. Les jeunes filles, toutes vêtues de blanc, sèment des fleurs. Les gars les plus robustes portent les vieilles bannières brodées d'or, d'argent et de soie, les châsses étincelantes, les statues peintes des saints, au milieu de deux files de pèlerins marchant au bruit des cantiques. Puis enfin vient le prêtre, qui, placé sous un dais, porte le saint sacrement, et derrière lui un long cortége d'hommes, le chapeau à la main, silencieux et recueillis. Dans l'après-midi, on chante les vêpres, et l'église est aussi remplie qu'à la grand'messe. Enfin le salut et la bénédiction couronnent cette journée consacrée tout entière à la prière. Entre la procession et les vêpres, les pèlerins accomplissent leurs vœux. La reconnaissance qui remercie n'est pas moins fervente en Bretagne que l'affliction et la souffrance qui demandent. On voit un grand nombre de pèlerins remplir la chapelle du saint et y demeurer des heures en prières, ou se succéder dans les confessionnaux improvisés pour la circonstance : car les confessionnaux ordinaires ne suffisent plus à la foule qui les assiége. On en voit quelques-uns se traîner sur les genoux autour de l'église, se rendre pieds nus à un tombeau vénéré, ou bien encore aller boire de l'eau d'une fontaine à laquelle le Dieu qu'ils implorent d'un cœur fervent peut donner la vertu de la piscine de Jérusalem. Ceux qui n'ont point de vœu à accomplir se tiennent sur la place et parlent à voix basse, comme s'ils craignaient de troubler la sainteté du jour. Les plaisirs, les gais repas, les jeux, les danses et les banquets arrosés de flots de cidre sont renvoyés au lendemain.

Le lendemain, tout appartient à la joie. Le cidre coule à pleins verres. On en vide des pièces entières. Les cabarets sont remplis, et l'on peut dire que le champ de la fête n'est lui-même qu'un immense cabaret. Chanter, boire, danser et lutter, voilà les joies bretonnes.

> Ce pardon, sans mentir, est le roi des pardons,
> Et la Cornouaille envoie ici tous ses cantons ;
> De pauvres, de chanteurs, chaque sentier fourmille,
> Vous entendez les sous sonner dans leur coquille.
> Avec leurs grands fourneaux vingt tentes sont debout;
> Et dans ses beaux habits la jeunesse partout :
> Car, dès que se répand l'annonce d'une fête,
> Cette heureuse jeunesse à s'y rendre s'apprête.

M. Eugène Loudun a eu la bonne fortune d'assister, il y a quelques années, à une fête populaire de ce genre donnée par un propriétaire breton qui voulait célébrer ainsi un événement heureux survenu dans sa famille, en déployant la pompe consacrée par la tradition antique. C'est sur les confins du Finistère et du Morbihan qu'est situé le domaine de ce propriétaire, que, d'après l'indiscrétion d'une note mise au bas de la page, je suppose être M. de la Villemarqué, savant et poëte qui a fait passer dans notre langue, avec tant de succès, les chants armoricains. L'usage des luttes ne s'est guère conservé du reste que dans cette région de la Bretagne.

Longtemps à l'avance, la fête avait été annoncée dans toutes les paroisses des environs. C'était, au sortir de la messe, le sujet des conversations des jeunes gars. On savait que tous les anciens jeux devaient y figurer, la course à pied, la course à cheval, les courses de femmes, enfin la lutte, la lutte, de tous les spectacles le plus cher aux Bretons. Les prix étaient splendides. Il ne s'agissait plus du bélier noir, du chapeau au millésime de l'année. Aux vainqueurs on promettait une somme assez ronde pour acheter un champ, un taureau de quatre ans, aux cornes dorées ; — ne dirait-on pas une réminiscence des jeux homériques ? — enfin, un costume breton complet. On ne saurait imaginer la magnificence et la coquetterie de ces costumes bretons. On m'a parlé dans le pays d'un riche métayer qui, sous le gouvernement de Juillet, fit le voyage de Paris pour obtenir de Louis-Philippe en personne que l'État donnât les fonds nécessaires à la réparation de l'église de sa paroisse, qui menaçait ruine. Il se fit faire, par un tailleur de la localité, un costume qui lui revint à plus de quatre cents francs. C'était un costume de ce genre qui figurait parmi les prix réservés aux vainqueurs ; il avait coûté trois mois de travail au tailleur, qui avait employé toutes les ressources de son art à décorer d'arabesques de soie multicolore toutes les parties de ce costume, la veste, les braies, les guêtres. Les lutteurs les plus renommés de la Bretagne, ceux de Rosporden, de Banalec, de Pond-Aven, de Fouesnant, de Kerneven, avaient été conviés à venir mesurer feurs forces. Comment aurait-on oublié les lutteurs de Scaer et ceux de Guisgriff, qui, de tout temps, se sont disputé, au nom du Finistère et du Morbihan, le prix de la lutte? Scaer chanté par Brizeux !

Scaer l'emportait partout! Scaer, le pays des luttes
Et des joyeux chanteurs aux savantes disputes.

Pour rendre la fête plus brillante, Mathurin, le célèbre sonneur de biniou, que l'on a entendu à Paris jouant dans un drame breton, *la Closerie des Genêts*, ses airs nationaux mélancoliques et sauvages qui font rêver à la lande, avait promis d'assister aux jeux, quoique, vieux et aveugle, il ne parût plus depuis plusieurs années dans les pardons. Le sonneur de biniou n'avait pu refuser son concours à l'appel du poëte qui a fait connaître les chants armoricains à la France. Ce Mathurin, qui est mort au mois de septembre 1859, n'était-il pas le Ban-gor de Brizeux?

C'est dans la prairie qui s'étend non loin de Pond-Aven, une des plus jolies villes des côtes de la Bretagne, que le lieu de la lice avait été marqué; Pond-Aven en Cornouailles, dont un proverbe breton a dit : « Pond-Aven, quatorze maisons, quatorze moulins. » Cette prairie vient s'appuyer sur de grands bois, et devant elle s'ouvre la vaste mer. Jamais scène plus théâtrale ne fut mieux choisie pour une lutte. De bonne heure, le champ de la lice a été envahi par cette population aux costumes bigarrés qui donnent une physionomie à part aux fêtes de la Bretagne. La coiffure des femmes de Landernau, qui, se prolongeant par derrière, rappelle la cornette du moyen âge ; la coiffe des femmes de Pleyben, qui enveloppe leurs figures comme le bonnet des béguines, apparaissent à côté du haut bonnet des femmes de Rosporden, dont les dentelles flottent au vent, du bonnet des femmes de Saint-Thégonec, dont les barbes relevées sur le sommet de la tête simulent les voiles d'un navire gonflées par la brise, et des Vannetaises, dont la coiffure, je l'ai dit, rappelle celle des sœurs de Saint-Vincent-de-Paul. Mais le plus coquet de ces costumes bretons, c'est celui des filles de Pond-Aven. Leur coiffe, appliquée sur le front et descendant le long des tempes, laisse voir leurs cheveux soigneusement lissés, et, s'écartant sur les côtés, comme des ailes, encadre l'ovale régulier de leur frais et blanc visage, auquel l'air pur de la mer fournit un fard naturel préférable à toutes les recettes des enlumineurs de Paris.

Brizeux, qui a tout chanté en Bretagne, a chanté les filles de Pond-Aven et a vanté les roses de leur teint.

Voici venir les femmes de Pont-Labbé, qui semblent appartenir à une tribu de la race asiatique échouée sur la côte de Bretagne. Leur stature est élevée, leurs membres sont taillés en vigueur ; leur teint, d'une couleur orangée, se rapproche de celui de la race sémitique. Leur costume a quelque chose d'étrange comme leur physionomie. Elles posent en avant sur leur front une coiffure composée de bandes de drap d'or, d'étoffes rouges brodées en soie et de mousseline bleue, qui n'est pas sans analogie avec le bonnet grec et qui simule un diadème. Le corsage et la jupe, les manches ornées de larges galons verts, rouges, dorés, de bordures, de torsades, d'œillères en soie, présentent la même variété de couleurs. On dirait l'arc-en-ciel.

Les costumes des hommes n'offrent pas moins de variété. Ce sont les hommes de Saint-Herbet et de Châteauneuf-du-Faou, au long habit brun doublé de vert, orné de passementeries, de boutons et de broderies de soie rouge, qui descend jusqu'aux genoux et rappelle la coupe majestueuse de l'habit du temps de Louis XIV. Ceux-ci, avec leurs vestes blanches, viennent du pays d'Arré :

> ... Les montagnes d'Arré
> Dressent sur le chemin leur dos morne et sacré,
> Le dos de la Bretagne. Alors tout se déboise,
> Lande courte, aucun bruit, des rocs semés d'ardoise,
> Un lourd soleil d'aplomb sur un terrain pierreux.

Voici les hommes du Faouet, portant le chapeau de paille à larges bords, recouvert d'une sorte de résille qui retombe du sommet ; les *fashionables* de Fouesnant, qui mettent l'un sur l'autre deux larges pantalons de couleurs différentes ; les gars de Gourin, portant des culottes demi-collantes, et ceux de Quimperlé, demeurés fidèles à l'antique braie celtique, la *bragou-bras*, bouffant des deux côtés et descendant tout à fait au bas des reins, si bas, que je n'ose répéter la question que font les tailleurs aux élégants du lieu quand ils leur prennent mesure ; ceux de Guéméné (Morbihan), qui portent le chapeau à larges bords retroussés, surmonté d'une plume rejetée en arrière, la veste ouverte sur le gilet à deux rangées de boutons, l'ample braie de couleur brune retenue par une large ceinture, et les bas drapés rouges avec des glands de pareille couleur aux genoux ; enfin les gens de Scaer, faciles à reconnaître parce qu'ils portent le saint-sacrement brodé en soie sur le dos de leur veste, comme s'ils voulaient se reconnaître les vassaux de Dieu. Cette diversité de couleurs, cette variété de costumes, donnent à la fête bretonne un aspect pittoresque que n'auront jamais nos fêtes des environs de Paris :

> Au bruit de la bombarde, au rappel du tambour,
> On vit, comme la mer quand elle monte et houle,
> Dans un immense pré courir toute une foule ;
> Et là, jeunes et vieux, hommes et femmes, tous
> En cercle sur le pré, rangés à deux genoux,
> D'autres, pendus aux troncs des ormes et des frênes,
> Attendre les lutteurs sur ces vertes arènes :
> Les plus forts de Corré, du Faouët, de Kérien,
> Et ceux de Banalec, et ceux de Saint-Urien,
> Devaient se signaler à ces fameuses joutes.

En avançant dans ce récit, je trouve partout Brizeux, et, chaque fois que je le rencontre, je cueille quelques fruits sur ce bel arbre de poésie qu'il a planté au sol de l'Armorique. Qui mieux que ce barde a chanté les joies, les tristesses, les croyances, les mœurs des Bretons, leurs pardons, leurs pèlerinages, leurs jeux simples et rustiques ?

Aux luttes de Pond-Aven, si bien racontées par M. Loudun, deux lutteurs presque aussi célèbres l'un que l'autre, Postic, de Scaer, et Hervé, de Banalec, se sont présentés pour disputer le prix. Le signal étant donné par le juge de la lice, qui tient une grande baguette blanche, les deux adversaires font le signe de la croix et s'avancent l'un vers l'autre, se surveillant du regard et les bras étendus pour se saisir. Il faut lire dans l'ouvrage de M. Loudun le récit plein d'intérêt de la lutte de Postic de Scaer et d'Hervé de Banalec.

Je retrouve dans la lutte bretonne des détails qui me rappellent la description de la lutte d'Ajax et d'Ulysse, aux funérailles de Patrocle : « On vit se lever le grand Ajax, fils de Télamon ; on vit en même temps se lever Ulysse, fécond en ressources et en ruses. Après s'être ceints pour la lutte, ils s'avancèrent au milieu du cirque, et, se saisissant de leurs mains robustes, s'enlacèrent mutuellement. Sous l'étreinte de leurs mains crispées, leurs reins criaient, et la sueur coulait à larges gouttes sur leurs membres, et des meurtrissures sanglantes s'imprimaient sur leurs flancs et sur leurs épaules. Ni Ulysse ne pouvait soulever de terre son adversaire pour le renverser sur le sol, ni Ajax ne pouvait triompher de la vigueur d'Ulysse. »

La description du vieil Homère n'a pas vieilli, parce qu'Homère est vrai comme la nature, qui ne change pas. Je retrouve plusieurs traits de la lutte d'Ajax et d'Ulysse dans celle de Postic et d'Hervé, et, certes, M. Loudun, qui avait le spectacle de la lutte bretonne sous les yeux, n'est pas allé chercher dans l'*Iliade* les couleurs de sa description. C'est l'avantage des choses naturelles : on les rencontre sans chercher à imiter, parce qu'elles sont toujours les mêmes. Postic tombe comme Ajax dans la lutte homérique; mais, plus leste que lui, il se relève, et le combat finit comme celui d'Entelle et de Darès dans l'*Énéide*. Le terrible lutteur de Scaer n'a pas été renversé sur le dos, les deux épaules touchant à terre, ce qui est nécessaire pour qu'il soit vaincu; il *n'a pas eu le saut,* selon l'expression consacrée en Bretagne. Il se relève comme Entelle lorsque, en frappant un coup dans le vide, il est tombé de sa hauteur :

> Entellus vires in ventum effudit, et ultro
> Ipse gravis graviterque ad terram pondere vasto
> Concidit; ut quondam cava concidit aut Erymantho
> Aut Ida in magna, radicibus eruta pinus.
> Consurgunt studiis Teucri et Trinacria pubes...
> At non, tardatus casu, neque territus heros
> Acrior ad pugnam redit, ac vim suscitat ira.

« Entelle perd son coup, qui ne frappe que l'air, et, alourdi par l'âge, il tombe lourdement à terre de tout son poids, comme on voit tomber, sur l'Érymanthe ou sur le sommet de l'Ida, un pin creusé par le temps et arraché de ses racines. Les Troyens et les Siciliens se lèvent avec des émotions et des sympathies contraires. Mais, loin d'être effrayé ou accablé par sa chute, le héros se relève et revient plus ardent au combat; la colère double ses forces. »

Comparez à cette description celle de la lutte de Postic et d'Hervé, et vous verrez qu'à l'exception de quelques traits de mœurs, le fond du tableau est le même :

« Deux fois Hervé a évité le choc par lequel Postic le devait renverser. Quant à Postic, la lutte lui est si familière, qu'il semble plutôt modérer sa force que la déployer tout entière. Dans un moment où il veille moins sur lui, un de ses pieds cède, il glisse et tombe. Un grand cri part de l'assemblée, les juges se lèvent de leurs siéges ; mais, dans le temps même où il perdait pied, Postic a vu le danger, et, d'un mouvement rapide, s'est tourné de manière à tomber sur le côté. Il reste là quelques secondes, immobile, afin de prouver qu'il n'est pas vaincu : en effet, le vaincu, c'est la loi des luttes, doit être renversé droit sur le dos, les deux épaules touchant la terre. Les juges déclarent que le coup ne compte pas, et Postic se relève aux applaudissements des uns et au milieu du silence des autres. Le spectacle va maintenant avoir une autre physionomie. Jusque-là, l'assemblée avait assisté, muette, aux accidents de la lutte ; mais les passions sont à cette heure éveillées : les gens de Scaer prennent parti pour Postic, ceux de Banalec pour Hervé. Le combat reprend plus vif, plus acharné ; les deux lutteurs, animés par un intérêt plus ardent, ont à soutenir, l'un son premier succès, l'autre sa réputation. Ils ne demeurent plus dans le même lieu, ils se poussent, ils se pressent... »

Vous le voyez, c'est la même progression de sentiments et d'impressions que dans la lutte antique. Le combat finit, je l'ai dit, comme celui d'Entelle et de Darès, par un de ces coups de vigueur auxquels rien ne résiste. Longtemps et vainement les deux adversaires ont essayé de se faire plier les reins, et, dans ces étreintes désespérées, le ciseau du sculpteur eût pu reproduire leurs poses, qui ont toujours conservé le caractère d'une rare noblesse. Tout à coup Postic, tenant d'une main le bras droit d'Hervé, lui serre l'épaule gauche de l'autre main, l'éloigne de lui, et, la tête penchée en avant, s'appuie sur une de ses jambes, dont les muscles sont roidis comme la corde d'un arc fortement bandé. Scaer et Banalec sont dans l'attente. Les spectateurs suivent avec une anxiété fiévreuse les progrès de la lutte, qui, de moment en moment, semble approcher de sa crise finale. Les interpellations se croisent : « *Stard! Derta!* Courage ! Tiens bon ! » crie-t-on de tous côtés.

« Dans ce moment, Postic saisit de ses deux mains, serrées comme des étaux, le corps d'Hervé, l'arrache du sol, et d'un effort gigantesque l'enlève par-dessus sa tête, le jette derrière lui. Hervé tombe lourdement : le choc a été si violent, qu'il demeure étendu de tout son long ; le sang lui sort par le nez et la bouche. Il n'y a doute pour personne, les deux épaules ont touché à la fois la terre. Les vieillards se lèvent : « *Mad!* » disent-ils, le coup est bon. D'unanimes applaudissements éclatent dans l'assemblée ; Hervé s'éloigne en essuyant le sang qui coule de son visage, et Postic rentre dans le cercle d'un pas aussi lent et aussi grave qu'en s'avançant dans la lice. »

C'est le même dénoûment que dans Virgile ; seulement vous remarquerez la placidité chrétienne et l'impassibilité bretonne des lutteurs de Pond-Aven ; chez eux, de l'ardeur, mais point de colère ; de l'émulation, mais point de haine. Le juge de la lice n'est point obligé, comme Énée, de soustraire l'infortuné Darès à la mort qu'il va recevoir de la main d'Entelle en fureur :

> Tum pater Æneas procedere longius iras
> Et sævire animis Entellum haud passus acerbis,
> Sed finem imposuit pugnæ.

Entelle s'enorgueillit de son triomphe, et insulte au vaincu, qui se retire à peu près dans le même état qu'Hervé de Banalec, « se traînant difficilement et rejetant des flots d'un sang noir par le nez et la bouche : »

> Hic, victor, superans animis, tauroque superbus :
> Nate dea, vosque hæc, inquit, cognoscite, Teucri,
> Et mihi quæ fuerint juvenili in corpore vires,
> Et qua servetis revocatum a morte Dareta.

Postic ne dit point un mot; il croit, en véritable Breton, que les actes suffisent. Il a lutté en vaillant et loyal adversaire; cette parole du juge de la lice lui suffit : *mad*, le coup est bon. C'est la différence des religions, des mœurs, des temps, des peuples.

Si le lecteur a pris intérêt à ce récit, peut-être ne sera-t-il pas fâché de savoir comment finit ce valeureux Postic, l'honneur de Scaer, le roi des lices bretonnes. Dans un pardon de Rosporden, où il avait déjà trois fois triomphé, il rentra une quatrième fois dans la lice. Toute l'assistance s'attendait à lui voir remporter une nouvelle victoire; lorsque tout à coup il fut violemment soulevé de terre et terrassé. Les spectateurs ne pouvaient en croire leurs yeux. Pas un n'applaudit, c'était la gloire des luttes bretonnes qui tombait en trouvant son Waterloo après tant d'Austerlitz. Le doute n'était pas permis, et les juges le proclamèrent : pour la première fois, l'invincible Postic était vaincu. Il se releva, marcha droit à son vainqueur, à peu près inconnu sur les champs de lice, lui serra chrétiennement la main, et, toujours maître de lui-même, le front calme, sans qu'aucune fibre de son visage, aucune intonation de sa voix, vinssent trahir son émotion contenue, il annonça aux juges qu'il venait de paraître pour la dernière fois dans les luttes. Plus heureux si, terminant sa carrière dans un jour de victoire, il avait dit, comme l'Entelle de Virgile, après avoir triomphé d'Hervé de Banalec :

Je dépose mon ceste et renonce à mon art.
Hic victor cestus artemque repono.

XI

ARRADON. — L'ILE AUX MOINES. — SOUVENIRS ET RÉCITS. — TRAVERSÉE. — ARRIVÉE A SARZEAU.

On peut se rendre de Vannes à la presqu'île de Sarzeau de deux manières, en voiture ou en bateau. J'ai fait ce petit voyage de l'une et l'autre manière, car j'ai visité souvent cette partie si intéressante du Morbihan. Au commencement du mois de septembre 1851, je partis de bonne heure de Vannes avec l'abbé Lecrom et le recteur de Saint-Pierre pour le bourg d'Arradon. Nous fîmes le trajet en une heure. En arrivant, nous entrâmes dans une chaumière où nous trouvâmes une jeune paysanne pour laquelle nous nous étions chargés d'une commission : elle faisait dire la prière du matin à ses deux enfants. Nous fûmes édifiés de la piété de ces deux petites créatures qui, les mains jointes, priaient de tout leur cœur le Dieu de leur mère, en répétant les paroles du *Pater* et de l'*Ave Maria* qui tombaient de ses lèvres. Cet intérieur de chaumière bretonne présentait un délicieux tableau. Voilà le secret de la puissance du catholicisme en Bretagne : il se penche sous les traits d'une mère vers tous les berceaux, et, prenant l'homme à son entrée dans la vie, il le conduit, sans le quitter un moment, jusqu'au terme de son pèlerinage. Ailleurs le catholicisme a sa place marquée dans la vie ; le matin, le soir, le dimanche, il obtient un souvenir ; ici, le catholicisme, c'est la vie tout entière, c'est le lit large et profond dans lequel se succèdent ces flots du temps qu'on appelle les jours, les mois et les années.

Au sortir de la chaumière bretonne, nous entrâmes dans le presbytère, et nous trouvâmes le recteur d'Arradon triste et préoccupé. « Il y avait eu un malheur dans la nuit, nous dit-il, à une lieue de là, dans un hameau ; un incendie s'était déclaré dans une maison, et un enfant de quatorze ans était resté au feu. En outre, une fille du hameau était tombée, par suite de l'impression qu'elle avait éprouvée, dans un évanouissement d'où l'on n'avait pas encore réussi à la tirer. » C'est ainsi qu'on ne peut faire un pas dans cette vallée de larmes sans rencontrer le malheur sur son chemin. Il fallut, pour obéir aux mœurs hospitalières du pays, approcher un verre de vin de nos lèvres avant de quitter le bon recteur, et nous nous mîmes en route, à pied, vers le rivage de la mer.

Nous avions une bonne lieue de pays à faire ; au bout d'une heure de marche, nous arrivâmes à la côte et nous prîmes une barque qui nous conduisit en un quart d'heure à l'*île aux Moines*, qui est en vue du littoral. Le nom de cette île dit assez quels furent autrefois ses habitants.

Jetée sur le rivage le plus éloigné de la Bretagne, loin des bruits du monde, isolée au milieu de ce golfe, elle semblait prédestinée à devenir un de ces oratoires où l'on ne regardait que du côté du ciel. Elle est habitée maintenant par des familles de pêcheurs et de marins ; les femmes labourent et les hommes s'embarquent sur les bâtiments qui font le commerce avec les côtes d'Espagne et d'Angleterre ; il serait plus exact de dire, pour le premier de ces pays, qui faisaient le commerce, car les chemins de fer espagnols ont accaparé ces transports, au grand détriment des marins de l'île aux Moines et de toute la côte (du Morbihan). En abordant à la pointe de Pen-Happ, couronnée à son sommet par un grand dolmen (autel ou tombeau druidique), on jouit d'une vue remarquablement belle qui s'étend sur l'entrée du Morbihan. Au nord de l'île, qui a six kilomètres de longueur, est situé le village de Kerno, où l'on trouve un dolmen assez bien conservé. En se rendant de Kerno au chef-lieu de l'île, on passe au village de Kergonan où existe le plus vaste cromlec'h du Morbihan, formant une grande enceinte elliptique dessinée par des menhirs espacés.

En débarquant, nous trouvâmes M. Guillemet, vicaire du recteur de l'île aux Moines, qui, prévenu de notre visite, nous attendait. C'est un de ces esprits vifs, fins, gais, un peu batailleurs, cherchant amicalement noise, comme on en trouve beaucoup dans le clergé breton. Il nous conduisit chez le recteur, homme excellent que j'avais déjà rencontré à la mission de Theix. Nous dînâmes chez lui ; nous étions douze à table, dix prêtres et deux laïques seulement, M. du Bodan, ancien membre de la

Constituante et alors procureur général à la cour de Rennes, et moi. M. du Bodan, magistrat capable et homme d'un vrai mérite, nous intéressa beaucoup, pendant le dîner, par les récits qu'il puisait dans ses souvenirs judiciaires. Il nous donna des explications sur une affaire qui occupait, en ce moment, très-vivement l'opinion publique en Bretagne. Une fille de service, nommée Hélène, qui avait été domestique dans plusieurs maisons de Vannes et des lieux environnants, entre autres à Auray, chez M. Doré, maire de la ville, était sur le point de paraître devant les assises, sous la prévention de deux empoisonnements. C'était une personne étrange, froide, calme, impassible, excellente domestique, du reste ; toujours assise et toujours en avance, sa besogne était faite comme par enchantement. Seulement elle ne passait pas six mois dans une maison sans que quelqu'un y mourût. Elle disait d'elle-même, avec un demi-sourire où il y avait quelque chose de sinistre comme la fatalité : « Prenez garde, partout où j'entre, la mort y entre avec moi. » Elle disait vrai ; elle était entrée chez M. Doré, et, peu de semaines après, le père de celui-ci, vieillard qui jouissait d'une excellente santé, avait été enlevé en quelques heures par une subite indisposition. « Avouez, monsieur le recteur, dit le vicaire de l'île aux Moines en jetant au milieu de cette tragique histoire une des saillies qui lui sont habituelles, que vous devez un beau cierge à mon patron, et que bien vous a pris de me donner à dîner souvent ! Quand j'ai su que cette fille devait entrer à votre service, je me suis dit : Je dîne souvent chez M. le recteur, ne lui laissons pas accepter cette Locuste pour cuisinière. Quand les recteurs veulent s'en aller pour faire place à leurs vicaires, à la bonne heure ; mais quand ils les emmènent avec eux, cela ne fait les affaires de personne. C'est pourquoi je vous ai empêché de prendre cette Hélène, ce qui me procure aujourd'hui l'honneur de dîner avec ces messieurs chez vous. La morale de cette histoire, c'est que les recteurs doivent souvent inviter leurs vicaires à dîner. »

Quoique le sujet fût triste, nous ne pûmes retenir un franc éclat de rire, et M. du Bodan, dont la gravité magistrale n'avait pas été à l'abri de cet accès d'hilarité, poursuivit son récit. Hélène, qui ne restait guère plus d'un an dans la même condition, aurait probablement continué longtemps encore son homicide industrie, quand tout à coup un incident vint éveiller l'attention de la justice. Un médecin, lié depuis longtemps avec M. du Bodan, entra un matin, la figure bouleversée, dans son cabinet. « Ce n'est pas au magistrat, dit-il, c'est à l'ami que je viens parler. La répugnance naturelle que j'éprouve à me faire dénonciateur me retient, et ma conscience me pousse. » Alors il lui raconta que, dans une famille à laquelle il donnait des soins, une femme de chambre était morte très-rapidement, six mois auparavant, avec des symptômes qui pouvaient indiquer un empoisonnement. Il n'avait pas voulu alors accueillir l'idée d'un crime ; mais, ce matin même, la femme de chambre qui avait remplacé la morte venait de succomber comme elle, et il avait surpris dans les potions préparées les traces de l'arsenic. Or il ne pouvait attribuer le crime qu'à celle de ses compagnes qui la soignait : c'était Hélène.

M. du Bodan, qui avait attentivement écouté ce récit, dit au médecin : « Ce n'est pas l'ami qui vous a écouté, c'est le magistrat. Il est de votre devoir de régulariser votre déposition, il est de mon devoir d'instruire cette affaire. Il ne faut pas qu'une fausse pitié arrête l'action protectrice des lois et laisse l'impunité au crime. » Hélène fut donc arrêtée, et, au moment où nous écoutions ce récit, on avait déjà découvert que ses malles étaient remplies d'effets volés dans toutes les maisons où elle avait servi, et l'on était sur la piste de découvertes plus graves qui donnèrent à cette action judiciaire une issue tragique.

Après les ecclésiastiques qui lisent dans le for intérieur de l'homme et qui connaissent ainsi à fond le cœur humain, ce sont les magistrats et les médecins que j'ai toujours écoutés avec le plus d'intérêt. Pour eux, la triste humanité n'a pas de secrets. Il sont descendus, la lampe à la main, à des profondeurs où ne pénètre pas le commun des hommes. Je retrouvai dans un autre récit que nous fît M. du Bodan des preuves à l'appui des hautes vérités proclamées par Joseph de Maistre et le cardinal Wiseman sur la nécessité morale de l'expiation et de la confession, nécessité dont on trouve la trace profondément empreinte dans le cœur de l'homme. Une femme, nous disait M. du Bodan, avait été condamnée à mort comme empoisonneuse, sur la déposition de deux autres femmes qui avaient déclaré lui avoir vu verser du poison. Après la condamnation de l'accusée, ces deux témoins vinrent dire au procureur général qu'elles avaient menti à la justice, qu'elles n'en pouvaient plus de remords, et elles le supplièrent de les faire mettre en prison. Elles avaient eu, disaient-elles, un poids sur la conscience qui leur avait ôté le sommeil du moment où elles avaient porté une accusation injuste contre une personne innnocente, et elles ne se sentaient un peu soulagées que depuis qu'elles avaient fait cet aveu. Il leur semblait que la voix intérieure qui leur reprochait leur mensonge les accusait moins depuis qu'elles s'étaient accusées elles-mêmes ; elles apportaient ainsi, sans s'en douter, une preuve à l'appui de ce qu'il y a de profondément sympathique au cœur humain dans la confession. On leur représenta, pour éprouver leur véracité, qu'il pouvait y aller de leur tête ; elles persistèrent. Emprisonnées, elles moururent toutes deux de maladie avant que le jugement fût révisé ; mais elles moururent tranquilles, réconciliées avec elles-mêmes parce qu'elles étaient réconciliées avec Dieu. Malheureusement leur seconde déposition ne suffit pas pour établir la culpabilité de la personne qui avait inspiré la première, et l'arrêt rendu par la cour d'assises ne put être cassé. La condamnée refusait de se pourvoir en grâce. Elle avait mené une assez mauvaise vie, et elle regardait la peine imméritée qu'elle allait subir comme une expiation d'une existence qui n'avait pas été sans reproche. Innocente du fait dont on l'accusait devant la justice humaine, elle l'était ; mais elle savait qu'elle avait d'autres dettes à payer à la justice de Dieu, et son âme s'était élevée, dans les heures solitaires de sa douloureuse captivité, à la contemplation du grand dogme de l'expiation, qui est la base de la doctrine catholique. Elle disait avec une satisfaction évidente : « Je vais donc mourir, je voudrais savoir le jour de ma mort. » Le tribunal tout entier croyait à son innocence; on fit rédiger un pourvoi en grâce à son avocat. Le roi accorda la grâce. Quand on annonça cette nouvelle à la pauvre femme, elle ne montra ni joie ni émotion; elle était si bien préparée à mourir qu'il semblait qu'elle éprouvât quelque difficulté à se rattacher à la vie. Elle dit seulement : « Remerciez le roi de ma part, il est bien bon. » Et elle sortit de prison.

Ces récits et quelques questions que j'adressai au recteur sur l'île aux Moines nous conduisirent jusqu'à la fin du repas. Quand nous nous levâmes de table, M. du Bodan nous invita à venir visiter la maison de campagne qu'il possède dans l'île. Elle est située sur les bords de la mer, dans une très-agréable et très-pittoresque position. Elle renferme des arbres fruitiers, des vignes qui produisent de beau raisin, chose assez rare sur la côte et dans les îles du Morbihan; on y admire un joli bois encadré entre de grands murs qui l'abritent contre les vents de l'ouest, si violents dans cette contrée, qu'arrivée à une certaine zone la végétation s'arrête, et les vents ne permettent pas aux arbres de grandir d'avantage. L'allée faisant face à la maison conduit à une grande porte qui s'ouvre sur la mer. Belle image de la vie qui aboutit à la mort! La terre, c'est la vie qui montre ses trésors; la mer, c'est la mort qui cache ses richesses, c'est l'infini mystérieux et le sombre inconnu. Ne l'avez-vous pas souvent remarqué, la première fois que vous entrez dans une maison dont le seuil riant et paré de verdure souhaite la bienvenue à l'arrivant, vous êtes disposés à croire qu'il n'y a place que pour le bonheur dans cette oasis? Puis vous finissez toujours par découvrir qu'il y a une plaie secrète dans la vie de celui qui vous paraissait si heureux, comme il y a souvent un ver rongeur dans le plus beau fruit. Celle qui aurait dû nous faire les honneurs de cette charmante habitation avait cessé depuis quelques mois de vivre, en laissant dans le cœur de son mari et dans cette maison qui nous paraissait si charmante un vide qui ne pouvait être rempli.

Nous prîmes congé de M. du Bodan et nous nous embarquâmes, l'abbé Lecrom, le vicaire de l'île aux Moines et moi, sur une barque d'un assez étroit modèle, pour nous rendre à la presqu'île de Sarzeau, distante de deux lieues. Ce bateau me paraissait un peu petit pour cette grande mer qui déployait devant nous sa vaste nappe d'eau. Mais, puisque mes compagnons y montaient, je ne pouvais rester en arrière. Le vicaire de l'île aux Moines se mit à la barre, les hommes de ce pays sont tous plus ou moins marins ; un grand jeune garçon de quatorze ou quinze ans tint la voile ; un vieux matelot de quatre-vingts ans et sept mois, vieux passager de la mer et du temps, qui se souvenait d'avoir vu la première révolution, était assis à l'arrière et regardait l'horizon. C'eût été lui sans doute qui eût commandé la manœuvre s'il y avait eu une manœuvre à commander. Mais le ciel était pur et beau, la mer unie et si calme, qu'on ne voyait au loin aucune vague, et une légère brise qui soufflait de l'arrière enflait notre voile et faisait marcher assez rapidement et sans oscillation aucune notre frêle embarcation. Le vicaire, notre pilote, occupait, je ne saurais dire égayait notre traversée par des histoires empreintes de la couleur locale. — « Vous voyez cet endroit, disait-il en montrant du doigt le rivage : c'est là que s'embarquait, il y a un an, un enfant de dix ans. Sa mère le donnait comme mousse au capitaine d'un navire de commerce de Bordeaux. « O mère, disait-il, garde-moi, je serai mangé par les requins. — Mon fils, répondit la mère, je suis une pauvre veuve, je ne puis te nourrir. Pars, mon enfant ; te voilà grand, il faut gagner ton pain ! » L'enfant s'embarqua en pleurant ; on le mit à la barre. A peine le bateau avait-il filé quelques brasses qu'une lame passa sur le bateau et emporta l'enfant. Je vis tomber le pauvre petit, j'accourus et je lui donnai l'absolution. Pendant un quart d'heure, on le vit se débattre contre la mer, contre la mort. Les hommes du bord, — ils étaient étrangers, — continuaient leur marche avec indifférence. Je criais, je priais ; enfin un ouvrier de l'île s'élança à la nage. Il allait sauver l'enfant, quand le bateau passa sur celui-ci et le fit disparaître pour jamais. L'homme lui-même ne fut sauvé qu'avec beaucoup de peine. » Ne reconnaissez-vous pas l'origine de la *Plainte du mousse*, cette romance douloureuse :

Ma mère, qu'as-tu fait de ton pauvre petit?

Le vicaire nous raconta ensuite l'histoire de trois capitaines de navires méridionaux qui, étant pris de vin, voulurent se moquer de lui, et firent scandale dans l'église. Le vicaire s'était contenté de leur dire : « Prenez garde, votre conduite ne vous portera pas bonheur. » Ils périrent tous trois de mort violente dans l'année. De là un dicton parmi les marins du pays : « Il ne fait pas bon de se moquer du vicaire de l'île aux Moines ! »

Ces récits nous avaient amenés jusqu'à Sarzeau, où

nous abordâmes après avoir fait en une heure et demie notre traversée de deux lieues. La mer était haute et nous pûmes ainsi arriver à la côte malgré les vases qui obstruent les abords du rivage quand la marée est basse. Nous touchâmes dans une petite crique, tout près du joli château de Truskat, l'un des bijoux du Morbihan qui se dessine au milieu d'un bois, à peu de distance du rivage ; Truskat, propriété et séjour d'un poëte, M. de Francheville, un ami de ma jeunesse, que la mort, cette impitoyable faucheuse, nous a enlevé, il y a quelques années déjà, mais qui avait toujours vécu de manière à être prêt à répondre à l'appel de Dieu.

EXPÉDITION DE QUIBERON

Vue générale d'Auray.

EXPÉDITION DE QUIBERON

I

EXCURSION PAR TERRE A SARZEAU. — LA MAISON DE LESAGE. — SAINT-GILDAS. — LE TRÉSOR DE L'ÉGLISE. — LES TOMBEAUX. — LE COUVENT D'ABAILARD.

Le voyage que j'avais fait par mer à Sarzeau en 1851, je le renouvelai en 1860, mais, cette fois, par terre. Depuis longtemps le projet de visiter Saint-Gildas était arrêté dans mon esprit; et, dans une des nombreuses courses que j'avais faites à Auray, je m'étais promis d'aller contempler cette triste baie et cette fatale côte de Quiberon, théâtre des événements dont je vais entreprendre le récit.

Je partis donc de Vannes, le lundi 30 juillet 1860, et je montai, à six heures du matin, dans une calèche de louage avec mon compagnon ordinaire, l'abbé Lecrom, et deux ecclésiastiques distingués du diocèse de Vannes, l'abbé Le Joubioux, vicaire général sous un des derniers évêques, et l'abbé Picard. Grâce à notre attelage, composé de deux chevaux bretons, nous fîmes en deux heures les vingt-quatre kilomètres qui séparent Vannes de Sarzeau. En approchant de Sarzeau, nous respirâmes un air plus vif et plus frais, qui nous arrivait de la mer chargé des sels vivifiants qu'elle lui communique. Notre voiture s'arrêta devant le presbytère. C'est une grande maison rustique à laquelle ni l'espace ni l'air ne manquent. Le jardin où nous nous promenâmes quelques minutes en attendant le recteur, est vaste, et ses arbres pliaient sous les fruits. Je retrouvai le recteur, que j'avais déjà visité en 1851, bonheur que je n'ai pas eu dans tous les presbytères à la porte desquels j'ai frappé en 1860, car en neuf ans la mort fait bien des vides. Je le reconnus à sa réception cordiale, à cette nature franche et bonne dont il porte le reflet sur sa figure ouverte et bienveillante. Il parut ravi que nous vinssions à l'improviste nous inviter à dîner chez lui. Il fut convenu que nous serions de retour vers une heure de Saint-Gildas, où nous voulions aller. Après trois quarts d'heure accordés à nos chevaux, qu'on avait dételés, nous remontâmes en voiture sur la place de Sarzeau, où l'on montre encore la maison où naquit Lesage, l'auteur de *Gil Blas* et de *Turcaret*. Le roman qui a rendu cet auteur immortel, *Gil Blas,* n'est certainement pas sans reproches. Il y a peint la vie humaine avec ses travers, ses entraînements, ses vices, ses transactions de conscience, sans une très-vive indignation contre les mœurs qu'il retrace, mais cependant avec un certain sentiment de l'honnête qui n'abandonne jamais l'auteur, et qui trouve son expression dans ces paroles, mises par lui sur les lèvres de Gil Blas et adressées au lecteur : « Si tu lis mes aventures sans prendre garde aux instructions qu'elles renferment, tu ne retireras aucun fruit de cet ouvrage;

mais, si tu le lis avec attention, tu y trouveras, selon le précepte d'Horace, l'utile mêlé à l'agréable. » M. Nisard, dans son *Histoire de la littérature,* fait remarquer avec raison que « Gil Blas est un personnage moyen, touchant par son caractère à tous les caractères, les saints et les coquins exceptés, par sa condition à toutes les conditions, ni bon ni méchant, quoique plus loin de la méchanceté que de la bonté, et, pour dernier trait moyen, ayant sa fortune à faire. » Sa fortune à faire! tâche difficile et pleine de tentations dangereuses, quand il s'agit de la faire dans la domesticité des puissants, qui ordinairement payent mieux les services rendus à leurs vices que le concours prêté à leurs vertus. Gil Blas ne résiste pas à la corruption de son intérêt personnel ; mais, comme le dit avec raison M. Nisard, alors même qu'il glisse sur cette pente, qu'il imite les vices de la cour, qu'il devient vénal, ingrat, qu'il désavoue ses parents, il vaut mieux que ce qu'il fait, et, se relevant insensiblement de cette bassesse passagère, il finit en homme de bien.

La maison de Sarzeau où naquit Lesage, en 1668, est fort simple. C'est un étroit rez-de-chaussée surmonté d'un premier étage, avec deux fenêtres seulement sur la façade. La toiture porte le caractère de l'architecture du xviie siècle.

Nous mîmes une heure à parcourir les quatre kilomètres qui séparent Sarzeau de Saint-Gildas, parce que nous suivions un chemin malaisé. Saint-Gildas est situé sur la pointe extrême du littoral de la Bretagne et à l'opposite de Quiberon, dont la baie, s'étendant entre ces deux limites, s'enfonce vers Carnac et Locmariaker, voisin de l'entrée de la petite mer (Morbihan), qui communique par la baie de Quiberon avec le Grand Océan. Nous descendîmes de voiture devant l'église de Saint-Gildas. Sans être belle, elle est remarquable par sa haute antiquité : son chœur, ses transsepts, et certaines chapelles latérales et rayonnantes, son abside, sont du XI° ou XII° siècle. Le grand autel est en marbre magnifique ; derrière ce grand autel repose dans une cavité le corps de saint Gildas, l'auteur du fameux livre intitulé *Querela de excidio Britanniæ*, et qu'il ne faut pas confondre avec Gildas le sage, contemporain de Chilpéric Ier. Une pierre toute moussue, qui porte la trace de la moisissure des siècles et qui a environ soixante-dix centimètres d'épaisseur, est le sépulcre rustique dans lequel on a déposé le corps du saint. Dans une chapelle latérale située du côté de l'autel où l'on dit l'évangile, nous visitâmes le tombeau de saint Félix, pour lequel j'ai une dévotion particulière, et ceux de saint Gunstan ou Goustan, et de saint Riocus. Saint Goustan est ce Saxon Dunstan enlevé par des pirates à son île natale, et devenu, comme le rappelle M. de Montalembert, sous le nom de saint Goustan, le patron spécial des matelots, ainsi que le témoigne cette ronde chantée encore aujourd'hui par les femmes des marins du Croisic :

> Saint Goustan, notre ami,
> Ramenez nos maris !
> Saint Goustan, notre amant,
> Ramenez nos parents !

Ces tombeaux sont ce qu'il y a de plus simple et de plus rustique au monde ; ils font saillie sur le sol, et ressortent de terre d'au moins un pied. Nous nous arrêtâmes pendant quelque temps devant deux énormes chapiteaux de colonnes antiques creusés en bénitiers et placés à l'entrée de la nef; les deux colonnes sur lesquelles étaient posés ces deux blocs appartenaient vraisemblablement à l'ancienne église de Saint-Gildas, dont la plus grande partie a été reconstruite. Quelques parties de la muraille, et des sculptures, remontent à une époque antérieure à celle où les Normands, dont on retrouve la trace partout, saccagèrent le monastère dont on cherche en vain la trace.

Nous entrâmes dans la sacristie, où est déposé le trésor de l'église; la porte était ouverte, et l'armoire où l'on voit le trésor était ouverte de même avec une confiance justifiée par le respect des Bretons pour les choses saintes, mais qui, partout ailleurs, ne serait pas sans inconvénient. Le trésor de l'église de Saint-Gildas se compose de reliquaires en argent où l'on voit plusieurs os du saint patron de l'église; l'un de ces reliquaires a la forme d'un bras, un autre a la forme d'un casque; d'une croix du xviie siècle, petite et fleurdelisée, et d'une mitre du xve. Ces objets sont exposés à la vue du public; personne ne les garde, personne ne les montre.

Pendant que nous examinions à notre aise le trésor de l'église de Saint-Gildas sans que la voix criarde d'un cicerone et sa main tendue nous troublassent dans nos méditations, le recteur de Saint-Gildas entra et nous proposa aussitôt de nous conduire au couvent bâti sur les lieux où fut autrefois Abailard; ce couvent est maintenant occupé par des religieuses qui tiennent une école primaire pour les jeunes filles, et reçoivent des dames pensionnaires qui vont aux bains de mer pendant la saison pour se baigner, et non pour assister à des concerts, à des représentations théâtrales et à des bals.

Le recteur de Saint-Gildas nous montra dans le jardin des pans de murailles dans lesquels sont ouvertes des fenêtres. Suivant une tradition, ces ruines sont celles du couvent qu'Abailard habita au péril de sa vie. J'avoue que l'inspection de ces constructions m'a laissé des doutes motivés sur la haute antiquité qu'on attribue à ces ruines. Derrière ces murailles on nous montra un emplacement couvert par des arbres. C'est là que, suivant la tradition, enseignait Abailard, dont la voix éloquente ne me semble pas avoir conservé sa vertu persuasive à Saint-Gildas. Un peu plus tard, on nous conduisit à l'ancienne maison abbatiale, qui a été reconstruite, et, avant d'y arriver, on nous indiqua un trou par lequel la tradition locale veut qu'Abailard se soit évadé pour échapper à la fureur des moines qu'il voulait ramener à la règle. Je me permets de trouver cette tradition à la fois malséante et peu vraisemblable, car ce trou est tout simplement celui des latrines. Quel que soit le degré de maigreur auquel les jeûnes et les austérités de la pénitence aient pu réduire Abailard, il est bien difficile de croire qu'un corps humain ait passé par là.

Ni Héloïse ni Abailard n'ont laissé un bon souvenir en Bretagne, dans le Morbihan surtout. Parmi les *Chants populaires* recueillis et publiés par M. de la Villemarqué, il y en a un intitulé *Loiza Hug Abalard*. Peu de chants sont plus répandus. Le savant auteur en a réuni plus de vingt versions, et cette chanson se chante, avec de légères variantes, dans les quatre dialectes bretons. La version publiée appartient au dialecte de la Cornouaille, mais M. de la Villemarqué ne doute pas que la chanson ait été composée dans le dialecte de Vannes : « Les moines de Saint-Gildas de Rhûys dont Abailard était abbé, dit-il, et qu'il traita, comme on sait, avec un tel dédain philosophique, qu'on le chassa du pays, pourraient bien ne pas être étrangers à sa composition, et s'être faits l'écho satirique des croyances populaires sur Héloïse, pour se venger de l'insolence de leur supérieur, et venger du même coup les Bretons insultés par lui. »

La vengeance est un peu rude, car la chanson dont il est question métamorphose la belle et touchante Héloïse en affreuse sorcière et prête à la pieuse abbesse du Paraclet les chants magiques d'une druidesse : « Je me change en chienne noire ou en corbeau quand je le veux, ou en feu follet, ou en dragon. Je sais une chanson qui fait fendre les cieux et trembler la terre. Je sais, moi, tout ce qu'il y a à savoir dans ce monde, tout ce qui a été jadis et tout ce qui sera. La première drogue fut faite avec l'œil gauche d'un corbeau et le cœur d'un crapaud. » J'ajouterai que la vengeance me paraît imméritée. D'après la tradition historique, Abailard eut beaucoup plus à se plaindre des moines de Saint-Gildas que les moines de Saint-Gildas d'Abailard. Quand maître Pierre, fatigué des controverses qu'il avait provoquées par ses propositions téméraires, et effrayé des périls qu'elles pourraient lui susciter, vint chercher un refuge en Bretagne, sur les côtes sauvages du Morbihan en 1125, et fut élu abbé du monastère fondé au vi[e] siècle par le saint qu'on a appelé le Jérémie des deux Bretagne, il n'eut pas à se louer de la famille monacale qu'il essaya de gouverner. Déjà attristé par l'aspect sauvage de ce lieu, par le bruit de la grande mer qui se brise avec fracas sur une côte de granit, et par ses rapports forcés avec une population dont la langue, comme il le dit, lui était inconnue, il trouva de nouveaux sujets de douleurs dans les mœurs grossières des moines Bas-Bretons. Il voulut les ramener à l'observance de la règle et à la tempérance, mais leur résistance fut opiniâtre et leur haine ne connut plus de frein. Un des *thyerns,* ou seigneurs du pays, à la faveur de l'inconduite des religieux, s'était emparé d'une grande partie des biens du couvent; le peu qui restait aux moines était gaspillé d'une manière inconvenante et coupable pour des religieux. Quand Abailard entreprit de rétablir la règle, les moines, d'accord avec le *thyern,* recoururent au fer et au poison, et ce ne fut qu'après des années de lutte, et grâce à l'appui du légat du Saint-Siége, qui vint exprès en Bretagne, qu'Abailard réussit à expulser de Saint-Gildas les moines les plus déréglés et les plus récalcitrants [1].

Ce souvenir d'Abailard, cet orateur éloquent, ce philosophe illustre, ce dialecticien puissant qui excitait un si grand enthousiasme parmi la jeunesse de son siècle, ce grand lettré qui se trouva si petit devant le grand saint que nous vénérons sous le nom de saint Bernard, m'avait un moment distrait de la principale pensée qui avait été le motif de mon excursion à Saint-Gildas, sans cependant me la faire oublier. Je le voyais, inquiet de ses entraîne-

---

[1] *Histoire des peuples Bretons*, par Aurélien de Courson, tome second, page 191.

ments et de ses fautes, venir cacher sa gloire, son repentir et ses malheurs sur cette pointe extrême de la presqu'île de Sarzeau, loin des regards des hommes, dans un lieu sauvage et au milieu de populations presque aussi sauvages que le lieu, en préludant à sa pénitence définitive qui l'amena à chercher un refuge à Cluny pour ses dernières années. J'admirai cette victoire du catholicisme sur les passions humaines, et cette expiation chrétienne qui élève le repentir au niveau de la vertu. Mais le souvenir de Quiberon me revint bientôt et je demandai à être conduit à la terrasse d'où l'on voit la baie qui porte ce nom et les rivages inhospitaliers que battent ses flots.

II

LA TERRASSE DE SAINT-GILDAS. — CIMETIÈRE DES RELIGIEUSES. — VUE MAGNIFIQUE. — SOUVENIRS DE L'EXPÉDITION DE QUIBERON. — DÉBARQUEMENT DU PREMIER CORPS. — ENTHOUSIASME DES POPULATIONS. — ONZE JOURS PERDUS.

On nous conduisit dans le jardin du couvent de Saint-Gildas, qui a de beaux ombrages, et, après nous avoir indiqué un espace réservé où s'élèvent quelques pierres tombales, — c'est le petit cimetière des religieuses, — on nous laissa sur la terrasse d'où l'on aperçoit à la fois la baie de Quiberon, qui mesure à peu près vingt kilomètres à l'endroit de son ouverture sur l'Océan, et l'Océan lui-même. Cette terrasse est abritée par un bois de peu d'étendue, mais d'une grande beauté, et qu'on trouve plus agréable encore sur cette pointe de terre balayée par les vents de l'Ouest, qui contrarient la végétation. La vue dans cet endroit est magnifique. Au bas de l'espèce de terrasse sur laquelle nous nous trouvions s'étend la plage où l'on va prendre les bains. Directement en face de nous, le passage du Béniguet, entre l'île de Houat et le fanal de Teigneuse, qui est tout proche de la pointe extrême de la presqu'île de Quiberon ; plus loin encore, comme une sentinelle avancée, Belle-Ile ; après Belle-Ile, l'Atlantique dans son immensité ; sur la même ligne que Saint-Gildas, en suivant la côte et en appuyant vers la gauche, l'embouchure de la Vilaine et le littoral du département de la Loire-Inférieure, qui monte jusqu'au Croisic ; à notre droite, Arzon, Locmariaker, Carnac, Plouarnel, qui forment comme le fond de la baie ; enfin la falaise de Quiberon, qui va en se rétrécissant jusqu'au fort Penthièvre et qui, s'élargissant ensuite jusqu'à la commune de Quiberon, située non loin de la pointe extrême de la falaise, représente tout un côté du littoral qui sert de ceinture à la baie. La mer, ce jour-là, était unie et calme, elle semblait nous sourire ; mais, quand la mauvaise saison arrive, la mer est souvent furieuse, et l'on entend, au sein du silence de la nuit, comme des coups de canon : c'est la vague qui va frapper la côte ; elle a creusé des cavernes dans les rochers, comme un marteau patient qui s'ouvre sa voie : quand la mer est basse, on descend avec une lanterne dans ces sombres profondeurs.

Après avoir, en 1860, contemplé de la terrasse de Saint-Gildas la baie de Quiberon et sa plage, je voulus, en 1868, me rapprocher du théâtre où se passèrent les premières scènes de cette lamentable tragédie qu'on appelle le désastre de Quiberon. Je me dirigeai donc du côté de la plage de Carnac. D'abord, je donnai un coup d'œil à ces champs de pierres debout qui font à la fois l'admiration et le désespoir des archéologues, car, malgré leurs investigations, ils n'ont pu rien découvrir de certain sur l'origine de ces monuments qu'aujourd'hui les hommes les plus savants du pays s'accordent à regarder comme de beaucoup antérieurs aux temps druidiques. La journée était splendide, et quoique la chaleur fût accablante, il n'y avait pas un nuage au ciel. La plage où s'étaient succédé des scènes de guerre et de meurtre s'étendait déserte et silencieuse sous mon regard. Les vagues de la marée qui montait avec une paisible lenteur reflétaient les rayons éblouissants d'un beau soleil de septembre, avant de venir expirer doucement sur le sable. La nature semblait répandre à plaisir sur ces lieux, attristés par le souvenir du désastre, un calme et une paix qui remontaient dans mon âme. Les champs sont couverts d'un tapis de mousse brodé d'œillets agrestes, de petites immortelles et de rosiers nains. Je rencontrai même une riante idylle sur la route qui conduisait au théâtre ensanglanté par le drame de Quiberon. Nous sortions du champ des pierres alignées, que nous avions visité en nombreuse compagnie ; les jeunes gens et les enfants qui faisaient partie de notre petite caravane [1] étaient altérés par la chaleur de la journée et la

---

[1] Hélas! un des plus gais et des plus aimables compagnons de notre petite caravane, Joseph de Cadoudal, bel adolescent de treize ans qui, sous les regards charmés de ses parents, s'épanouissait, il y a six mois, à la vie, a déjà cessé de vivre au moment où j'écris ces lignes. Son

fatigue du chemin. Nous nous dirigeâmes vers une source que nous avait indiquée un habitant du pays. Au moment où nous n'en étions éloignés que de quelques pas, nous vîmes se lever, comme une charmante apparition, une jeune Morbihannaise d'une rare beauté et dans son splendide costume du dimanche, qui tenait sur une épaule, comme la Rébecca biblique, la cruche qu'elle venait de remplir, la *bodaise*, comme on l'appelle dans le pays. Nous lui demandâmes, comme Éliézer, de pencher un peu son vase, pour que nous pussions boire, et elle fut aussi complaisante envers nous que la fille de Bathuel envers Éliézer. Nous ne lui offrîmes point, à l'exemple du serviteur d'Abraham, des pendants d'oreille pesant deux demi-sicles et des bracelets pesant dix sicles : quelques pièces de monnaie composèrent toute notre offrande, dont cependant la jeune fille de Carnac se montra satisfaite, et nous nous éloignâmes en répétant, dans une langue que la jeune fille de Carnac ne comprenait même pas : « Heureux l'Isaac à qui cette nouvelle Rébecca est destinée ! Il la conduira dans la tente de Sara, sa mère, et il l'aimera tellement, que la douleur que lui a laissée la mort de celle-ci sera adoucie. »

Cet épisode avait écarté un moment de mon esprit les souvenirs néfastes de Quiberon ; mais ils revinrent bien-

---

père, en revenant d'un voyage, a trouvé le jeune mort couché sur des fleurs, et couronné de roses, suivant le touchant usage du Morbihan, où l'on place sur la tête des enfants morts une couronne de fleurs périssables, symbole de ces belles fleurs du Paradis dont l'éclat ne pâlit pas et dont le parfum dure toujours. C'est ainsi que nous avançons dans la vie, en laissant des tombes derrière nous, et ce sont quelquefois les plus jeunes qui y descendent !

tôt, quand nous montâmes les marches raboteuses et inégales qui conduisent au sommet du Mont-Saint-Michel et à la chapelle, où l'on récitait, en ce moment, le chapelet en breton. Du haut de cette montagne de main d'homme, qui n'est qu'un immense tumulus, on saisit l'ensemble d'un magnifique paysage : d'un côté, les célèbres alignements qui s'étendent du village du Menec à la rivière de Crach; de l'autre, la plage de Carnac dans tout son développement. Ce fut là que, le 27 juin 1795, le corps expéditionnaire prit terre.

L'expédition de Quiberon était préparée de longue main, en Angleterre, par l'inspiration et sous l'influence du comte de Puisaye, qui avait l'oreille du gouvernement anglais. Son but était défini dans les instructions du secrétaire d'État Henri Dundas, ainsi analysées par les *Mémoires* de Puisaye : « Dans la vue de donner aux personnes qui avaient déjà pris les armes, ou qui étaient disposées à les prendre de nouveau, dans les provinces de Bretagne et de Poitou, Sa Majesté Britannique avait signifié des ordres pour que les corps français nommés en marge s'embarquassent à bord des vaisseaux de guerre rassemblés à cet effet dans la baie de Spithead, sous l'escorte d'une escadre de vaisseaux de guerre, commandés par le commodore sir John Warren. — Ici, continue Puisaye, le ministre m'informe qu'il a plu à S. M. de faire choix de moi pour commander, surveiller et diriger la conduite de l'entreprise, et qu'elle m'autorise à employer lesdites troupes de concert avec telles personnes qui pourront me joindre pour agir contre celles qui exercent maintenant le gouvernement en France, de telle manière qui pourra me paraître la plus propre à conduire au rétablissement de l'ordre et d'un bon gouvernement dans ce pays. »

Trois divisions devaient concourir à l'entreprise, sous la direction suprême de Puisaye : la première, composée de trois mille hommes, commandés par le comte d'Hervilly; la seconde, qui se réunissait sur les bords de l'Elbe, en Hanovre, devait avoir pour chef un des plus braves et des plus habiles combattants de l'armée de Condé, le jeune marquis de Sombreuil; la troisième, où devait figurer un corps de deux mille hommes de troupes anglaises, allait suivre avec le comte d'Artois.

Cette entreprise se liait avec un mouvement qui devait éclater dans toute la Bretagne. Déjà les provinces de l'Ouest étaient pleines de troubles et de luttes. La pacification de 1794 n'avait été qu'un simulacre de paix. Dans la Mayenne, dans le Finistère, dans l'Ille-et-Vilaine et le Morbihan, il y avait journellement des combats; les républicains n'avaient pas réussi partout à se saisir des chefs royalistes, qui se reposaient sur la foi des traités. La perfidie avec laquelle plusieurs de ceux-ci avaient été arrêtés et mis à morts ralluma la guerre. De Boisguy, Couësbouc, Pontbriant, Coquereau, Gaulier, Tinténiac, Boisberthelot, Lantivy-Kerveno, Leissègues, Georges Cadoudal, rallumèrent en un instant la chouannerie, qu'on croyait éteinte. La nouvelle de la grande expédition qui se préparait en Angleterre s'était répandue de proche en proche. On attendait le jour du débarquement comme un jour de délivrance.

Le 10 juin 1795, la première expédition partit de

Southampton sous les ordres du comte de Puisaye, général en chef, commandant toute la division de l'Ouest; elle emportait la première division de l'armée royale de débarquement, composée des régiments ou cadres des régiments de LA CHATRE, LA MARINE OU D'HECTOR, DU DRESNAY, D'HERVILLY, et de Royal-artillerie, ou artillerie-Rotalier, commandée par M. de Rotalier, en tout environ trois mille deux cents hommes, sous les ordres du comte d'Hervilly. Ces forces étaient embarquées sur cinquante transports environ avec leur matériel et des provisions suffisantes. Des bâtiments de transport étaient chargés d'armes, de munitions, d'habillements destinés aux populations qui devaient seconder le mouvement. Ces bâtiments étaient convoyés par une escadre de trois vaisseaux de ligne, huit frégates, huit chaloupes canonnières et quelques cutters, commandée par le commodore Warren. Lord Bridport, à la tête d'une flotte de treize vaisseaux de ligne, marchait en avant pour disperser toutes les forces qui pourraient s'opposer au débarquement de l'armée expéditionnaire [1]. Ce fut ainsi qu'ayant rencontré une escadre de seize vaisseaux de la République à la hauteur de l'île de Groix, il leur donna la chasse, prit trois navires, le *Tigre*, de 74, le *Formidable* et l'*Alexandre*, de 80 canons, et obligea les autres à se réfugier à Lorient. Cette rencontre, qui eut lieu le 23 juin, avait été précédée par une tempête effroyable qui, s'élevant le 19, dura pendant vingt-quatre heures avec une telle violence, que

---

[1] Dans la relation du chevalier Berthier de Grandry, le 14 juin 1795 est indiqué comme celui où la flotte qu'il n'évalue pas à moins de cent voiles appareilla à Southampton.

l'on put craindre qu'elle ne mît la flotte expéditionnaire en perdition. Le 25 juin, la flotte mouilla dans la baie de Quiberon. Le 27, les troupes débarquèrent sur la plage de Carnac, vis-à-vis de la chapelle du Mont-Saint-Michel, sans éprouver aucune résistance. Le général de Tinténiac, comme l'a raconté le brave commandant Guillemot dans sa *Lettre à mes neveux sur la Chouannerie,* s'était mis à la tête d'une colonne de chouans, il avait balayé la côte ; et les marins de l'intrépide Rohu, montant au pas de course sous le feu des républicains du général Roman, les avaient débusqués de leur position de la butte Saint-Michel. Tinténiac avait aussitôt fait descendre le drapeau tricolore, et, pour avertir la flotte qui était en vue que les royalistes étaient maîtres de la côte, il tira sa chemise, l'attacha à la drisse du pavillon, et improvisa ainsi le drapeau blanc qui lui manquait, prouesse renouvelée bien des années plus tard, par un soldat, lors de la conquête d'Alger, à la prise du château de l'Empereur.

Le débarquement se liait avec un mouvement qui devait éclater dans toute la Bretagne, et les bandes de chouans, troupes belliqueuses formées par de longues guerres, étaient accourues de tous côtés, fidèles au rendez-vous donné. Les populations royalistes de l'Ouest étaient pleines d'espérance, il leur semblait qu'un effort décisif allait être tenté pour le rétablissement de la monarchie, et c'est avec des cris d'enthousiasme que l'armée expéditionnaire fut reçue par la foule qui couvrait le rivage. *Vive le Roi! vive la Religion!* répétait cette multitude, qui était venue avec des charretées de provisions. L'attendrissement fut général lorsqu'on vit les émigrés baiser en débarquant cette terre de France, qu'ils n'espéraient plus revoir. Parmi eux, cent vingt chevaliers de Saint-Louis, tous âgés de plus de soixante ans, portaient le mousquet comme de simples soldats, et marchaient, leur croix suspendue par un ruban de laine à leur boutonnière, trop pauvres qu'ils étaient pour acheter un ruban de soie. Quand l'évêque de Dol descendit à terre avec son clergé, tout le monde tomba à genoux pour recevoir sa bénédiction. Les chefs de chouans, Georges Cadoudal était l'un d'entre eux, ne doutaient pas que le seul plan praticable, dans leur opinion, fût suivi. Ils connaissaient le pays, et ils ne balançaient pas à dire qu'en se jetant immédiatement dans les terres avec un noyau de forces aussi respectable et avec les hommes qu'ils avaient amenés, on soulèverait tout le pays et l'on ferait reculer les républicains jusqu'à Rennes et au delà de Rennes. « Il était visible, a écrit depuis dans ses Mémoires Rohu, le lieutenant de Georges, que la Bretagne en masse se soulèverait, tant était grande la joie produite par la nouvelle de l'arrivée de l'armée royale. » Le littoral resterait donc ouvert à la seconde expédition que l'on attendait; mais il fallait se hâter, ne pas laisser aux républicains le temps de se reconnaître et marcher en avant sans retard.

Ce ne fut pas l'avis de M. d'Hervilly. Homme de tactique et de routine militaire, brave de cœur, mais d'un esprit méthodique et sans initiative, il ne pensa qu'à s'établir sur la côte et à s'y créer une forte position, à s'y garder militairement, sans songer que, dans les guerres politiques, il faut sacrifier quelque chose de la circonspection stratégique au besoin de produire un grand effet

9*

moral, qui vous donne d'un seul coup toute une population. Habitué à la guerre régulière, il ne comprenait pas tout le parti qu'on pouvait tirer des chouans, et mécontentait ces braves gens en ayant l'air de les tenir à l'écart, comme s'ils ne devaient pas être la cheville ouvrière de l'expédition dont les troupes expéditionnaires n'étaient que l'appoint. Du 27 juin au 3 juillet, c'est-à-dire pendant huit jours, perte de temps irréparable, il cantonna ses troupes à Carnac et dans les villages et hameaux voisins du point de débarquement. Il y eut seulement des détachements de paysans envoyés sur Auray, Pontivy, Landevant et d'autres points [1]. Mais, comme ils ne furent pas appuyés et suivis par le gros des forces royalistes, comme on leur refusa l'artillerie dont ils avaient besoin, ils furent bientôt repoussés et dispersés après des succès de détails. Le 3 juillet, les chefs de l'expédition apprirent que Hoche, auquel on avait laissé le temps de concentrer ses troupes, approchait en force pour attaquer la petite armée royaliste. Alors Puisaye et d'Hervilly songèrent à s'emparer de la presqu'île de Quiberon, défendue par le fort Penthièvre, où il y avait une garnison de six cents républicains.

On arrive à Quiberon, du côté de la terre, par une langue sablonneuse qui peut avoir une lieue dans sa plus grande largeur, et vient, en se rétrécissant, aboutir à l'entrée de la presqu'île, où elle n'a plus que soixante mètres. Cette entrée de l'isthme, qu'on appelle dans le pays le Sillon, est fermée par le fort Penthièvre. Le 4

---

[1] Relation du chevalier Berthier de Grandry.

juillet, le gros de la colonne expéditionnaire marcha vers ce fort, tandis qu'une flotille de chaloupes, portant deux cent cinquante volontaires du *Loyal-Émigrant* et environ trois mille paysans bretons, traversait la baie en se dirigeant sur le centre de la presqu'île. La garnison du fort, composée de six cents hommes d'un bataillon de l'ancien régiment de la Reine-infanterie, qui manquaient de vivres depuis plusieurs jours, se rendit prisonnière sans coup férir, et les deux tiers s'engagèrent dans l'armée royale. Opération tardive qui, — la facilité avec laquelle elle s'effectua le démontre, — aurait pu être tentée avec le même succès le jour du débarquement, mais avec un tout autre résultat. On avait perdu huit jours. Six compagnies de grenadiers furent laissées à la garde de la presqu'île et du fort, dont M. d'Hervilly voulait faire un lieu de dépôt et un point de communication facile avec la mer. On arriva ainsi jusqu'au 6 juillet; c'étaient onze jours de perdus, et ceux qui savent le prix du temps dans de pareilles entreprises ne s'étonneront pas de m'entendre ajouter que ces onze jours perdus décidaient presque sans retour du sort de l'expédition.

Hoche, commandant en chef des côtes de Cherbourg, n'avait pu empêcher le débarquement. Les forces républicaines s'étaient repliées dans l'intérieur des terres, pour se concentrer loin du littoral, dans la prévision d'un soulèvement général de la population, résultat inévitable d'une marche rapide en avant, opérée par le corps expéditionnaire. Arrivé de Rennes à Vannes, le 28 juin, Hoche ne se crut pas assez fort pour se rendre à Auray, et, serré de près à Pontsal par les chouans d'Arradon, de Plœren, de Baden et de Plougoumelen, il rétrograda rapidement sur la route de Rennes, suivi des autorités de Vannes. Mais, quand il apprit que les émigrés hésitaient et n'avançaient pas, il jugea le chef militaire qu'il avait en face de lui, et, avec ce coup d'œil de l'homme de guerre qu'il possédait à un haut degré, voyant qu'il n'était pas attaqué, il résolut de prendre l'offensive, assez fort contre un ennemi qui ne se recrutait pas dans son immobilité. Le 30 juin, Hoche entrait à Auray avec deux mille hommes, en obligeant la division de chouans de M. du Boisberthelot à quitter cette ville. Le même jour, le général républicain Josnet, venant d'Hennebon pour rejoindre Hoche, dispersa aisément à Landévant la division de M. de Tinténiac, parce que les chouans, mécontents de l'immobilité des émigrés et de leur chef, qui n'avait pas voulu les faire appuyer par ses troupes régulières et son artillerie, refusaient de se battre [1]. Le 4 juillet, Hoche avait treize mille hommes réunis à la hauteur d'Auray.

Dans la soirée du 6 juillet, les colonnes républicaines, beaucoup plus nombreuses que l'armée royale, débouchèrent du côté de Carnac, et l'armée royale, dès lors réduite à la défensive, se replia vers la presqu'île. Il n'y avait plus qu'un espoir pour elle, c'est que le second corps expéditionnaire, impatiemment attendu, venant à débarquer, lui donnât assez de force pour s'ouvrir une route à travers les colonnes républicaines et pour pénétrer dans le pays, car l'expédition n'avait pas eu lieu pour amener uniquement la conquête de la presqu'île de Quiberon. Le 7, le 9, le 12 juillet, il y eut de petites escarmouches plus

---

[1] Toute cette campagne est racontée d'une manière remarquable dans le 4ᵉ volume de l'*Histoire des guerres de l'Ouest*, de M. Muret.

ou moins sérieuses. Le 7, le corps expéditionnaire, étant sorti de nuit, surprit à la pointe du jour un gros de républicains arrivé de la veille au soir, fatigué par une longue marche et qui s'était mal gardé. Les républicains allaient être mis en déroute, quand deux colonnes de l'armée royale, se méconnaissant dans l'ombre, se fusillèrent. Il en résulta un flottement dans les rangs des royalistes, qui permit aux républicains de se reconnaître; deux obus bien dirigés mirent du désordre dans le régiment d'Hervilly, et le général ordonna la retraite, sans qu'on eût rien fait d'utile. La retraite s'effectua en bon ordre; mais, dès le lendemain, Hoche se couvrit d'une ligne d'ouvrages fortifiés au bas de la côte de Sainte-Barbe, dont il était maître, et protégea sa position par un camp retranché établi en avant de sa ligne. Dès lors la petite armée royale était comme gardée à vue dans la presqu'île, dont les républicains avaient fermé l'entrée. Au lieu d'être assaillants, ils étaient assaillis; en descendant à terre, ils avaient la Bretagne entre eux et Hoche et les républicains; maintenant, renfermés dans une étroite presqu'île de deux lieues de long sur quelques centaines de mètres de large, ils avaient Hoche et son armée entre eux et la Bretagne.

Tel était l'état des choses lorque dans la soirée du 15 juillet la seconde division de l'armée royale parut dans la baie de Quiberon. Elle était composée des bataillons de Rohan, Périgord, Salm, Damas et Béon, forte environ de quinze cents hommes de bonnes troupes qui venaient de faire la guerre en Allemagne. C'était comme une députation de l'armée de Condé qui venait combattre et mourir sur la côte de Bretagne. Ce corps d'élite était commandé par le jeune marquis de Sombreuil, qui avait déjà conquis une belle réputation militaire et jouissait au plus haut degré de l'affection et de la confiance de ses soldats.

Dans cette soirée même du 15 juillet, Sombreuil se fit mettre à terre; il alla s'aboucher avec Puisaye, qui portait le titre de général en chef, quoiqu'il n'eût pas su faire respecter en lui les droits du commandement, et avec d'Hervilly, commandant du premier corps. Il les avertit qu'il lui faudrait au moins un jour, c'est-à-dire jusqu'au 16 au soir, peut-être jusqu'au 17 au matin, pour mettre à terre son monde et son matériel. Il demanda avec la plus vive insistance qu'on l'attendît, en représentant que, dans la situation où étaient les choses, on ne pouvait réussir que par un effort d'ensemble [1]. La raison le demandait encore plus haut que Sombreuil. Puisqu'en effet l'armée royale avait attendu depuis le 25 juin jusqu'au 15 juillet, c'est-à-dire pendant vingt jours, en laissant à Hoche le temps de réunir et de concentrer ses forces, c'était bien le moins qu'elle attendît vingt-quatre heures, quand il ne lui fallait que ce temps pour attaquer avec toutes ses forces l'ennemi auquel elle avait laissé prendre tous ses avantages. Se priver d'un corps de troupes de quinze cents hommes d'une valeur et d'une

---

[1] Je suis ici, comme presque partout, le récit du comte de Saint-Georges. Celui du chevalier Berthier de Grandry présente une différence sur quelques détails qui ne changent rien au fond des choses. Selon lui, ce serait en entendant le bruit du canon que Sombreuil se serait fait jeter à la côte. Cette version, quoique conforme à celle de M. de Montbron, qui faisait partie de la colonne expéditionnaire de Sombreuil, ne nous paraît pas pouvoir être acceptée.

discipline éprouvées, dans la situation périlleuse où l'on s'était placé, c'était, il faut le reconnaître, mettre toutes les chances contre soi, lorsqu'on avait déjà laissé passer l'occasion favorable d'agir.

Les causes qui devaient empêcher le succès de l'expédition de Quiberon sont déjà manifestes : l'incertitude dans le commandement ; Puisaye, chef nominal, qui connaît le pays ne sait pas se faire obéir par d'Hervilly. Quelque chose de plus, les pouvoirs respectifs de ces deux chefs sont mal définis : d'Hervilly, commandant du premier corps, affiche la prétention de le conduire d'après ses propres vues, en alléguant que c'est le commandement général de l'expédition qui a été conféré à Puisaye. En attendant qu'on en réfère à Londres, il consent seulement, par transaction, à laisser Puisaye signer les ordres généraux, mais il se réserve le droit de donner tous les ordres de détail. Il lui promet de le seconder de son mieux, *sans négliger toutefois de mettre sa responsabilité à couvert.*

En second lieu vient la diversité des éléments : les émigrés, habitués à la guerre régulière, ne comprennent pas la guerre telle que la font les chouans ; la maladresse de d'Hervilly, qui mécontente et décourage les chouans ; son défaut de coup d'œil militaire : il n'a pas aperçu que la victoire doit être remportée au pas de course.

Il faut encore indiquer une dernière cause, celle-ci indépendante de la volonté du comte d'Hervilly qui avait fait tous ses efforts pour ôter cette mauvaise chance à l'expédition. Les corps qui en faisaient partie et s'élevaient à un effectif d'environ cinq mille hommes étaient le ROYAL ÉMIGRANT, les régiments D'HERVILLY, D'HECTOR, DU DRESNAY, et un corps d'artillerie placé sous les ordres de M. de

Rotalier, officier d'une grande distinction dans son arme, mais ces corps, nouvellement organisés, avaient été en grande partie recrutés de Français, prisonniers de guerre en Angleterre. Ce recrutement exercé avec menace, accepté de presque tous à contre-cœur, allait devenir une des causes principales du désastre de la petite armée [1]. Le comte d'Hervilly avait inutilement écrit aux ministres anglais le 2 mai 1795 : « Ce n'est qu'avec un sentiment de peine infinie que dans le dénombrement des troupes royales on trouve un grand nombre de prisonniers républicains. Un semblable mélange ne peut être que très-préjudiciable. Ces prisonniers doivent être d'autant plus enracinés dans leurs opinions démocratiques qu'ils ont souffert pour leur cause. Le cabinet veut faire descendre sept ou huit mille hommes en Bretagne; qu'il patiente un peu et nous serons bientôt assez d'émigrés pour compléter le nombre; mais accepter parmi nous des prisonniers dont personne ne connaît la moralité, c'est introduire un ennemi dans nos rangs [2]. »

Le gouvernement anglais persista dans l'idée de recruter le corps expéditionnaire sur les pontons, et la prévision du comte d'Hervilly devait se réaliser.

III

ATTAQUE DU 16 JUILLET.

On a vu que le marquis de Sombreuil s'était fait jeter à la côte dans la soirée du 15 juin 1795. Suivant quelques

---

[1] Cette opinion exprimée par M. Berthier de Grandry (page 8), fut justifiée par l'événement.
[2] Lettre citée dans la *Revue de Bretagne et de Vendée*.

relations contemporaines, il serait retourné à son bord en emportant, d'après les uns, l'espoir que rien ne serait tenté jusqu'à ce qu'il eût débarqué sa division, d'après les autres, de tristes pressentiments motivés par les mauvaises dispositions prises par le général d'Hervilly. On comprend que ces fausses versions aient été accréditées par des combattants de Quiberon échappés au désastre, et qui, au milieu de la rapide succession des événements, n'avaient pas été informés de la présence de Sombreuil au quartier général, dans la journée du 16 juillet ; mais les Mémoires de Puisaye ne laissent aucun doute sur la vérité. Sombreuil était descendu à terre dans la soirée du 15 ; il avait trouvé Puisaye au lit, lorsqu'il lui remit une lettre de M. Windham qui tranchait en sa faveur la question du commandement en chef, il adjura Puisaye d'attendre qu'il eût débarqué sa colonne. Puisaye lui objecta que le temps manquait, puisqu'on devait attaquer avant le jour. Alors Sombreuil voulut au moins assister au combat de sa personne, et il suivit au combat le général d'Hervilly comme volontaire.

Dans la soirée même du 15 juillet, des ordres avaient été donnés pour une attaque générale qui devait être exécutée, à la pointe du jour, contre les positions des républicains. Je lis dans le journal qu'écrivit à cette époque l'aïeul de M. Harscouet de Saint-Georges, qui avait la mémoire encore toute fraîche des événements : « Une sortie générale est ordonnée, sans attendre les nouvelles troupes arrivées dans la baie. On fait des préparatifs qui annoncent un projet de grande importance ; de nombreuses charrettes sont commandées pour le transport des blessés ; au lieu de quatre pièces qui nous suivaient ordinairement dans nos sorties, nous en amenons huit, dont deux de position sont aux ordres de M. de Vauban. Mille à douze cents chouans, choisis parmi ceux qui s'étaient attachés à nous depuis que nous étions descendus dans la presqu'île, sont envoyés à bord de chasse-marées à une lieue et demie des patriotes, pour les harceler vigoureusement en flanc pendant que nous les attaquerons de front. Trois fusées, tirées après le débarquement, devaient avertir le général que l'entreprise avait réussi. »

J'ai cherché dans les documents du temps quels pouvaient avoir été les motifs du général d'Hervilly et de Puisaye pour brusquer ainsi cette attaque. Presque tous les auteurs des récits contemporains se sont rencontrés dans la pensée que d'Hervilly, d'un caractère exclusif et hautain, avait été mû par le désir de ne partager avec personne l'honneur du triomphe. Quand cette idée serait complétement exacte, il resterait à expliquer comment d'Hervilly et Puisaye pouvaient nourrir l'espoir d'emporter le 16 juillet au matin les positions de Hoche, qu'ils avaient vainement attaquées le 7, et qui avaient encore été fortifiées depuis et se trouvaient défendues par des troupes dont l'effectif avait augmenté. C'est dans le livre du commandant Guillemot et dans le récit de Rohu, l'un des lieutenants de Georges Cadoudal, que j'ai trouvé l'explication la plus plausible. J'y vois, en effet, qu'après l'attaque du 7 juillet, Puisaye, reconnaissant qu'il était impossible de forcer les positions républicaines sans une puissante diversion, avait prescrit, le 10 juillet, au général de Tinténiac de s'embarquer à Port-Haliguen pour la côte de Sarzeau, — précisément l'un des points d'où, tant d'années plus tard, j'étudiais le théâtre de ces tristes événements, — d'emmener avec lui toute la division d'Auray, une partie de celle de Vannes et un détachement du LOYAL-ÉMIGRANT, et de régler sa marche de manière à arriver le 14 à la hauteur de Baud, situé, on le sait, un peu au-dessus de la forêt de Camors, à l'embranchement de deux routes, dont l'une, traversant la forêt, conduit en droite ligne à Auray, distant de vingt-quatre kilomètres de Baud, tandis que l'autre mène par Hennebon à Lorient. Je vois, dans le même récit, que Puisaye donnait l'ordre à MM. Jean Jan et de Lantivy de s'embarquer avec une autre division dans le port d'Orange, d'aller débarquer un peu au-dessus de Lorient, dans l'anse du Pouldu, et de se diriger également vers Baud, indiqué comme rendez-vous commun aux deux corps expéditionnaires, qui devaient de là redescendre vers Auray et se porter sur les derrières des républicains, de manière à pouvoir les attaquer le 16 juillet; cette date est remarquable. Maintenant, je le demande, ne peut-on pas, ne doit-on pas penser que la considération qui décida d'Hervilly à attaquer dans la matinée du 16 juillet, malgré les instances de Sombreuil, ce fut le rendez-vous pris avec Tinténiac, Jean Jan et Lantivy pour assaillir ce jour-là de front et en queue les lignes ennemies, et la crainte que, si cette promesse n'était pas tenue, les chouans, déjà mécontents de tant de retards et de malentendus, se débandassent et regagnassent leurs foyers? Si l'explication que je propose peut écarter de la mémoire de d'Hervilly, général insuffisant, mais brave soldat et l'une des victimes de Quiberon, un des nombreux reproches qu'on lui a adressés, je serais heureux de l'avoir présentée. Il a pu croire, il a dû croire, et, le récit de M. le commandant Guillemot, bien renseigné sur ce fait, l'établit clairement, il a cru que, le 16 juillet, le général Tinténiac, avec Jean Jan et Lantivy, serait sur les derrières de Hoche et le prendrait en queue, pendant que Vauban et Rohu le prendraient par le flanc gauche, de sorte que le général républicain serait pris entre trois feux, et c'est pour cela sans doute qu'il n'aura pas attendu M. de Sombreuil. Puisaye, dans ses Mémoires, donne, en effet, à entendre que ce fut la raison qu'il opposa aux instances du jeune commandant de la seconde division.

Ces espérances devaient être trompées, ces calculs déjoués. Le général d'Hervilly allait recueillir les fruits de sa conduite envers les chouans, qu'il avait profondément blessés par ses dédains et découragés par ses lenteurs. Il n'avait pas conquis leur confiance et il avait perdu leur affection, et tous auguraient mal d'une expédition confiée à des mains si peu habiles. Tinténiac, quand il fut arrivé à Elven, situé à la droite et au-dessus de Vannes, poussa vers Plaudren ; mais, avant d'y arriver, il s'arrêta, appuya brusquement sur sa droite, et, tournant le dos à Baud, où il avait promis de se rendre, il se dirigea par la route de Josselin vers le département des Côtes-du-Nord. Tué à quelques jours de là, à peu de distance de Quintin, il n'a pu expliquer sa conduite. Faut-il croire, comme on l'a dit, qu'une dépêche, venue du comité de Paris, détourna de leur route les chouans, peu habitués pourtant à suivre les ordres venus de ce lieu? N'est-il pas plus probable qu'irrité de tant de fautes, Tinténiac ne pensait plus avoir qu'une chose à faire : sauver d'un désastre trop certain les hommes qui marchaient sous son commandement? C'est le sentiment de M. Guillemot, dont le témoignage a un grand poids, car il représente, dans cette circonstance, la tradition du pays. « Je ne puis dire au juste, écrit-il dans la lettre déjà citée, la raison qui portait M. de Tinténiac à agir d'une manière contraire aux ordres qu'il avait reçus et aux promesses qu'il avait faites; mais je crois qu'il lui a été difficile, impossible peut-être, de faire reprendre à ses hommes la direction de Quiberon. — Si les émigrés, disaient les chouans, veulent pénétrer à l'intérieur, que ne font-ils comme nous, que ne se font-ils jeter à la côte? Mais nous n'irons pas nous faire tuer pour qu'ils restent enfermés à Quiberon. »

La retraite du général Tinténiac eut pour résultat de faire manquer d'une manière complète la diversion sur laquelle le général d'Hervilly avait compté. En effet, quand Lantivy et Jean Jan, chefs de la seconde colonne expéditionnaire, apprirent, après avoir traversé le Blavet au pont Saint-Nicolas-des-Eaux, que Tinténiac, au lieu de se diriger sur Baud, quittait la partie et se dirigeait vers les Côtes-du-Nord, ils jugèrent qu'il n'y avait plus rien à faire, et leurs hommes, aussi découragés et aussi mécontents que ceux de Tinténiac, se débandèrent d'eux-mêmes. Ainsi, cette diversion sur laquelle d'Hervilly comptait quand il mettait son petit corps d'armée en mouvement, le 16 juillet à la pointe du jour, et sans laquelle Puisaye croyait impossible de sortir de la position critique où les émigrés étaient placés, gardés à vue par une armée quatre fois plus forte que la leur, ne devait pas être effectuée. Les éléments en étaient dispersés.

Restait l'attaque sur le flanc gauche du général Hoche, que Vauban était chargé de tenter à la tête de douze cents chouans, qui devaient s'embarquer le 15 juillet à neuf heures du soir pour aller prendre terre, à minuit, au-dessus de Carnac, et de là se diriger le long de la côte vers Plouarmel, afin de prendre les républicains en flanc. Il y a des moments où tout manque à la fois à une cause et à un parti; alors les esprits superstitieux disent que rien ne réussit au malheur, et que la chance n'est pas là. Quand on regarde de plus près, on aperçoit presque toujours que ces prétendus hasards ont quelque chose de logique, et que le trouble et le découragement entrés dans les esprits par suite des fautes commises ont amené, comme une conséquence naturelle, ces fatalités qu'on déplore et qu'on aurait pu prévenir. La confiance s'était retirée du camp du général d'Hervilly, et, avec la confiance, le don de faire les choses en leur temps et en leur lieu. Vauban devait s'embarquer à neuf heures et demie du soir avec sa colonne, et, à cette heure, il se trouvait avec son monde à l'endroit indiqué pour l'embarquement, mais les bateaux n'y étaient pas et n'arrivèrent qu'à onze heures et demie, parce que, dit-on, M. de Balleroy, aide major général des logis, avait oublié l'ordre ou l'avait donné d'une manière peu précise. Vauban fit remarquer qu'en partant à cette heure tardive on ne surprendrait pas les républicains sur la côte; il lui fut néanmoins prescrit de s'embarquer; il obéit. D'Hervilly lui recommanda de faire partir une fusée pour l'avertir de son débarquement; s'il trouvait les républicains en force et s'il était obligé de se rembarquer, une seconde fusée devait le faire savoir au quartier général. Vauban réussit à débarquer son monde et en avertit le général par une première fusée ; mais les déserteurs qui s'échappaient chaque jour de la presqu'île, — c'étaient des marins républicains recrutés par les émigrés sur les pontons d'Angleterre, ou des grenadiers du fort de Penthièvre qui s'étaient enrôlés dans le régiment d'Hervilly, — tenaient Hoche au courant de tout ce qui se passait dans le camp royaliste. Il savait donc qu'une expédition serait dirigée sur la côte et l'avait fait fortement garder, de sorte que lorsque la colonne de Vauban voulut avancer, elle trouva des obstacles insurmontables et fut obligée de se rembarquer. La seconde fusée fut tirée ; mais, comme il faisait plein jour, attendu l'heure tardive où Vauban était parti, on ne l'aperçut pas du quartier général.

Il est impossible de ne pas comprendre que tant d'imprévoyance, de lenteur et de fausses mesures du côté des royalistes devaient amener leur perte, surtout lorsqu'on se rappelle qu'ils avaient en face d'eux Lazare Hoche, le général le plus vigilant et le plus habile peut-être qu'ait produit la Révolution française, le seul capable de balancer la fortune de Bonaparte. J'ai suivi avec une curieuse sollicitude, dans un livre aujourd'hui oublié, et bien digne de l'être à cause de son style déclamatoire [1], mais qui, publié en l'an VI, à l'époque de la mort de

---

[1] *Vie de Lazare Hoche, général des armées de la République française,* par Alexandre Rousselin, suivie de sa correspondance publique et privée. An VI de la République.

Hoche, offre l'avantage de contenir sa correspondance, les lettres écrites dans cette circonstance par le jeune général républicain, commandant en chef des côtes de Cherbourg. J'ai été frappé de sa prévoyance, de son activité, de l'habileté avec laquelle il coordonne ses mesures.

Dès le 23 floréal an III (13 mai 1795), il écrit aux représentants du peuple : « Tous les rapports qui me sont faits m'annoncent que les chouans se lèvent de toutes parts ; que maintenant leur cri favori est : *Vive le Roi, l'Angleterre et Bonchamps !* Je vous prie d'exiger du général en chef de l'armée de l'Ouest l'exécution de l'arrêté du comité de salut public qui lui ordonne d'envoyer à cette armée dix mille hommes. Sept au plus y sont arrivés, et si nous avons eu jamais besoin de troupes, c'est dans ce moment. »

Trois jours après (16 mai), il écrit au citoyen Pille :

« Je vous préviens qu'une flotte anglaise, composée de vingt-trois vaisseaux de ligne et de plusieurs autres embarcations, a paru avant-hier à la vue du canal, dans la rade duquel sont entrés à l'instant quelques vaisseaux. Il paraît, par la direction qu'elle a prise, qu'elle longe nos côtes et qu'elle se porte sur celles du Morbihan. »

Le 9 messidor an III (28 juin 1795), il écrit au général Chabot :

« Je vous préviens sous le secret que les Anglais débarquent dans l'anse de Quiberon. Après avoir complété la garnison de Brest et laissé cent hommes dans chaque chef-lieu de district, rassemblez la totalité de votre division à Quimper, afin de secourir Lorient et de couvrir Brest, que vous défendrez jusqu'à la mort. »

Le même jour, il écrit au général Chérin, qu'il a laissé à Rennes et avec lequel il est lié d'une étroite amitié :

« Écrivez au comité de salut public que je le prie d'être tranquille sur les suites du débarquement ; qu'il m'envoie de la cavalerie que je lui demande depuis trois mois. Je n'ai point de pièces de position, demandez-en à tous ceux qui peuvent en avoir. Envoyez-moi le plus de troupes qu'il vous sera possible, de bons officiers d'artillerie et deux ou trois ingénieurs. Vous savez qu'étant seul, je ne puis en écrire plus long. Jusqu'ici, j'ai fait deux reconnaissances. Dans l'une, nous avons battu les chouans ; l'autre s'est bornée à une fusillade très-vive et à quelques coups de canon de ma part. Tâchez de bien conserver votre communication avec moi. Faites faire des cartouches. »

Vous le voyez, du 16 mai au 28 juin, il y a eu un entr'acte de silence. Hoche tout entier à l'action n'a pas écrit. Il explique lui-même la raison au représentant du peuple Grelot, dans une lettre datée du 13 messidor an III (2 juillet 1796), et expose ainsi les premiers événements :

« La multiplicité des ordres que j'ai dû donner en arrivant ici m'ont empêché de vous instruire moi-même de nos opérations et de vous parler de l'ennemi. Il a dû débarquer dans les journées des 8 et 9 messidor (27 et 28 juin) environ de huit à dix mille émigrés dans la petite baie de Carnac, sous la protection de l'escadre anglaise, dont une frégate embossée éteignit le feu de la seule batterie capable d'empêcher momentanément la descente. Enfin deux ou trois mille chouans vinrent entourer nos postes établis sur la côte, et ceux-ci durent se faire jour pour regagner Auray, qu'on évacua le lendemain sans consulter ni les administrations du département ni les officiers généraux. Puis les chouans du Morbihan se sont réunis à l'armée d'émigrés ; ils ont été armés par eux. Mon dessein est de n'avoir point d'affaires particulières, elles aguerriraient les chouans, mais bien une action générale, dans laquelle nos troupes déploieront sans doute leur valeur accoutumée. »

On voit à quel point d'Hervilly jouait le jeu de son adversaire en massant aussi ses troupes et en lui présentant l'occasion d'une action générale, au lieu de s'enfoncer, quand les routes étaient ouvertes, dans l'intérieur du pays.

Le 16 messidor an III (5 juillet 1795), Hoche écrit encore. Il est maintenant sûr de la victoire.

« Le comité de salut public, dit-il, peut être persuadé que si je n'ai pas l'honneur de lui écrire aussi souvent que je le désire, ce n'a point été par négligence, mais bien par de grandes occupations. L'instant est arrivé où les rebelles seront anéantis. Déjà trois fois les troupes de la République leur ont fait sentir l'étendue de leur valeur. Nous sommes bivouaqués à deux lieues de l'ennemi. L'armée sera bientôt rassemblée, et lorsque le comité recevra la présente, la patrie pourra avoir été vengée. »

Les lettres se succèdent, parce que le dénoûment approche. Hoche écrit au citoyen Champeaux, le 18 messidor an III (7 juillet 1795) :

« Les émigrés, des chouans, de malheureux égarés, sont rassemblés dans la presqu'île de Quiberon. Nous sommes à Sainte-Barbe et la flotte met à la voile. Envoyez-moi sur-le-champ des pièces de calibre de 8 et de 12, avec des munitions. Faites bien escorter le tout. »

Puis vient cette lettre au général Chérin, datée du 9 messidor an III (8 juillet), dans laquelle Hoche définit d'une manière remarquable la position de ses adversaires :

« Mon cher général,

« Les anglo-émigrés-chouans sont, ainsi que des rats, enfermés dans Quiberon, où l'armée les tient bloqués. J'espère que dans quelques jours nous en serons quittes.

» Je suis sans second, sans aide de camp, sans adjudant général, sans papier et presque sans vivres. »

Quelques jours après, le général Hoche en est à regarder de l'autre côté de la victoire dont il ne doute plus, et il écrit au représentant du peuple Grinot, le 21 messidor an III (10 juillet 1795) :

« Je suis informé que les chouans se repentent de s'être enfermés à Quiberon et que la mésintelligence règne dans l'armée ennemie. Je profiterai de toutes les circonstances pour assurer le succès des armes de la République, en cherchant toujours à distinguer l'erreur du crime. Il est impossible, cruel et impolitique de songer à détruire six ou sept mille familles qui ont été entraînées à Quiberon par l'erreur ou le prestige. Je crois que si les habitans des campagnes livrent leurs armes et leurs chefs, nous pourrons leur laisser recueillir leurs moissons abondantes. Le citoyen Guermeur, arrivé d'hier, repart aujourd'hui. J'aurai cependant besoin des conseils et de la présence de l'un de vous pour une infinité de choses qui ne sont pas de mon ressort. »

Le général, on le voit, demande la présence des représentants. Il décline déjà la responsabilité des actes qui suivront le succès de ses armes.

Ici la correspondance s'interrompt pour donner place à l'ordre de bataille daté du quartier général, 25 messidor an III (14 juillet 1795), et adressé au général Lemoine. Hoche sait le 14 qu'il va être attaqué ; il dresse l'embuscade où le trop confiant d'Hervilly va tomber. Qu'il vienne. Ses plans sont livrés par des transfuges. On sait même l'heure où il commencera l'attaque [1]. Tout est prêt pour le recevoir.

Cependant la petite armée royale, de deux mille cinq cents hommes de troupes de ligne, de douze cents chouans et du bataillon d'Auray, en tout environ quatre mille hommes, avait commencé son mouvement le 16 juillet, deux heures avant le jour. « A la pointe du jour, dit l'aïeul de M. de Saint-Georges dans sa relation inédite, le comte d'Hervilly fit commencer l'attaque du Sillon par le régiment de LA CHATRE et deux compagnies de son propre régiment éparpillées en tirailleurs. Les régiments D'HERVILLY, DU DRESNAY et D'HECTOR suivaient en colonnes serrées : le premier à gauche, le second au centre, le troisième à droite. Une nombreuse colonne de chouans suivait la droite, bien en arrière des troupes de ligne. On marchait dans un profond silence, l'arme au bras. Les avant-postes républicains se replièrent sans beaucoup de

[1] Hoche l'écrit lui-même le 28 messidor an III. « Le général Humbert, dit-il, avait été averti par quatre transfuges du moment de l'attaque. »

résistance jusqu'à leur camp retranché ; quand nous arrivâmes à ce point, la résistance devint plus opiniâtre. Enfin nous enlevâmes le camp, où nous ne trouvâmes que quelques mauvaises tentes et des objets de campement de peu de valeur ; mais ce premier succès suffit pour enflammer l'ardeur du soldat, et nous continuâmes notre marche en poursuivant l'ennemi, qui se repliait comme en désordre devant nous. » Je vois, dans le récit du commandant Guillemot, que l'on crut entendre derrière l'armée de Hoche une vive fusillade, et que d'Hervilly, s'étant porté aux avant-postes, ne douta point que ce ne fût la diversion attendue ; d'un autre côté, n'ayant pas aperçu la seconde fusée que devait faire partir Vauban en cas de rembarquement, il crut que le plan arrêté allait être exécuté avec toutes ses chances de succès.

Cependant, un peu plus loin, le général d'Hervilly reçut un avertissement qui aurait dû lui dessiller les yeux. Le lieutenant d'artillerie Dufaure, qui conduisait deux des pièces attachées au corps d'armée, accourut pour l'avertir qu'il venait d'apercevoir deux canons et deux obusiers mis en batterie sur une dune, à la droite des colonnes d'attaque royalistes et perpendiculairement à la ligne des retranchements républicains. Il pressentait un piége, et demandait qu'on arrêtât la marche de l'armée jusqu'à ce qu'il eût démonté cette dangereuse redoute, qui allait prendre les troupes royales d'écharpe au moment où elles attaqueraient les lignes de l'ennemi. D'Hervilly, je suis ici la relation du comte Harscouet de Saint-Georges, repoussa rudement le clairvoyant lieutenant ; un premier succès l'avait enivré, il ne doutait plus de la victoire, loin de soupçonner qu'il était tombé dans le piége que l'expérience militaire de Hoche avait tendu à sa témérité. Il donna donc l'ordre de continuer à marcher en avant, toujours en colonnes serrées et l'arme au bras, jusqu'à demi-portée de fusil des retranchements.

« Après avoir simulé le désordre, continue la relation de M. Harscouet de Saint-Georges, les bleus, dès qu'ils ont vu que nous nous jetions dans le piége, se sont reformés avec promptitude et précision derrière un accident de terrain. Nous sommes si près d'eux, qu'en essayant de gravir la dune qui nous les cache et dont le sable mouvant glisse sous nos pieds, nous entendons la voix des officiers répéter : « *Pas encore! ne tirez pas encore!* » Cette attente ne doit pas se prolonger. Nous sommes désormais complétement engagés dans l'angle formé par la ligne des retranchements et la terrible dune de droite aux quatre bouches à feu. Une forte artillerie est alors brusquement démasquée, et, secondée par le feu roulant de la mousqueterie, elle nous couvre de balles, de boulets, de mitraille, qui font d'effroyables ravages dans nos rangs. Rien ne nous arrête ; les trois colonnes marchent toujours, sans hésitation, sans que leur ordre se trouble, avec un courage que rien ne peut surpasser... courage inutile ! L'épouvantable feu de l'ennemi fauche nos rangs, qui tombent comme l'herbe sous la faux. Nous ne pouvons plus que mourir. »

En lisant, à tant d'années de distance, le récit de ce combat désespéré écrit par un des hommes héroïques qui y prirent part, ne croyez-vous pas lire une relation de la bataille de Crécy, d'Azincourt, ou, plus près de nous, de

Waterloo ? C'est, dans un cadre plus étroit, le même courage, la même impuissance, la même obstination dans l'attaque d'une position rendue imprenable par la formidable artillerie dont elle est armée. « Pas encore ! ne tirez pas encore ! » c'est le mot de Wellington aux gardes anglaises. Ces trois colonnes qui, fauchées par les boulets et la mitraille, serrent leurs rangs et continuent, impassibles et silencieuses, sans presser leur pas et toujours l'arme au bras, leur marche en avant, ne vous rappellent-elles pas la suprême charge de la garde impériale contre les positions de l'armée anglaise, aux champs funèbres de Waterloo ? « Il semblait, disaient plus tard avec admiration les soldats républicains vainqueurs aux soldats royalistes vaincus, que vous marchiez à la parade. » Ils avaient dit pendant le combat, c'est Rouget de Lisle, l'auteur de la *Marseillaise* et l'un des combattants républicains, qui nous a conservé ce mot : « A la bonne heure ! on voit que ce sont des Français ! » Et le général Hoche écrivait à la Convention : « On s'est battu des deux côtés avec énergie ; ces hommes égarés se sont souvenus qu'ils étaient Français et qu'ils avaient des Français devant eux. »

Ainsi, devant tant de valeur, les haines de partis étaient un moment tombées ; les qualifications injurieuses que la Révolution jetait à ses adversaires, qu'elle appelait *brigands* parce qu'ils mouraient pour leurs croyances et leurs idées, disparaissaient du vocabulaire officiel. Hoche avait reconnu ses adversaires pour Français à leur courage, il le disait, et s'honorait en le disant.

J'ai raconté le combat, il me reste à retracer le désastre.

Après avoir échoué dans l'attaque des lignes républicaines, le comte d'Hervilly, voyant que tout tombait autour de lui, donna enfin à ses troupes l'ordre de se retirer. Il était trop tard. Ses colonnes, brisées par les efforts désespérés qu'elles venaient de faire, ne purent exécuter un mouvement toujours difficile en présence de l'ennemi, et un nouvel événement augmenta le désordre inséparable de cette lutte obstinée : au moment où il donnait l'ordre de la retraite, d'Hervilly fut blessé à mort par un biscaïen. Heureux encore fut-il de trouver un trépas militaire dans le désastre de la cause qu'il avait voulu servir [1].

Avant l'action, il n'avait pas désigné l'officier qui devait le suppléer en cas de malheur, de sorte que les restes de l'armée royale demeurèrent sans chef. Le petit nombre d'officiers qui avaient survécu essayèrent en vain de maintenir un peu d'ordre dans les rangs incessamment décimés par l'artillerie, et quand les grenadiers républicains s'élancèrent hors de leurs retranchements pour achever l'œuvre de leurs boulets, la défaite de l'armée royale devint une déroute. Cependant le dernier bataillon du régiment d'Hervilly, commandé par le marquis de Boissieux, maréchal de camp, fit une très-belle contenance et couvrit la retraite ; le chef intrépide qui contribuait ainsi au salut de l'armée était grièvement blessé, et, quand il eut achevé son œuvre, il expira comme un ouvrier dont la

[1] Il mourut quelques jours après à bord de la *Pomone. Récit sommaire de la déplorable affaire de Quiberon*, par M. le chevalier Berthier de Grandry. Cet opuscule, écrit en 1816, a été publié par la *Revue de Bretagne et de Vendée*, en 1861.

tâche est remplie. Le colonel de Rotalier, un des meilleurs officiers d'artillerie du temps, fit de son côté ce qu'il put pour protéger la retraite, et M. de Vauban, revenu de la côte de Carnac avec sa colonne de chouans, se porta à son secours.

Le combat était fini, l'armée royale put compter ses pertes. Elles étaient cruelles. Les régiments D'HECTOR et de DU DRESNAY, les plus exposés tout d'abord et demeurés quelques minutes de plus que le troisième corps sous le feu de l'ennemi, avaient perdu la moitié de leur monde en tués ou blessés. D'HECTOR laissait sur le champ de bataille quarante-cinq officiers sur quatre-vingts ; DU DRESNAY, vingt-deux sur quarante-huit. D'HERVILLY avait beaucoup moins souffert. Sur soixante-douze officiers de ROYAL-MARINE, cinquante-trois avaient péri, dit le commandant Guillemot. Sur les cent vingt chevaliers de Saint-Louis qui avaient marché, le matin, au feu d'un pas si alerte, malgré leurs soixante ans, soixante-douze restaient couchés par terre. Les troupes royales avaient perdu environ mille hommes, le quart de leur effectif[1]. Dans l'action il y avait eu des faits d'armes admirables ; dans la retraite, des dévouements héroïques, comme celui du marquis de Boissieux, qui, tout mourant qu'il était, s'était battu jusqu'au dernier soupir pour sauver l'armée ; des paroles que j'appellerais romaines si elles n'étaient pas françaises, comme celles du comte de Rotalier, qui, voyant tomber son fils pendant qu'il arrêtait la poursuite des républicains avec ses canons, se contenta de dire : « Enlevez cet officier ! » et continua à commander. Le

[1] Relation du chevalier Berthier de Grandry.

comte de Talhouet, blessé au commencement de l'action, continua à commander jusqu'à ce qu'un second coup de feu l'étendit par terre. M. de Corday, frère de Charlotte Corday, voyant que quarante chasseurs sabraient les débris du LOYAL-ÉMIGRANT, dans cette affreuse déroute, se retourna vivement et cria d'une voix de tonnerre : « Comment ! nous nous laisserons charger par quarante b...... comme cela ? » Et joignant l'action aux paroles il saisit son fusil qui n'avait pas de chien, et tua d'un coup de baïonnette le cavalier qui le serrait de plus près. Les royalistes, à la voix de M. de Corday, s'arrêtèrent, firent feu, et presque tous les hussards furent renversés [1].

Le commodore anglais avait fait garnir, par ses soldats de marine, commandés par le capitaine Keats, les ouvrages avancés du fort Penthièvre, et, secondé par le comte de Vaugiraud, l'un des officiers les plus distingués de la marine française, avait fait embosser six canonnières à peu de distance de la plage. Les républicains, arrêtés par ce feu meurtrier, furent obligés de cesser la poursuite, et les débris des troupes royales rentrèrent dans le camp.

IV

DÉBARQUEMENT DU CORPS DE SOMBREUIL. — DÉSASTRE DE LA NUIT DU 20 AU 21 JUILLET.

On avait entendu, des vaisseaux qui portaient le corps expéditionnaire de Sombreuil, la fusillade et la canonnade,

[1] Hoche, dans sa lettre au Comité de salut public, porte le chiffre des morts à trois cents ; celui des blessés est ordinairement du double ; il y eut aussi des soldats enrôlés sur les pontons qui passèrent à l'ennemi.

et il est facile de comprendre avec quelle anxiété les royalistes embarqués à bord de ces navires avaient suivi les péripéties de ce combat : « Arrivés pendant la nuit (du 15 au 16 juillet), dit l'un d'eux [1], nous étions sur les ponts de nos vaisseaux avant le lever du soleil. A peine avions-nous salué, par des cris de joie, cette terre désirée, que le bruit d'une mousqueterie extrêmement vive nous annonça le commencement d'un combat. Comme nous avions reçu l'ordre de ne point débarquer, nous demeurions consumés d'impatience et d'inquiétude [2]. Pendant quatre heures, nous écoutâmes l'éloignement et le rapprochement du feu, cherchant à distinguer ce qui se passait avec nos lunettes d'approche. Nous reconnûmes d'abord que les royalistes avaient été repoussés, et nous ne pûmes douter qu'ils n'eussent enfin succombé. »

On comprend l'anxiété de ces braves gens, immobiles et impuissants témoins d'un combat où ils eussent voulu être acteurs. Ce désastre devait naturellement exercer, et exerça une fâcheuse influence sur le moral de la petite colonne de

[1] M. de Montbron. Nous devons la communication de sa brochure, fort rare aujourd'hui, à M. de Beauchesne. Elle fait partie de sa *Bibliothèque révolutionnaire*. Voici le titre de cette brochure : *Récit de l'évasion d'un officier pris à Quiberon*, par Joseph C. M.

Quis talia fando
Myrmidonum Dolopumve aut duri miles Ulyssei
Temperet a lacrymis?

Paris, Adrien Egron, imprimeur de S. A. R. M⁰ʳ le duc d'Angoulême, 1815.

[2] M. de Montbron ajoute en note la réflexion suivante : « Je ne puis attribuer cette inaction qu'à l'impossibilité d'approcher de la côte à marée basse, car notre arrivée eût pu produire une heureuse diversion. » (Même brochure, page 3.) Cette explication est évidemment la vraie.

Sombreuil. Elle se composait de quelques hussards de Salm et des restes de divers corps de l'armée de Condé, qui avaient fait les dernières guerres d'Allemagne, tels que les braves légions de Béon et de Damas. Quel que soit le courage des soldats, c'est arriver dans de mauvaises conditions que d'arriver au moment d'un grave revers. Tandis que les troupes, qui avaient combattu sous d'Hervilly, étaient consternées et découragées, la nouvelle de leur défaite produisit le même effet sur les troupes de Sombreuil : « Comme on avait exalté leur espérance, dit M. de Montbron dans son récit[1], on ne put modérer leur abattement ; ils furent vaincus dès ce jour. »

La partie de Quiberon, qui s'étend depuis le fort Penthièvre jusqu'à la pointe extrême, et où ce qui restait des troupes se trouvait enfermé avec une nombreuse population de femmes, d'enfants, de vieillards accourus de l'intérieur des terres, n'était plus qu'une prison gardée à vue par les républicains. Sombreuil débarqua, le 18 juillet 1795, avec son corps de quinze cents hommes dans cette prison, et se trouva ainsi dans un milieu de découragement et d'épouvante. Puisaye avait enfin pris le commandement général, qu'il avait laissé exercer jusque-là par d'Hervilly, et il faut reconnaître que l'armée ne s'en trouva pas mieux. Le fort Penthièvre était la clef de la position qu'occupait la petite armée. La prudence la plus vulgaire commandait de ne confier cette position qu'à des hommes sûrs. Au lieu de cela, on dissémina les corps sur lesquels on pouvait compter à plus d'une lieue en arrière, dans les hameaux du fond de la presqu'île, et on laissa

[1] Relation déjà citée, page 5.

cantonné dans le grand village de Kerostin, voisin du fort Penthièvre, qui commandait le Sillon, le nombreux régiment d'HERVILLY, recruté en grande partie sur les pontons anglais parmi les marins républicains prisonniers, et dans lequel on avait fondu récemment la garnison républicaine du fort Penthièvre. Cette confiance aveugle allait achever la perte de l'armée royale. Les transfuges peuvent rester fidèles au succès, auquel ils ont cru se rallier, mais on doit prévoir qu'ils seront infidèles au malheur et qu'ils déserteront la défaite. On ne peut s'expliquer cette aberration que par le trouble et la confusion qui régnaient dans le camp royal, et que le comte Harscouet de Saint-Georges a peinte avec la douloureuse énergie d'un témoin oculaire. « Pas plus que son prédécesseur, dit-il, Puisaye n'assembla de conseil pour délibérer sur nos tristes affaires. Du 16 au 21, il s'occupa exclusivement à rédiger des discours remplis de belles promesses pour nous, puis des proclamations aux patriotes. Quant à des précautions en cas d'attaque... aucune. Quant à des ordres généraux, à des lieux de rassemblement indiqués d'avance... rien, rien! Si le service se faisait encore dans les bataillons, c'était par habitude et comme machinalement. »

Vous reconnaissez ici les caractères d'une de ces situations désespérées qui aboutissent presque inévitablement à une catastrophe. L'action s'éteint avec l'espérance, l'agonie est commencée, on attend la fin.

On ne l'attendit pas longtemps. Ce fut dans la nuit du 20 au 21 juillet que l'heure fatale sonna. Dans les nuits précédentes, le régiment d'Hervilly avait fait des pertes nombreuses par une désertion continue. Chaque matin, on découvrait que vingt-cinq ou trente hommes avaient passé à l'ennemi. Cette circonstance n'ouvrit point les yeux du comte de Puisaye, et le régiment d'Hervilly continua à garder sa position. Il arriva ce qu'il était si facile de prévoir. Trois sous-officiers républicains, enrôlés dans le régiment d'Hervilly, nouèrent, avec leurs camarades, une conspiration pour livrer le fort Penthièvre et le village de Kerostin au général Hoche. Le commandant Guillemot donne leurs noms : David Goujon, Antoine Mauvage et Nicolas Litté [1]. Ils offrirent au général de servir de guides aux colonnes qu'il enverrait pendant la nuit pour surprendre le fort Penthièvre et le village de Kerostin, où ils avaient de nombreuses intelligences. Hoche accepta. L'expédition, d'abord commandée pour la nuit du 19 juillet, comme l'ordre du jour de Hoche l'atteste, fut remise à la nuit suivante, parce que le mot d'ordre de la garnison du fort Penthièvre ne put être apporté que le 20 au soir par un sous-officier.

[1] Il n'y a pas de doute sur ce point, car le témoignage du commandant Guillemot est confirmé par celui de Tallien, qui, dans le rapport lu à la Convention le 9 thermidor, s'exprime ainsi : « Je ne puis, en ce moment, vous faire connaître les noms de tous ceux qui, les premiers, se sont rangés sous nos drapeaux; mais je ne veux pas passer sous silence le dévouement héroïque de Nicolas Litté, Antoine Mauvage, sergents majors au 41ᵉ régiment, et Jacques-Philippe David, de Dieppe, qui sont venus nous donner les renseignements les plus importants, qui ont guidé nos colonnes lors de l'attaque, et qui ont contribué, d'une manière particulière, au succès de cette journée.. Nous avons cru entrer dans vos intentions en récompensant, sur le champ de bataille même, ces braves citoyens. Les deux sergents majors ont été faits capitaines, et David, sous-lieutenant de cavalerie. » (Extrait du *Moniteur*, du 13 thermidor an III, de la République.)

Le 20 juillet, de onze heures à minuit, les colonnes républicaines s'ébranlèrent. Le général Humbert marchait par la gauche et était chargé de l'attaque du fort Penthièvre ; l'adjudant général Ménage, qui marchait par la droite, devait s'emparer du village de Kerostin. Le général Valletaux, avec le reste de sa brigade, soutenait Ménage. Le général Lemoine marchait avec sa brigade à la hauteur de l'avant-garde et devait soutenir Valletaux. Le rapport lu par Tallien, le 9 thermidor an III, et dont la partie militaire a été écrite par le général Hoche, fait parfaitement connaître le plan d'attaque : « Il fut ordonné, dit-il, à une colonne d'élite, commandée par l'adjudant général Ménage, de filer par la droite, le long de la mer, jusqu'au pied du fort, de l'escalader et de s'en emparer. Une autre colonne, aux ordres du général *Valteau* (*sic*), fut chargée d'attaquer de front, et une troisième, après avoir suivi, par la gauche, la terre de la basse mer, fut destinée en partie à le tourner, à venir l'escalader par la gorge et à se porter au village de Kerostin, pour s'opposer aux mouvements que pourraient faire les troupes ennemies cantonnées dans la presqu'île. Toutes ces troupes devaient s'avancer en silence et crier seulement, en abordant l'ennemi : « Bas les armes ! à nous les patriotes ! » C'était le signal convenu. »

Un orage affreux favorisa la marche des troupes de Hoche, en la dérobant aux royalistes. La pluie tombant par torrents, le vent soufflant par violentes rafales, le tumulte des vagues déchaînées, les roulements du tonnerre éclatant avec fracas, empêchaient d'entendre le bruit sourd des pas de la troupe, qui, suivant la marée, s'avançait dans les ténèbres. Horrible nuit, à laquelle devaient succéder de plus horribles journées! D'après le récit du comte Harscouet de Saint-Georges, Hoche, pour favoriser encore la surprise qu'il voulait tenter, avait fait précéder et guider ses colonnes par plus de cent transfuges du régiment d'Hervilly couverts de leurs uniformes ordinaires, et qui, ayant le mot d'ordre et la parfaite connaissance des lieux, arrivèrent dans le réduit sans exciter la moindre défiance. La colonne de Ménage atteint son but. Les complices du coup de main ouvrent à l'instant les portes du fort, qui n'est pas pris d'assaut, mais livré, et quelques soldats de Rohan et de Périgord, qui tentent une défense impossible, sont passés par les armes avec les artilleurs et les officiers. Hoche a prescrit de ne faire aucun quartier. « Le général Humbert, avait-il écrit dans son ordre du jour, fera courir jusqu'au fort, dont il s'emparera, en franchissant la palissade. Il égorgera tout ce qui s'y trouvera, à moins que les fusiliers ne viennent se joindre à sa troupe. Les officiers, sergents d'infanterie et canonniers n'auront point de grâce. »

Le coup de main avait réussi. Soit que les artilleurs surpris n'eussent pas même eu le temps de tirer les trois coups de canon convenus, soit qu'au milieu des détonations de la foudre et des grands bruits de la mer, on ne les eût pas entendus, on n'apprit que fort tard dans le fond de la presqu'île l'événement qui venait de faire tomber le seul obstacle placé entre les républicains et les royalistes. La terreur fut immense parmi cette population désarmée, vieillards, femmes, enfants, qui était venue chercher un asile dans le camp des royalistes; déjà trois colonnes républicaines, dépassant le fort Penthièvre et marchant vers le sud, chassaient tout devant elles. Les cris et l'épouvante de cette multitude en désordre, qui se précipitait vers le port d'Orange afin de tâcher de s'y embarquer, causaient un ébranlement moral aux troupes qui se trouvaient en contact avec elle.

Les témoins oculaires de cette lamentable scène en ont conservé un ineffaçable souvenir, qui revit dans les pages où ils racontent le désastre de Quiberon. « On voyait sur le rivage, dit M. de Chaumereix, une multitude de vieillards, de femmes, d'enfants, qui étaient venus chercher un asile à Quiberon, et qui, se précipitant dans les chaloupes, périssaient sous nos yeux. Spectacle déchirant ! Peu occupés de nos malheurs personnels, nous donnions des larmes au sort de tant de victimes [1]. »

Le comte de Montbron, qui essaya de s'embarquer quand le sort de la journée fut décidé, entre dans plus de détails : « Bien sûr qu'un traité fait avec le crime serait scellé par la perfidie, dit-il, j'emmenai deux cadets de ma compagnie, et nous tentâmes de nous embarquer. La côte, hérissée d'écueils, était inabordable à marée basse. Ne sachant pas nager, et obligés d'entrer dans l'eau jusqu'à la poitrine, nous eûmes des peines infinies à gagner une pointe de rocher très-avancée dans la mer, et sur laquelle un groupe nombreux attendait une barque ou la mort. Les roches voisines étaient aussi couvertes de fugitifs : des cris de désespoir se faisaient entendre de tous côtés. La mer, constamment orageuse, était couverte de dépouilles, d'armements, de débris ; et les vagues jetaient

[1] Relation de M. de Chaumareix, page 6.

sur le rivage les corps de ceux qui périssaient. Le bruit du canon des républicains, qui tiraient sur nous, joint au bruit du tonnerre, ajoutait encore à cette scène d'horreur. Des malheureux, en se disputant le sommet des écueils, s'entre-précipitaient dans les flots. Des femmes, s'avançant du côté des vaisseaux, élevaient leurs enfants dans leurs bras; elles imploraient en vain tous ceux qui les entouraient : la terreur avait étouffé la pitié. Un soldat, en s'élançant sur la roche qui nous portait, saisit le vêtement d'une femme qui était près de nous, et tous les deux s'abîmèrent dans les flots. L'autre partie de l'île offrait un spectacle bien différent. Un barque, surchargée de royalistes, allait s'éloigner; un officier (Charles de Lamoignon) accourt, il s'écrie; il apporte dans ses bras son frère qui, blessé grièvement, ne pouvait plus se soutenir. Dès qu'il a remis à ses compagnons un dépôt si cher, la voix de l'honneur le rappelle, il retourne sur l'île désolée où, dans peu de jours, il doit recevoir la mort [1]. »

Le comte de Montbron ajoute que, par trois fois, une chaloupe qu'il avait appelée en montrant sa main pleine d'or aux matelots, s'approcha et se retira à force de rames, sans pouvoir sauver personne, parce que ceux qui la montaient craignirent que les efforts et le poids de tant d'hommes ne fissent chavirer la nacelle. « Tout périssait, dit-il tristement, par la crainte de la mort [2]. »

---

[1] *Récit de l'évasion d'un officier pris à Quiberon*, pages 13-15.

[2] Le chevalier Berthier de Grandry rapporte des détails analogues : « Beaucoup d'entre nous, dit-il, dans tous les corps, avaient cherché leur salut au bord de la mer, vers les points où ils espéraient trouver des embarcations; mais un tout petit nombre put profiter de ce moyen de

Cependant Sombreuil, après avoir pris les ordres de Puisaye, avait formé sa division et s'était mis en mouvement pour arrêter les républicains. « Puisaye, dit le comte Harscouet de Saint-Georges dans sa relation, lui avait promis de le faire appuyer. Il fait battre, il est vrai, la générale; mais, au lieu d'accourir au secours du brave colonel, il gagne furtivement le havre le plus près, le port d'Orange, et, à vue de nous, va rejoindre l'escadre anglaise [1]. A l'aspect de cette lâcheté, la troupe demeure saisie de stupeur et indignée, et le désordre est grand dans les groupes isolés, auxquels on n'a laissé aucun ordre et qui se voient serrés par des ennemis nombreux, dont on entend déjà les voix criant : « Bon quartier ! Bonne amitié! La vie sauve à qui se rendra sans résistance ! »

Je le sais, dans les désastres, les vaincus se renvoient des récriminations réciproques, et les esprits aigris par le malheur sont disposés à juger sévèrement les chefs des entreprises qui ont échoué. Mais il ne s'agit pas ici d'un jugement, d'une appréciation; c'est un témoignage sur un fait précis, le témoignage d'un combattant de Quiberon.

sûreté, car les chaloupes manquaient, et les Anglais, dont on appelait le secours, n'en envoyèrent pas ou n'en envoyèrent que quelques-unes, la mer étant trop grosse pour qu'on pût les diriger sans péril. Il y en eut qui se précipitèrent dans les flots; des canots, des chasse-marée, trop surchargés, chaviraient; un grand nombre d'hommes périrent ainsi. La masse des paysans, surtout les femmes, poussaient de lamentables cris. C'était un désordre effroyable. »

[1] Les témoignages des autres survivants de Quiberon confirment celui du comte de Saint-Georges : « Puisaye, devenu prévoyant, s'embarqua seul, » dit le comte de Montbron (page 7).

Le chevalier Berthier de Grandry est encore plus précis que le comte de Saint-Georges. Au moment de la prise du fort Penthièvre, il se trouvait, avec la partie du *Loyal-Émigrant* qui n'était pas de service, cantonné au petit hameau de Saint-Pierre, à moins d'une demi-lieue de ce fort : « Je me rappelle toujours, dit-il, que j'étais couché sur une maie à pétrir le pain. Je sommeillais difficilement; il me semblait rêver et entendre le vent, la pluie, le tonnerre, ayant l'esprit tout préoccupé de la prise de Toulon, que je savais s'être effectuée par un semblable temps. J'éprouvais, enfin, de vagues et pénibles inquiétudes, quand le cri de : *Aux armes! aux armes!* réalisa mon triste pressentiment. En quelques minutes, le régiment fut sur pied et se porta précipitamment vers le fort, ayant à sa tête son brave major, M. d'Haize. Le jour commençait à poindre quand nous arrivâmes à environ cinq cents pas du rempart, que nous apercevions à peine; au delà régnait un lugubre silence. M. d'Haize nous arrêta un instant, pour nous remettre en ordre et nous former en colonnes; puis il nous fit reprendre la marche au pas de charge. Mais nous ne fûmes pas plutôt en mouvement, que nous fûmes arrêtés par un officier à cheval qui semblait venir du fort. — Quelle est cette troupe? s'écria-t-il. — *Loyal-Émigrant*, lui répondit M. d'Haize. — Où allez-vous? — Au fort. — Le fort est pris. — Eh bien, nous le reprendrons à la baïonnette. — Il ne s'agit pas de cela, repartit l'officier; il faut battre en retraite, et choisir une position avantageuse. La journée sera chaude!... » Et, piquant des deux, M. de Puisaye, car c'était lui, gagna la flotte anglaise. Nous ne le revîmes plus [1]. »

[1] *Récit sommaire de la déplorable affaire de Quiberon*, page 18.

Cependant Sombreuil qui, après la disparition de Puisaye, prit le commandement, n'avait pu soutenir l'effort d'un ennemi si supérieur en nombre. Il avait reculé de proche en proche, toujours en combattant, de Saint-Julien à Kermorvant, et de Kermorvant jusqu'au fort Neuf, situé près du village de Port-Haliguen. Pendant cinq heures, il avait conduit là retraite avec autant de fermeté que de talent[1]. Tout ce qui restait de troupes royales s'était rallié autour de lui sur ce point extrême de la presqu'île, au bord de l'Océan. Le fort Neuf était un ouvrage de peu d'importance, dont l'épaulement n'était pas fermé du côté de la terre; à droite et à gauche s'ouvraient les baies, où tous ceux qui pouvaient trouver place sur des bateaux s'embarquaient pour rejoindre la flotte anglaise, qui, à cause de l'état de la mer, était obligée de se tenir à une certaine distance de la côte. Presque en même temps que Sombreuil prenait position à l'abri du fort Neuf, les colonnes républicaines arrivaient et se rangeaient en bataille. Il allait y avoir sur ce point une lutte suprême, et, s'il n'était pas possible que les demeurants de l'expédition de Quiberon eussent l'avantage, ces hommes d'élite, poussés au désespoir, pouvaient faire acheter chèrement leur vie et illustrer leurs derniers moments. Mais dans les rangs républicains continuaient à retentir les mêmes clameurs qu'on entendait depuis le commencement de l'action : « Rendez-vous, braves émigrés, il ne vous sera fait aucun mal; nous sommes tous Français ! » Sans doute Sombreuil songea à cette multitude désarmée qui assiégeait le petit nombre de chaloupes que les Anglais pouvaient envoyer

---

[1] Voir l'écrit de M. La Touche, page 112.

à la côte par ce gros temps, et qui allait se trouver à la merci d'un vainqueur irrité, si l'on tentait un dernier combat. « Les deux chefs s'avancent alors l'un vers l'autre, au milieu de l'espace laissé libre entre les républicains de Hoche et les royalistes de Sombreuil, continue la relation du comte Harscouet de Saint-Georges. Les pourparlers durèrent longtemps, et il sembla que Hoche voulût favoriser ainsi les embarquements. » On montre encore une petite butte située entre fort Neuf et la fontaine qui fournit de l'eau aux habitants de Port-Haliguen : c'est là qu'eut lieu la conférence. Que s'y passa-t-il ? Y eut-il, n'y eut-il pas capitulation ? Question controversée entre les deux partis. Le comte Harscouet de Saint-Georges apporte son témoignage. Je le citerai sans y changer un mot : « Notre jeune et brave chef, dit-il, revient vers nous et nous dit à haute voix : — *Messieurs, j'ai obtenu la vie sauve pour tous, moi seul excepté. Que ceux qui n'auraient pas confiance regagnent l'escadre à la nage ou autrement, s'ils le peuvent; moi, je reste.*

« Je crois l'entendre encore, je crois le voir, il était à cheval. »

Qui oserait dire à un homme d'honneur qui était là, qui dit : « J'ai vu, j'ai entendu, » qui oserait lui dire : Vous n'avez ni vu ni entendu ?

Dira-t-on qu'on peut récuser la déposition d'un seul témoin ?

Toutes les relations des témoins de cette scène rapportent ce grave incident de la même manière.

« Dans cette extrémité, dit le chevalier Berthier de Grandry, le brave général de Sombreuil se portant seul en avant, cria au général républicain : Faites arrêter vos colonnes et permettez le rembarquement, ou je fais commencer le feu et nous nous défendrons jusqu'au dernier. — Je ne puis permettre le rembarquement, répondit le général Hoche, qui s'était approché de M. de Sombreuil, mais mettez bas les armes, et vous serez traités comme des prisonniers de guerre. — Même les émigrés ? demanda M. de Sombreuil. — Oui, répliqua Hoche, même les émigrés, tout ce qui mettra bas les armes.

« Quant à vous, personnellement, général, ajouta-t-il, je ne puis rien vous promettre. — Je ne demande rien pour moi, répondit aussitôt M. de Sombreuil ; pourvu que je sauve la vie à mes braves compagnons d'armes, je suis content, je mourrai satisfait. — Puis revenant à nous : — Mes amis, nous dit-il, mettez bas les armes, j'ai obtenu une capitulation avantageuse, vous serez traités comme prisonniers de guerre, même les émigrés. »

Faut-il encore un témoignage ? je citerai celui de M. de Chaumereix, dont la brochure fut écrite immédiatement après l'événement, car l'exemplaire que j'ai sous les yeux, en traçant ces lignes, porte la date de 1795 :

« Arrivé au fort Neuf, dit-il, M. de Sombreuil y réunit les débris des différents corps. La corvette anglaise *Lark* vint mouiller tout près de la terre, et canonna la colonne du centre ; les deux autres manœuvraient toujours de manière à nous envelopper. C'est dans cette position que M. de Sombreuil s'avança seul vers l'ennemi et lui fit signe de la main. La colonne s'arrêta. Le général Hoche qui la commandait fit quelques pas suivi de deux officiers de son état-major. M. de Sombreuil élevant la voix lui dit :

« Les hommes que je commande sont décidés à mourir sous les ruines du fort; mais, si vous voulez les laisser s'embarquer, vous épargnerez le sang français. » Le général Hoche lui répondit : « Je ne puis permettre le rembarquement ; mais, si vous mettez bas les armes, vous serez traités comme des prisonniers de guerre. — Les émigrés seront-ils compris dans cette capitulation? demanda M. de Sombreuil. — Oui, dit le général Hoche, tout ce qui mettra bas les armes. » Après avoir ainsi traité de la capitulation, le général Hoche demanda à M. de Sombreuil son nom, et lorsqu'il l'eut entendu : « Quant à vous, monsieur, je ne puis rien vous promettre. — Aussi n'est-ce pas pour moi, répondit M. de Sombreuil, que j'ai voulu capituler ; je mourrai content, si je sauve la vie à mes braves compagnons d'armes. »

« M. de Sombreuil revint au fort et nous dit : — Messieurs, j'ai obtenu des conditions aussi favorables que les circonstances le permettaient. Je me suis engagé à faire mettre bas les armes, posez-les et qu'on dise à la corvette anglaise de cesser son feu. »

Vous voyez l'invariable concordance des témoignages. MM. de Saint-Georges, Berthier de Grandry, de Chaumereix, tiennent tous trois le même langage. Tous ont entendu Sombreuil rapporter la nouvelle de la capitulation qui assurait la vie sauve à ceux qui mettraient bas les armes.

Qui oserait dire que Sombreuil a trompé ses compagnons d'armes ou s'est trompé lui-même? Quoi ! cet homme d'honneur aurait menti ? Et pourquoi aurait-il menti ? Pour ne pas mourir les armes à la main, lui, brave entre les braves, et pour réserver sa tête au supplice ? C'est absurde, passons. Sombreuil se serait-il trompé? On peut se tromper sur une capitulation dont les articles nombreux, rédigés par des diplomates, prêtent aux interprétations diverses ; mais cette capitulation simple et sommaire, discutée de vive voix entre deux hommes d'épée, cette capitulation verbale qui n'a qu'un article : « A moi la mort, à tous mes compagnons la vie sauve ; ma vie pour toutes ces vies, » comment prêterait-elle à l'erreur ? Comment, lorsqu'il n'y a qu'une chose dite, peut-on se tromper sur la seule chose qui ait été dite?

Il y a donc eu capitulation. En veut-on une preuve de plus ? L'amiral anglais avait envoyé la corvette le *Lark* et des chaloupes canonnières dont les boulets frappaient une colonne de républicains qui s'était avancée le long de la côte. Ceux-ci réclamèrent. Vous avez vu que Sombreuil s'était écrié : « Qu'on dise à la corvette anglaise de cesser son feu. » M. de Chaumereix, qui rapporte ces paroles, ajoute : « Quelques personnes qui savaient l'anglais s'avancèrent vers le rivage et crièrent aux chaloupes de s'éloigner et qu'on avait capitulé. La corvette le *Lark* continuait à tirer. M. de Gesril de Papeu, officier de marine, se jeta à la nage, approcha de la corvette, sur laquelle il monta, et dit aux Anglais de cesser le feu ; puis, fidèle aux termes de la capitulation, il revint au milieu de nous. » Cette action de Gesril de Papeu achève la démonstration. S'il n'y avait pas eu capitulation, les républicains auraient-ils eu le droit de demander à Sombreuil de faire cesser le feu? Sombreuil eût-il donné cet ordre à Gesril et celui-ci fût-il revenu se constituer prisonnier?

Quelques-uns cependant n'ont pas eu la même confiance que Sombreuil dans la parole donnée, et l'intrépide Rotalier, qui a rendu tant de services à la tête de l'artillerie, s'est écrié : « Je désire que tout tourne bien ; mais pour moi, je ne veux entrer pour rien dans la capitulation, j'aime mieux me confier à cette mer furieuse qu'aux républicains. » En même temps, il lança son cheval dans les flots et fut assez heureux pour être recueilli par un canot anglais. Défiance injurieuse, si elle n'avait été cruellement justifiée ! Parole bien dure, si elle n'avait été si prévoyante ! Mais je m'arrête, j'ai fini le récit de l'expédition. Il n'y a plus de combattants, plus de soldats, plus d'ennemis : il n'y a plus que des prisonniers de guerre, des Français malheureux. Il me reste à faire le récit d'un martyre.

LE CHAMP DES MARTYRS

Chapelle expiatoire.

LE CHAMP DES MARTYRS

I

PREMIER INSTANT DE LA CAPITULATION. — MARCHES DES PRISONNIERS ROYALISTES VERS AURAY.

En expliquant le désastre de Quiberon, j'ai dit qu'il me restait à raconter un martyre et que je couronnerais par cette dernière page mon funèbre récit. Le moment est venu de tenir cette promesse. J'ai sous les yeux, on s'en souvient, le récit inédit d'une des victimes échappées au massacre, M. le comte Harscouet de Saint-Georges, et les écrits de MM. de Montbron, de Chaumereix, de Grandry, etc. J'ai relu et confronté ensemble les relations royalistes et les relations républicaines, à commencer par le rapport de Tallien à la Convention, le 9 thermidor, la correspondance de Hoche, le récit de Rouget de l'Isle, l'auteur de la *Marseillaise* et l'un des combattants républicains de Quiberon. J'ai bien des fois erré sur la côte de la Bretagne, théâtre et témoin de ces sinistres événements. Triste côte, solitaire et silencieuse, quand le silence n'est pas troublé par le clapotement des vagues et par la plainte lugubre du vent! Rivage inhospitalier qui, sur un grand nombre de points, se hérisse de roches granitiques, comme s'il voulait repousser l'étranger et arrêter par une infranchissable barrière les usurpations de l'Océan! Mais l'Océan n'écoute que la voix de Dieu, il ne s'arrête que lorsqu'elle lui dit : « Tu n'iras pas plus loin. » Sur la côte même du Morbihan, et dans cette baie de Quiberon dont le nom rappelle de si douloureux souvenirs, le terrible assiégeant s'est ouvert une brèche, et, comme l'a dit un des derniers écrivains qui aient parlé de la Bretagne, M. Loudun : « L'assaut de la mer a réussi ; la voilà établie en cette place, elle n'en sortira plus. De l'ancienne enceinte de la terre, il ne reste çà et là que quelques rochers isolés, Ouessant, Sein, Belle-Isle, Houad, Hœdic, bastions séparés du corps de la place, perdus au milieu de l'ennemi et destinés tôt ou tard à être engloutis. »

Debout sur le littoral où se sont passées ces scènes de luttes armées, puis de carnage ; sur ces roches mêmes d'où les femmes et les enfants tendaient les bras vers les embarcations anglaises, après le désastre, combien de fois n'ai-je pas évoqué les images de ce passé déjà lointain ! Je voyais arriver les vaisseaux sur lesquels l'élite de notre ancienne marine s'était donné rendez-vous avec les débris de l'armée de Condé. Ils débarquaient sous les ordres de Puisaye et d'Hervilly, pleins de joie et d'espérance, et embrassaient en pleurant cette terre de France qu'ils avaient craint de ne plus revoir. Les populations accouraient au-devant d'eux avec des vivres ; Tinténiac, Georges Cadoudal et Rohu, menant leurs redoutables bandes, se trouvaient au rendez-vous marqué.

L'évêque de Dol bénissait toute cette population, heureuse de se courber sous cette main épiscopale. Puis je voyais les fautes succéder aux fautes, la défiance et la dissension entre les émigrés et les chouans faire d'heure en heure de nouveaux progrès, par suite de l'injuste dédain du comte d'Hervilly pour des hommes intrépides, à qui il ne manquait du soldat que l'habit. Au lieu de marcher en avant et d'appeler autour de son drapeau la Bretagne, prête à se soulever en masse, il perdait le temps en tâtonnements, il se fortifiait dans la presqu'île de Quiberon, comme s'il eût voulu donner à Hoche, ce grand homme de guerre devant lequel il ne fallait pas commettre de faute, le temps de venir lui barrer le chemin avec ses bataillons endurcis au métier des armes et son artillerie. C'est ainsi que lorsqu'on aurait dû être assaillant, on se trouvait réduit à la défense ; que lorsqu'on aurait dû être assiégeant, on était assiégé. On avait laissé passer l'à-propos, qui, à la guerre, est la moitié de la victoire. On avait perdu le temps, ce grand élément du succès. On avait découragé ses auxiliaires et mis toutes les chances du côté de ses ennemis. Pour couronner tant de fautes par une dernière faute plus inexcusable, après avoir attendu si longtemps, si inutilement, on n'avait pas voulu attendre un jour de plus, un seul jour, pour donner à Sombreuil le temps de mettre en ligne ses quinze cents hommes d'élite, et de jeter ce poids dans la balance au moment où un suprême et décisif effort allait être tenté. On avait marché avec des cadres remplis de transfuges républicains qui désertaient avant, pendant, après chaque combat, et livraient les positions qu'ils étaient chargés de défendre. « Dès avant la journée du 16 juillet, dit le chevalier de Grandry, plusieurs des soldats recrutés dans les prisons d'Angleterre avaient passé à l'ennemi, et cette malheureuse journée ne contribua pas peu à augmenter la désertion. »

Telles avaient été les fautes du commandement tiraillé entre Puisaye, qui n'avait pas su se faire obéir, et d'Hervilly, qui n'avait pas su commander et qui n'avait compris ni le pays où il opérait, ni le genre de guerre qu'il convenait de faire, ni la population qui ne demandait qu'à le suivre, pourvu qu'il marchât, ni le jeune et redoutable adversaire qu'il avait devant lui. Mais, si le commandant avait commis des fautes, l'armée avait été admirable. Tous, excepté les recrues républicaines tirées des pontons, avaient fait leur devoir, plus que leur devoir : soldats, officiers, s'étaient battus avec une obstination héroïque. C'est alors qu'on avait vu, sur soixante-douze officiers de marine, cinquante tués ou laissés sur le champ de bataille, — quelle perte pour notre pavillon ! — et, sur le bataillon sacré des cent vingt vieux chevaliers de Saint-Louis, qui portaient leur croix suspendue à un ruban de laine faute d'être assez riches pour en payer un de soie, soixante-douze verser tout ce que la vieillesse avait laissé de sang dans leurs veines, afin de soutenir la renommée des armées royales devant l'armée républicaine.

Le sort en est jeté. On peut encore tuer et mourir, mais on ne peut plus vaincre. Il faut céder au nombre, à la supériorité militaire de Hoche, à la fatalité des fautes commises les jours précédents. Sombreuil, le frère héroïque de cette héroïque mademoiselle de Sombreuil qui but un verre de sang pour racheter la vie de son vieux père, s'est avancé vers Hoche ; il a stipulé la vie sauve pour ses compagnons et s'est excepté lui-même de la capitulation. Il est d'une famille où l'on se dévoue : il sait qu'il doit mourir, il en avait le pressentiment au départ, car il a fait déposer une pièce de crêpe noir sur le lit de sa fiancée [1], adieu funèbre, présage de deuil que les événements devaient sitôt réaliser.

Il y a eu capitulation, tout l'atteste, et tous les écrivains impartiaux qui ont étudié la question l'affirment ; non pas capitulation écrite, on n'écrit pas sur le champ de bataille, quand les épées et les baïonnettes sont croisées, mais capitulation verbale. Il y a eu capitulation, Sombreuil l'a affirmé devant ses juges, et plus tard devant Dieu, au moment de mourir, comme il l'avait annoncé à haute voix à ses compagnons en leur faisant mettre bas les armes. Et pourquoi leur aurait-il fait mettre bas les armes, ce jeune homme héroïque, s'il n'y avait pas eu capitulation ? Pourquoi aurait-il livré sa vie, s'il n'avait pas ainsi racheté la leur ? Pourquoi leur aurait-il ravi l'honneur de mourir de la mort du soldat, s'il n'avait pas reçu la promesse qu'ils ne mourraient point par la main des bourreaux ? Il y a eu capitulation ; car, s'il n'y avait pas eu capitulation, Sombreuil n'aurait point prescrit à l'intrépide Gesril de Papeu d'aller à la nage, au péril de

---

[1] M¹¹ᵉ de la Blache; je tiens ce fait du vicomte Joseph Walsh, alors en émigration. Elle épousa plus tard M. le comte d'Haussonville, et elle fut la mère de M. d'Haussonville, qui a figuré dans les assemblées politiques de notre temps.

sa vie, avertir la corvette anglaise, qui tirait des bordées meurtrières sur les colonnes républicaines, de cesser son feu, qui favorisait la résistance des débris des soldats royaux, et Gesril de Papeu, après avoir accompli cette mission, ne serait pas revenu pour se constituer prisonnier. S'il n'y avait pas eu capitulation, pourquoi aurait-il risqué deux fois sa vie, la première pour sauver les bourreaux de ses compagnons d'armes, et la seconde pour venir se remettre en leurs mains [1] ? Plus on creuse cette question, plus on rencontre l'évidence, plus on demeure convaincu qu'il y avait capitulation. Est-ce que, s'il n'y avait pas eu capitulation, tous ceux qui ont échappé au massacre de Quiberon, le comte Harscouet de Saint-Georges, M. de Chaumereix, le comte de Montbron, M. Villeneuve de la Roche-Bernard, le vicomte de Villegorio, le baron Charron, le chevalier Berthier de Grandry, affirmeraient qu'il y a eu capitulation ? Les témoins sont unanimes comme les victimes, les faits sont évidents, les preuves irrécusables. En voulez-vous une dernière ? Quand les soldats royaux ont mis bas les armes et qu'il s'agit de les conduire dans l'intérieur des terres, au milieu des ténèbres d'une nuit sombre et pluvieuse qui favorise-

---

[1] Gesril de Papeu était compagnon et ami d'enfance de Chateaubriand. Avant la Révolution, il était lieutenant de vaisseau. « Nous avons entendu souvent raconter à M. de Gourdeau, dit le rédacteur de la *Revue de Bretagne et de Vendée*, lequel, blessé au pied à Quiberon, avait rejoint à la nage la flotte anglaise, tous les efforts qui furent faits, notamment par le capitaine Keats et par l'amiral de Vaugiraud, pour retenir M. de Gesril. On alla jusqu'à lui refuser un canot. Il n'en fut pas moins inébranlable. « Je suis prisonnier de guerre, répondit-il, ma « parole est engagée. » Et il se jeta de nouveau à la mer. »

rait leur évasion, on leur demande leur parole d'honneur de ne pas chercher à s'évader. Ils la donnent et ils la tiennent. Où a-t-on jamais vu qu'on ait demandé à des gens à qui l'on n'aurait pas promis la vie sauve, la promesse de ne pas chercher leur salut dans la fuite, et que des victimes destinées à la mort se soient engagées d'honneur à ne pas faire tort de leur sang au bourreau?

J'entre ici de plain-pied dans mon triste sujet. D'après le témoignage de M. Harscouet de Saint-Georges, il était onze heures du matin quand, le 21 juillet 1795, Sombreuil ordonna aux débris de l'armée royale de poser les armes. « Nous obéîmes, dit ce témoin oculaire, calmes en apparence, mais la rage dans le cœur; un grand nombre de soldats et d'officiers républicains se mêlèrent alors à nos rangs, en répétant et en nous jurant, avec l'accent de la satisfaction, que nous aurions la vie sauve. » Le comte de Montbron apporte un témoignage analogue : « Restés seuls sur notre rocher, dit-il, la mer, qui s'élevait de plus en plus, allait nous séparer pour jamais de la terre des vivants, lorsqu'un officier républicain, faisant cesser le feu, nous cria : Venez! pourquoi voulez-vous mourir? Nous oublions tout; nous ne voyons plus en vous que des Français. »

Quand les armes furent ramassées, les soldats républicains fouillèrent les vaincus et s'emparèrent de tout ce qui était à leur convenance. Ils leur prirent jusqu'à leurs habits d'uniforme, qui étaient neufs, leurs chapeaux, que ceux-ci durent remplacer par les guenilles des vainqueurs et leurs feutres déformés. C'était le droit de la victoire. Les officiers républicains laissèrent faire leurs soldats, mais ils ne les approuvèrent pas. Ils firent même distribuer des vivres aux vaincus.

Il importe de faire ici remarquer le sentiment général qui se manifesta dans l'armée républicaine quand la lutte fut terminée. Ce sentiment, loin d'être hostile aux prisonniers royalistes, leur était, au contraire, favorable. Tallien lui-même, qui, une fois rentré dans l'atmosphère révolutionnaire de la Convention, se montrera si violent contre eux, semble touché de leur situation quand il rencontre les premiers détachements que l'on conduit au camp républicain : « Je me trouvais être du premier détachement, dit le chevalier de Grandry dans sa relation, et nous traversâmes le fort en même temps que le conventionnel Tallien y arrivait de son côté. Il nous aborda presqu'avec bienveillance, en nous disant : « Voilà, messieurs, une « journée bien malheureuse pour vous. » Et il y avait dans ces paroles, dans leur expression, dans l'attitude de celui qui les prononçait, une apparence d'intérêt. »

M. de Chaumereix, dans sa relation publiée, on s'en souvient, en 1795, l'année même du désastre, quand les souvenirs et les impressions avaient toute leur fraîcheur, rapporte un autre incident non moins digne de remarque : « Nous sortions du fort, dit-il, lorsque Tallien y entrait ; il était à cheval ; sa physionomie douce et agréable n'avait rien d'insultant. — « Voilà, m'écriai-je, une journée bien inattendue. — Oui, dit-il, avec modestie. » Et s'approchant de M. de Sombreuil : « Ah ! combien votre famille est malheureuse ! » Après avoir raconté cet épisode, M. de Chaumereix poursuit en ces termes : « Nous traversâmes l'armée en nous rendant au quartier général, qui était à Sainte-Barbe, sans entendre, je ne dis pas une injure, mais une parole désagréable. Nous apercevions partout un intérêt mêlé de pitié. » L'officier qui avait été chargé de la conduite au quartier général s'émut aux paroles de M. de Chaumereix, qui l'adjurait de leur épargner des outrages plus cruels que la mort, et il se pencha sur le col de son cheval pour lui dire : « Et comment ne serais-je pas touché de vos malheurs ! J'ai servi la même cause que vous, je la chéris peut-être autant. Je n'ai trouvé, pour moi et ma famille, un asile que dans les armées républicaines. »

Cet épisode peint le temps. Dans le camp des vainqueurs, il y avait des serviteurs de la cause vaincue, qui se lamentaient avec les prisonniers des misères de la situation.

En quittant M. de Chaumereix, l'officier dont il s'agit le serra dans ses bras et le recommanda à l'officier du poste suivant, auquel il dit : « Ayez soin de ces messieurs, ils ont fait leurs efforts pour épargner le sang républicain. » Ces paroles expliquent que ce dernier appartenait aux opinions républicaines. Cependant il ne montra pas moins de cordialité aux prisonniers. — « Il nous fit entrer dans sa tente et nous offrit du pain très-noir, poursuit l'auteur de la relation. Il s'excusa sur la qualité et la quantité : « Notre ration est petite, dit-il, mais je suis heureux de la partager avec vous. » Il ajouta d'une voix basse : « La République est une belle chose, mais nous mourons de faim. » En effet, cette armée manquait de tout. — « Mais, lui dis-je, nous serons plus à plaindre que vous. — Détrompez-vous, me répondit-il, vous avez deux

12.

titres bien puissants ici : vous êtes malheureux et royalistes. Vous verrez avec quel empressement on viendra vous secourir, vous êtes sur une terre amie et hospitalière : vous ne savez pas combien vous y êtes désirés. Je viens de la parcourir : le deuil était sur notre passage. Les mères, en nous montrant à leurs enfants, leur disaient : Voilà les soutiens de cette horrible Convention. »

Ce récit contemporain de l'événement jette une vive lumière sur la situation. Dans cette première heure du désastre, l'armée républicaine, presque tout entière, se montra bienveillante aux vaincus de Quiberon. Hoche et Tallien lui-même ne paraissent pas s'être soustraits à cette impression générale. Hoche reçut l'épée de Sombreuil et le présenta aux deux représentants, Tallien et Blad, qui intervinrent peut-être autant et plus que Hoche dans les promesses faites au jeune chef royaliste. Dans le trajet du fort Neuf au fort Penthièvre, un soldat républicain voulut forcer un officier du régiment de Rohan, M. de Croizet, à lui remettre des éperons d'argent qu'il portait. Hoche, qui survint, réprima sévèrement cet acte de violence [1]. L'armée elle-même subissait ce joug de la terreur qu'elle imposait ailleurs ; mais, si elle obéissait à la Convention, elle ne l'aimait pas. Ses plus nobles soldats n'étaient pas insensibles à l'horreur qu'inspirait dans les provinces où on les envoyait, cette assemblée homicide

---

[1] Ces deux faits sont rapportés par M. Muret, dans son intéressante relation de la catastrophe de Quiberon, puisée aux meilleures sources. Voir le quatrième volume de l'*Histoire des guerres de l'Ouest*, pages 172-174. M. Muret, en mentionnant la présence des deux représentants du peuple au quartier général, est d'accord avec la correspondance de Hoche.

contre laquelle s'élevaient les gémissements des enfants et la malédiction des mères. Comme à mesure qu'on s'éloignait de Paris l'épouvante perdait quelques-uns de ses droits, l'humanité reprenait les siens. « Je ne puis assez exprimer, dit M. Grandry dans sa relation, le sentiment de franche satisfaction avec lequel nous fûmes accueillis par les officiers et les soldats que nous trouvâmes au camp. Ils nous prenaient bras dessus, bras dessous, nous menaient dans leurs barraques ou dans leurs bivouacs, nous faisaient boire et manger ce qu'ils avaient, et beaucoup d'entre eux, nous traitant en frères, se réjouissaient d'une capitulation qu'ils croyaient sincère. »

Tallien lui-même se rappelait un instant qu'il était homme, et pouvait s'émouvoir des choses humaines. Il oubliait les arrhes sanglantes qu'il avait données à la révolution, cette terrible créancière, qui devait exiger jusqu'à la dernière obole le payement de la dette de meurtre. Hoche de son côté, cédant au sentiment de la générosité militaire, put ratifier par quelques paroles honorables la capitulation que la voix de son armée accordait aux émigrés, et que les calculs de sa politique, et le sentiment de son impuissance, aidés par le vague d'une convention verbale, lui firent nier plus tard. Il ne faut pas toujours supposer partout l'hypocrisie et la fraude. La mobilité de l'esprit humain est si grande, et les dispositions changent si vite sous le souffle d'une situation nouvelle, qu'il n'y a rien de surprenant à ce que le premier mouvement de Tallien n'ait pas tenu compte des exigences de sa situation révolutionnaire à la Convention, et à ce que le général ait craint de se commettre en réclamant l'exécution d'une capitulation à l'appui de laquelle aucun document écrit ne pouvait être publié. Ce qui me frappe, c'est que le gros de l'armée républicaine qui avait combattu à Quiberon n'étant pas influencé par les motifs qui modifièrent les dispositions de Tallien et celles de Hoche, persista, on le verra, jusqu'au bout, à regarder les royalistes comme des prisonniers de guerre, et à les traiter comme des vaincus honorables et des Français malheureux.

Hoche avait ordonné que le soir même du combat les prisonniers qui avaient été réunis vers une heure de l'après-midi au fort Penthièvre, puis au camp républicain, fussent conduits à Auray, qui est à environ vingt kilomètres du fort Penthièvre.

Les prisonniers attendirent pendant plusieurs heures l'ordre du départ. Enfin ils partirent en trois colonnes. La première était composée de milliers de femmes, d'enfants, de vieillards, qui, chassés de leurs villages par les violences des troupes républicaines et venus au-devant de l'armée expéditionnaire, s'étaient trouvés enfermés avec elle dans la presqu'île de Quiberon, à la suite du mouvement offensif de Hoche. Celle-ci n'alla pas loin: Quand elle eut fait une lieue dans les terres, c'est-à-dire à Plouharnel, on lui commanda de se disperser; ce n'étaient point des adversaires capables de combattre, c'étaient une foule de bouches inutiles à nourrir. Les deux autres colonnes, formées des débris de l'armée royale et des chouans, et montant à plusieurs milliers, à cinq mille, suivant le chiffre donné par Hoche lui-même [1], furent divisées en deux

---

[1] Les prisonniers se divisaient ainsi dans le recensement qui en fut fait, dit M. Muret : officiers émigrés 278, soldats émigrés 260, habitants de Toulon 492, soldats républicains enrôlés 1632, chouans 3600. *(Histoire des Guerres de l'Ouest*, tome IV, page 175.)

colonnes et acheminées sur Auray, par des routes différentes, sous l'escorte de soldats républicains. Le général Humbert, qui commandait l'escorte, prévoyant que dans des colonnes formant une ligne aussi longue il serait impossible de prévenir les évasions, surtout pendant une marche qui s'achèverait de nuit, demanda aux émigrés leur parole de ne pas chercher à s'enfuir ; ils s'y engagèrent, et le signal du départ fut donné.

Cette promesse demandée aux prisonniers de ne pas chercher à s'enfuir, et sur laquelle je reviens encore, à cause de la gravité du fait, est une dernière et décisive preuve à l'appui de la capitulation. On ne saurait demander un engagement pareil à des gens voués à la mort. A quel titre s'engageraient-ils à abdiquer leur dernière chance de salut, et renonceraient-ils à chercher la liberté dans la fuite, pour marcher à un supplice certain? Or il n'est pas douteux que cette promesse fût demandée et souscrite. Les témoignages royalistes et républicains sont en parfaite concordance sur ce point, et les faits achèvent la démonstration.

M. de Chaumereix dit, dans sa relation : « Avant le départ, l'officier républicain qui commandait l'escorte dit à M. de Sombreuil qu'on nous traiterait avec les égards dus aux prisonniers de guerre, mais qu'il espérait que personne ne chercherait à s'échapper. L'escorte était faible et accablée de fatigue ; les mauvais chemins forçaient à chaque instant de rompre l'ordre et de se jeter dans les champs ; le temps était très-obscur. Obligé de m'arrêter, la colonne me dépassa ; je m'égarai. J'appelai à haute voix ; on me répondit, et je m'approchai de deux

12*

soldats qui me reconduisirent au détachement. A notre arrivée à Auray, il ne manqua personne. »

Le chevalier de Grandry apporte un témoignage analogue : « Les soldats qui composaient notre escorte, dit-il, nous étaient si inférieurs en nombre, qu'ils marchaient à environ six pas les uns des autres ; et rien ne nous eût été plus facile que de les désarmer, si nous eussions eu le moindre soupçon que la capitulation pouvait être violée. Dans tous les cas, ils n'auraient pu s'opposer à notre évasion à travers les bois, par la nuit la plus sombre, dans un pays dont nous savions que tous les habitants étaient bien disposés en notre faveur. Beaucoup eussent échappé sans doute, et rien de pire ne serait arrivé à ceux qui auraient été repris. Des officiers, des soldats, nous en donnaient le conseil : « Filez, filez, nous disaient-ils, c'est le plus sûr. » Si quelques-uns profitèrent de ce prudent et fidèle avis, ce fut un bien petit nombre ; car, à peu d'exceptions près, chacun croyait sa foi personnelle engagée par celle du général. »

Le capitaine républicain Rottier a confirmé le témoignage des prisonniers royalistes, sur le serment qu'on leur demanda de ne pas chercher à s'éloigner : « Ce serment, dit-il, avait été exigé des émigrés, parce qu'on ne pouvait leur donner une escorte assez nombreuse pour s'assurer de leur docilité. »

Les faits, comme je l'ai dit, viennent donner le dernier caractère d'évidence à cette démonstration. La longueur et la difficulté du chemin, l'obscurité qui était profonde, la proximité des bois, le petit nombre des républicains, la sympathie des habitants du pays, tout favorisait la fuite des prisonniers royalistes. Ils ne s'enfuirent pas ; c'est donc qu'ils avaient la promesse d'avoir la vie sauve. On peut ne pas risquer sa vie pour conquérir sa liberté, mais qui hésiterait à tout risquer pour sauver sa vie ?

II

ARRIVÉE DES PRISONNIERS A AURAY. — PREMIÈRES JOURNÉES DE LEUR SÉJOUR.

De Quiberon à Auray, les deux colonnes de prisonniers suivirent des chemins différents. La première colonne arriva à onze heures du soir ; la seconde, qui s'égara en route, ne parvint à sa destination qu'à deux heures du matin. La nuit était pluvieuse et sombre, le pays coupé de fossés et de haies, l'escorte républicaine si peu forte, qu'un officier républicain disait plus tard : « Ce n'étaient pas les royalistes qui étaient nos prisonniers, c'étaient nous qui étions les leurs, s'ils l'avaient voulu. » La route de Quiberon à Auray n'était pas celle d'aujourd'hui ; elle inclinait davantage sur la droite, vers le petit bras de mer situé entre Carnac et Crach. Cette route, mal frayée, obligeait sans cesse les files de soldats républicains à se rompre ; et parmi ceux-ci il y avait des officiers généreux qui, prévoyant sans doute le sinistre dénoûment de cette affaire, disaient à demi-voix à leurs prisonniers : « Sauvez-vous ! » Mais les émigrés avaient donné leur parole de ne point tenter de s'évader, et l'inflexible honneur leur était un meilleur gardien que la faible escorte qui les conduisait. Ceux qu'on laissait en arrière appelaient pour qu'on les attendît. Quelques-uns, qui s'égarèrent tout à fait, vinrent le lendemain se constituer prisonniers. Magnanime confiance, qui aggrave devant la postérité le parjure de la Convention [1] !

Quand la première colonne arriva à Auray, vers dix heures du soir, les rues étaient désertes et silencieuses, mais les maisons étaient intérieurement éclairées. « Toutes les femmes étaient à leurs fenêtres avec des lumières, dit M. de Chaumereix. Je les examinai attentivement ; je vis l'expression de la plus tendre pitié. Des larmes coulaient de tous les yeux ; les regards se portaient sur nous, quelquefois avec effroi : ils semblaient craindre de rencontrer un frère, un fils, un ami [2]. » Les prisonniers s'avançaient en silence, et leur entrée à Auray, au milieu des ténèbres de la nuit, avait quelque chose de lugubre. Ce n'était pas dans ce triste appareil et comme des vaincus qu'on avait espéré les y voir !

Les prisonniers de la première colonne furent entassés dans l'église de Saint-Gildas, trop petite pour les contenir. Sombreuil marchait avec Mgr d'Hercé, évêque de Dol, à la tête de cette première colonne. M. de Chaumereix, qui était entré avant lui et qui avait pris possession d'un banc de pierre, s'aperçut que son général cherchait une place pour s'asseoir. « Je lui offris de partager la mienne, dit-il,

---

[1] M. Muret dit, dans son *Histoire des guerres de l'Ouest* : « Bon nombre de chouans et de prêtres profitèrent de ces moyens de salut. Tous ceux qui voulurent se sauver y réussirent ; mais les émigrés persistèrent dans leurs rigoureux scrupules. » (Tom. IV, pag. 177.)

[2] Relation de M. de Chaumereix, page 12.

il accepta, et ce fut l'occasion de notre connaissance. Il ne cessa de me parler des malheurs de cette journée. Son cœur se dévoila tout entier : il ne se faisait aucune illusion sur le sort qui l'attendait; mais, inaccessible à la crainte, cette âme jeune et fière regrettait vivement la gloire. Ce sentiment était souvent tempéré par des souvenirs tendres et touchants...[1] Épuisés de fatigue, nous nous endormîmes. Je m'éveillai le premier, mes regards tombèrent d'abord sur lui. Quel calme! Je donnai involontairement quelques larmes à tant de beauté, de jeunesse et d'espérances. »

Quand la seconde colonne de prisonniers parvint à Auray, entre minuit et une heure, on les entassa dans l'église des Cordeliers. Dans l'une et l'autre de ces prisons improvisées, la nuit fut cruelle. Une seule lampe allumée jetait une clarté douteuse et lugubre sur ces hommes dont un assez grand nombre étaient blessés, à qui l'espace manquait et qui étaient étendus sur de froides dalles, sans même avoir de la paille pour reposer leurs membres endoloris. « Je passai cette première et cruelle nuit, dit le chevalier de Grandry, sur les marches du grand autel, étouffé, pour ainsi dire, sous le poids de mes camarades, qui s'étaient étendus sur moi. » Par un de ces étranges contrastes qui se rencontrent dans la vie humaine, le chevalier de Grandry, un des rares survivants de l'armée de Quiberon, devait, huit ans plus tard, s'agenouiller sur les marches du même autel de l'église de Saint-Gildas, pour recevoir la foi d'une jeune parente de Sombreuil ; de

[1] On a vu qu'au moment où il reçut l'ordre du départ, M. de Sombreuil allait épouser Mlle de la Blache.

sorte que le même sanctuaire lui rappelait ses plus grandes douleurs et ses plus grandes joies.

Dans ces premiers moments, un indescriptible désordre régnait. Les prisonniers demeurés en arrière arrivaient par petites bandes et sans escorte; et, ne trouvant ni prison disposée pour les recevoir ni logis ouvert au milieu de la nuit, ils s'étendaient dans la rue [1].

Le lendemain matin 21 juillet, de huit à onze heures, on procéda au triage. On sépara les officiers des soldats et des sous-officiers, en prétextant qu'on réservait aux premiers un traitement plus en rapport avec leur position et leur grade. Ils furent tirés des deux églises et transférés à la grande prison dite des Anglais. Cette mesure avait éveillé leurs inquiétudes. Les officiers firent, à partir de ce moment, les plus vives instances auprès des sous-officiers de leurs régiments, pour les décider à ne point s'associer à leur sort, et à demander à partager la prison des soldats. Plusieurs s'y refusèrent d'une manière absolue.

Le comte Harscouet de Saint-Georges, dont je suis ici pas à pas la relation manuscrite, raconte à ce sujet le trait d'un sous-officier nommé François Jocquet, de Saint-Paul-

---

[1] « Mes compagnons, ne trouvant aucun asile, se couchèrent dans la rue, sur le pavé, sans avoir pris aucun aliment depuis la veille. Je me hasardai d'entrer dans quelques maisons ; je dis que j'étais soldat républicain, et, malgré la disette où l'on était, je me fis ainsi donner des vivres que nous partageâmes. En allant à la découverte une seconde fois, j'abordai un officier qui faisait la ronde dans la rue, et, après un moment d'entretien, il me proposa de passer la nuit chez lui, au lieu de coucher dehors. Cet officier si humain était le commandant de la place..... Je l'engageai à faire conduire chez lui une vingtaine de malheureux qui restaient dans la rue. Il y consentit sans peine, et, non moins poli qu'humain, il passa la nuit à les entretenir. » (*Récit de l'évasion d'un officier*, par M. de Montbron, page 24.)

de-Léon : « Il eût pu se sauver, dit-il, en demeurant parmi ceux de sa classe ; il nous supplia, les larmes aux yeux, de le laisser se mêler à nous ; notre cause, répétait-il, était la sienne ; il l'avait embrassée du cœur, et nous était si étroitement attaché, que, quelque danger qu'il y eût à nous suivre, il ne voulait plus nous quitter. » Nous lui fîmes les plus vives et les plus affectueuses représentations. Ce fut en vain. Il fallut céder. Ce noble soldat avait déjà un titre à notre considération. Au moment de la capitulation de Quiberon, le quartier-maître du régiment du Dresnay lui avait remis l'or qui se trouvait dans la caisse. François Jocquet enveloppa dans un mouchoir la main dans laquelle il tenait cet or, et la suspendit à un autre mouchoir mis en écharpe autour de son cou, comme si cette main était blessée. Les républicains, au moment où ils nous fouillèrent, ne soupçonnèrent pas son stratagème et ne dénouèrent point le mouchoir, qu'ils prirent pour un appareil. Enfermé dans la prison d'Auray, Jocquet remit aux officiers l'or qu'il avait ainsi sauvé, et qui fut partagé entre les officiers du régiment du Dresnay qui se trouvaient dans la prison. Le digne Jocquet eut, quelques jours plus tard, la récompense de son courage et de sa vertu ; condamné à mort, il mourut en soldat et en chrétien. Trois autres sous-officiers partagèrent son sort ; leurs noms étaient Boishue, Dulargèz de Porzou et Flamant, jeune bourgeois de Quimper. »

Le lendemain de leur translation à la grande prison d'Auray, c'est-à-dire le 22 juillet, à quatre heures de l'après-midi [1], les prisonniers furent conduits entre deux

[1] C'est M. de Chaumereix, qui indique ce jour et cette heure ; or, comme il écrivit sa relation en 1795, ses souvenirs devaient être présents.

haies de soldats, état-major et musique en tête, à un quart de lieue d'Auray, sur la grande route qui conduit à Henbon et d'Hennebon à Lorient, où il y avait trois mille hommes en bataille. Où les menait-on? Quel allait être leur sort? Les appréhensions furent vives, on commençait à supposer aux républicains de sanglants projets. Cette fois, la République, ce sinistre pasteur, se contenta de compter et d'examiner son troupeau. Quand les royalistes rentrèrent à Auray, toujours deux à deux, entre une double haie de soldats, les habitants ne continrent pas l'expression de leur étonnement et de leur joie; ils n'espéraient plus les revoir. Alors les esprits s'ouvrirent à de meilleures espérances. Les habitants de la ville, les femmes surtout, qui sont toujours les premières quand il y a des malheurs à secourir et des afflictions à consoler, offrirent aux autorités leurs secours et leurs services pour les prisonniers. La République n'était ni riche ni généreuse, elle les accepta. Alors, dans la cour de la prison qui était spacieuse, on établit pour chaque corps une chaudière. Les vivres furent fournis, à peu de choses près, par les habitants d'Auray; aliments, médicaments, soins, consolations, rien ne manqua aux prisonniers, que la République regardait comme sa proie, mais que la ville d'Auray regardait comme ses hôtes. Ceux qui survécurent ont payé, dans leurs récits, la dette de reconnaissance que ceux qui ont succombé ont emportée dans leur tombeau.

Au retour de la revue passée sur la route d'Hennebon, M. de Sombreuil, qui jusque-là partageait la prison de ses compagnons d'armes, fut séparé d'eux. On le plaça seul dans la principale auberge de la ville, dans le Pavillon d'en haut où un officier de gendarmerie fut chargé de le garder à vue. Deux sentinelles furent posées sur le seuil de sa chambre; les portes extérieures de l'auberge furent gardées militairement. Plusieurs jours s'écoulèrent ainsi. Qu'était devenu M. de Sombreuil? on l'ignorait dans la prison commune. Quelle résolution prendrait-on relativement aux détenus de la prison dite des Anglais? Les prisonniers n'entendaient rien dire à cet égard. On ne savait rien dans la ville. S'il y avait eu quelques nouvelles favorables, les amis et les bienfaiteurs des captifs se seraient hâtés de les leur apporter. Seulement les Alréens, qui étaient au fait des us et coutumes révolutionnaires, tiraient une augure favorable de ce que les royalistes n'avaient pas été fusillés dans les vingt-quatre heures après avoir été pris en armes sur le territoire de la République. C'était la loi, c'était l'usage. Pour qu'on y eût dérogé, disaient-ils, il fallait que la Convention nationale eût pris en considération la capitulation militaire conclue entre Hoche et Sombreuil. Cependant une inquiétude se mêlait à cet espoir que les amis des royalistes cherchaient à entretenir dans leur âme. Hoche, dont la parole les couvrait, s'était sur-le-champ éloigné; le 23 juillet, il était à Quiberon; il écrit en effet, à cette date, de cette ville, au Comité de salut public, après avoir fait l'inspection des munitions et des vivres trouvés dans la presqu'île; il était, le 26, à Landevant, d'où il partit pour les Côtes-du-Nord, à la poursuite d'une colonne de chouans, puis il se rendit à Rennes. Tallien, témoin de la capitulation, était parti dès le 21. Blad, son collègue, regardé comme plus violent que lui, était resté à Vannes; le général Hum-

13

bert avait le commandement d'Auray; le général Lemoine celui du département. De jour en jour les troupes républicaines qui avaient combattu les royalistes à Quiberon et qui savaient comment les choses s'étaient passées recevaient des ordres de départ. Plusieurs d'entre les officiers républicains avaient fait à leurs anciens adversaires des adieux remplis de tristes pressentiments [1]. Que se passait-il donc à Paris? Que se préparait-il en Bretagne? Pourquoi éloignait-on les auteurs et les témoins de la capitulation de Quiberon?

III

TALLIEN A PARIS. — SON DISCOURS A LA CONVENTION, LE 9 THERMIDOR AN III. — TÉMOIGNAGE DE ROUGET DE L'ISLE.

Ce qui se passait, les prisonniers et les habitants d'Auray ne le savaient pas, mais l'histoire l'a raconté depuis. Hoche s'était hâté de partir. Quelques-uns de ses biographes lui ont prêté, en se trompant sur les dates, une lettre généreuse qu'il aurait écrite à la Convention, immédiatement après son succès, et où se trouverait cette phrase : « L'humanité ne peut-elle élever la voix? Songez-y, citoyens représentants, cinq mille Français! » J'ai inutilement cherché, à la date indiquée, cette lettre dans la *Correspondance du général Lazare Hoche* publiée à la suite de sa Vie par Alexandre Rousselin en l'an VI. En revanche, j'y ai trouvé d'autres lettres dont on n'a point parlé. Le 2 thermidor (21 juillet), Hoche écrivait au général

---

[1] Relation des prisonniers royalistes.

Chérin, son chef d'état-major et son ami : « Les principaux officiers émigrés sont tués ou blessés à mort. Puisaye, l'astucieux scélérat, demande à parlementer, ce que nous ferons à coups de canon. Les républicains, enrôlés de force dans les prisons d'Angleterre, viennent en foule voir leurs amis, vous pensez bien qu'avant de les mettre en liberté nous saurons quels y sont ! »

Le même jour, une seconde lettre part à la même destination, et, pas plus que dans celle qu'on vient de lire, on n'y voit percer le sentiment d'une généreuse compassion pour les infortunés prisonniers de Quiberon. Le général républicain semble bien plus préoccupé de faire valoir son succès, en laissant de côté les circonstances de trahison qui l'ont singulièrement facilité :

« Citoyen général, écrit-il, les valeureuses troupes que je commande ont, à deux heures du matin de ce jour, emporté d'assaut le fort Penthièvre et le camp retranché de la presqu'île, dont elles se sont emparées sans faire halte. N'ayant d'autre alternative que de se jeter à la mer ou d'être passée au fil de l'épée, la *noble* armée a mis bas les armes. Elle arrive prisonnière à Auray conduite par quatre bataillons. »

La version d'Hoche sur l'affaire du 20 juillet est déjà là tout entière. Rien qui puisse faire soupçonner qu'il y ait eu des pourparlers entre les républicains et les royalistes, une conférence entre le chef des premiers et Sombreuil. Et cependant, on a vu, on continuera à voir par la suite de ce récit d'une manière plus éclatante encore, qu'il est impossible de douter que cette conférence ait eu lieu, que des promesses aient été faites, et qu'elles aient déterminé Sombreuil à rendre son épée et à faire déposer les armes au reste de ses compagnons. Hoche n'en parle point, et quand Sombreuil ne sera plus là pour le contredire, il le niera. Sa lettre a été souvent citée, mais, dans aucune relation, je crois en être sûr, on n'indique la date qu'elle porte; j'ai vérifié cette date dans l'ouvrage déjà cité[1], c'est le 16 thermidor, c'est-à-dire le 6 août 1795, six jours après l'exécution de Sombreuil; dans cette lettre d'envoi, écrite aux journaux, et qui accompagnait une copie de la lettre que Sombreuil avait prié Hoche de faire parvenir au commodore anglais sir John Warren, on lit ce qui suit : « Il y a erreur dans la lettre que je publie; j'étais à la tête des 700 grenadiers qui prirent M. de Sombreuil et sa division. Aucun soldat n'a crié que les émigrés seraient traités comme prisonniers de guerre, ce que j'aurais démenti sur-le-champ. »

Je donnerai plus loin *in extenso* ce document; ici, cette courte citation suffit : elle établit clairement que Hoche n'eut pas le courage de la générosité qu'il avait eue. Il s'est fait sa part, il est juste qu'il la garde devant la postérité.

Reste la lettre où il parle des cinq mille Français. Elle ne s'applique pas aux émigrés de Quiberon, car elle est du 22 thermidor an III (11 août 1795), il y a donc déjà onze jours que les conseils de guerre fonctionnent à Vannes, sept à Auray, et que la grande tuerie a commencé, et l'on va voir par la teneur qu'il s'agit inclusivement des chouans. Cette lettre est adressée au comité de salut public. En voici un fragment :

[1] *Vie de Lazare Hoche, suivie de sa correspondance,* par Alexandre Rousselin, publiée en l'an VI.

« Nous avons près de cinq mille chouans prisonniers. Ils sont presque tous réclamés par les administrations des districts qui leur délivrent un certificat de civisme, et l'on est contraint d'attendre le retour de Blad qui est à Nantes pour savoir ce qu'il convient de faire. Ces hommes ont été pris les armes à la main dans un rassemblement ; la loi du 25 brumaire est formelle à cet égard. Si l'humanité peut parler en faveur des coupables, c'est sans doute lorsque la politique se joint à elle pour demander que la hache terrible soit suspendue. Cinq mille citoyens Français ! Si l'on pouvait profiter de cette circonstance pour exiger le désarmement[1] ! »

Après avoir suivi pas à pas Hoche, tâchons de nous rendre compte du rôle de Tallien.

Tallien, qui était allé prendre les ordres de la Convention, car il n'aurait pas osé frapper un aussi grand nombre de victimes sans son commandement exprès, et il aurait encore moins osé leur donner, sans ce commandement, la vie sauve qu'il leur avait promise, Tallien n'eut point le courage de présenter les choses comme elles s'étaient

---

[1] C'est certainement à cette lettre que Rouget de l'Isle, l'auteur de la *Marseillaise* et l'un des combattants républicains de Quiberon, fait allusion lorsque dans un récit tracé quarante ans après l'événement et auquel nous ferons de nombreux emprunts tout à l'heure, il écrit ces lignes : « En quittant l'armée, Hoche avait écrit au comité de salut public pour lui représenter que d'accord avec l'humanité la politique demandait que les insurgés chouans ou autres fussent épargnés, et que le glaive de la loi ne frappât que les chefs des émigrés. »

La phrase de Hoche est sous les yeux des lecteurs. Hoche l'a écrite, non en quittant l'armée, mais quinze jours après l'avoir quittée, et quand depuis onze jours déjà le massacre était commencé. Il n'y a pas un mot qui concerne les émigrés.

passées. La femme qui l'avait excité à attaquer Robespierre le 9 thermidor, et qu'il avait épousée depuis, Mme de Fontenay, devenue Mme Tallien, avait écrit à son mari, la veille de son départ pour Vannes : « Je vous ai attendu jusqu'à onze heures pour vous conjurer de nouveau de refuser la mission de la Vendée. On veut vous perdre... comment ne le voyez-vous pas ? Votre nomination est déjà une vengeance. Que prétendez-vous faire ? Ignorez-vous les cruelles prescriptions que vous serez forcé d'exécuter si l'expédition échoue ? Deviendrez-vous ainsi le bourreau officiel des malheureux dont vous sauvâtes les familles au 9 thermidor ? Voudriez-vous faire croire, en descendant si bas, que vous ne cédâtes, à cette époque expiatoire et régénératrice, qu'à une impulsion étrangère ? Ah ! ne ternissez pas ainsi votre gloire ! Refusez cette mission dont les résultats trop faciles à prévoir couvriront de nouveau la France de deuil et d'opprobre. Que craignez-vous par ce refus ? De vous rendre plus suspect aux gens dont vous vous séparâtes si honorablement le 9 thermidor ? Que vous importe ! Vous me répondrez, comme à l'ordinaire, que vous êtes républicain ; que, refoulé dans les rangs des républicains par vos souvenirs et par ceux des gens que la reconnaissance même ne peut faire taire, vous ne pouvez plus suivre une autre ligne sans déshonneur... Je ne vous demande qu'une chose, c'est de ne pas être assassin. Ne vous irritez pas, le mot est juste ; vous ne pouvez pas être autre chose si vous partez pour la Vendée. »

Le lendemain, après le départ de Tallien, Mme Tallien lui écrivait encore :

« Vous êtes parti sans écouter ma voix, celle de votre

conscience, vous êtes parti ! Vous seul n'avez pas compris que ceux qui vous donnaient cette mission ont voulu vous replacer dans leurs rangs avec tous les désavantages d'un homme qui les avait désertés et qu'ils regardent comme un faux frère qu'ils doivent surveiller. Aussi vous ont-ils donné un adjoint. Ainsi vous obéissez au parti que vous avez terrassé. »

Ces deux lettres de Mme Tallien, qui introduisent le lecteur dans les scènes les plus intimes de l'histoire et, qu'on me passe ce terme, dans ce laboratoire secret où se préparent les événements, expliquent la conduite de Tallien, qui avait accompli sa mission sous la surveillance de Blad, député du Finistère, ce régicide qui déclarait que « la constitution de 1793 avait été promulguée au milieu des foudres et des éclairs de la sainte montagne. » Les terroristes, ses anciens complices, lui avaient tendu un piège en lui confiant la mission de Vendée; Tallien y tomba.

L'histoire possède un précieux témoignage sur les dispositions de ce conventionnel, au moment où il quittait Vannes, c'est celui de Rouget de l'Isle, l'auteur de la *Marseillaise*, qui avait pris part, dans les rangs républicains, à l'affaire de Quiberon, et qui revenait à Paris dans la même voiture que Tallien. Rouget de l'Isle, par respect pour la mémoire du général Hoche, a nié l'existence de la capitulation, dans la relation qu'il a publiée [1]. Son récit vient cependant confirmer d'une manière éclatante les témoi-

---

[1] *Souvenirs historiques de Quiberon*, publiés par Rouget de l'Isle en 1836 dans les *Mémoires de tous*.

gnages que nous avons réunis, les preuves que nous avons apportées pour établir la réalité de ce fait historique. Il reste, en effet, évident, après qu'on l'a lu, que Tallien emportait de Vannes l'idée que nous avons trouvée chez le général Hoche, chez le général Humbert, chez tous leurs soldats, c'est que les vaincus de Quiberon devaient être traités en prisonniers de guerre.

« Tallien et moi, dit-il [1], partis de Vannes le 22 juillet, nous arrivâmes à Paris le 28, veille du 9 thermidor. Je dois rendre cette justice à Tallien que, depuis le moment de son départ, il ne fut occupé que d'une idée, sauver les émigrés pris à Quiberon. Elle fut le thème exclusif de nos entretiens, auquel s'associait la recherche la plus active de la meilleure marche à suivre pour atteindre le but qu'il se proposait, et pour diriger vers ce but l'ascendant et la faveur dont, selon toute apparence, il allait de nouveau jouir dans la Convention. La nuit, soit en voiture, soit lorsque la nécessité de ménager nos escortes nous forçait de nous reposer dans quelque auberge, je l'entendais se réveiller en sursaut et m'appeler pour recommencer la conversation de la veille et tâcher de mettre un terme à son *irrésolution* qui s'augmentait à mesure que nous approchions de Paris. Elle ne se fixa qu'à la porte de cette ville. Le plan qu'il adopta fut de ne point ébruiter son retour, et, le lendemain, de paraître à la tribune à l'heure même où, l'année précédente, il y avait dénoncé Robespierre et ses complices. Là, dans un discours où il s'interdirait toute réflexion qui pût trahir une arrière-pensée favorable aux émigrés, de tracer avec feu le

[1] Page 126 de l'écrit plus haut cité.

tableau de l'affaire de Quiberon, les suites qu'un pareil succès promettait pour l'affermissement et la prospérité de la République, le désespoir, l'humiliation de ses ennemis, l'infatigable intrépidité de nos soldats, l'héroïsme calme et brillant de leur général, et les faits principaux qui avaient illustré cette journée, où peu de troupes combattirent, mais décisive par l'immensité de ses résultats.... Après ce récit, et lorsque l'enthousiasme et les transports qu'il ne pouvait manquer d'exciter dans une assemblée aussi impressionnable se seraient calmés, Tallien devait reprendre la parole, et, faisant un appel à la générosité nationale, au nom de l'humanité, de la victoire, du général et de son armée, demander amnistie entière pour les insurgés, et que la vie ne fût accordée aux émigrés que sous la condition irrévocable d'un bannissement perpétuel. »

Voilà bien la pensée que nous avons trouvée dans tous les esprits, dans tous les cœurs à Quiberon, dans le cœur du général Hoche, du général Humbert et de leurs soldats. Mais à Paris les dispositions de Tallien changèrent, comme il est impossible d'en douter après avoir lu son discours à la Convention. Comment changèrent-elles ? Une induction logique, voisine de l'évidence, suffirait pour nous donner le motif de ce changement. Tallien avait mis cinq jours à venir de Vannes à Paris. C'était trop. Pendant que la pitié marchait ainsi d'un pied boiteux, la colère, la fureur et la haine avaient des ailes. Tallien trouva à Paris des lettres qui y étaient arrivées avant lui. Il trouva la correspondance de son collègue le conventionnel Topsent, écrite de Lorient; celle du conventionnel Corbel, écrite de Brest. L'un disait : « Il faut envoyer sans délai ces messieurs faire leur paradis dans l'éternité. » L'autre : « Il serait trop long de se servir du rasoir national, il faut que la fusillade en fasse raison. » Il put savoir quelles étaient les dispositions haineuses des autorités civiles du Morbihan, qui prenaient les devants sur la décision de la Convention, et dont les dépêches avaient certainement été reçues à Paris avant l'arrivée de Tallien dans cette ville. Dans les pays de guerres civiles, l'intensité des haines est en raison directe du degré de proximité. Le parti révolutionnaire se sentait en infime minorité en Bretagne, en Morbihan surtout; il avait éprouvé une véritable épouvante à la nouvelle de l'expédition de Quiberon; peut-être n'était-il pas encore rassuré, car la flotte anglaise était en vue de la côte, et des colonnes assez nombreuses de chouans sillonnaient la campagne ; à sa violence naturelle venaient donc s'ajouter les excitations de la plus cruelle de toutes les passions, celle de la peur. Si l'on veut juger de ce que le directoire du Morbihan pouvait écrire à Paris, il suffit de consulter ses actes. Dès le 7 thermidor (25 juillet) il prenait un arrêté pour témoigner son indignation de la tolérance qu'on montrait aux prisonniers : « Sombreuil était, pour ainsi dire, prisonnier sur parole ; plusieurs autres n'étaient pas, pour ainsi dire, détenus, puisqu'ils communiquaient avec les personnes du dehors. » Par le même arrêté, le directoire du Morbihan requérait l'état-major de la 5ᵉ division de l'armée des côtes de Brest, sous sa responsabilité, de former une commission militaire de cinq personnes pour juger les prisonniers. En attendant, il serait ordonné que « tous ceux des émigrés, chouans et leurs complices, pris et arrêtés à Quiberon, et qui ne seraient pas actuellement en détention close, y seraient à l'instant rétablis. »

Nous touchons ici du doigt les motifs qui ont renversé le plan auquel s'était arrêté Tallien aux portes de Paris, comme le raconte Rouget de l'Isle. Il a été distancé par les dépêches et les impressions venues de Vannes, de Brest, de Lorient.

Il trouve, à son arrivée de Vannes, une situation qu'il n'avait pas prévue. Le témoignage de Rouget de l'Isle, qui a ici tant d'autorité, vient confirmer d'une manière irréfragable les inductions logiques que j'ai présentées :

« Pendant l'absence de son mari, dit-il, Mme Tallien, quoique vivant dans une retraite profonde, recevait les visites journalières de Lanjuinais, qui, Breton et député, attachait un double intérêt aux événements du Morbihan, et venait chercher auprès d'elle les nouvelles très-rares qui en arrivaient ; en même temps, il la tenait au courant de ce qui se passait à la Convention, si orageuse à cette époque. Bientôt il lui annonça que, chaque jour, le gouvernement recevait les dénonciations les plus violentes contre Tallien ; qu'elles le représentaient comme vendu à l'Espagne et au parti de l'émigration ; que, d'autre part, les émigrés divulguaient dans toute l'Europe qu'ils étaient sûrs de lui ; disaient hautement qu'un royaliste seul pouvait avoir fait le 9 thermidor, et que l'événement de Quiberon en ferait foi. Lorsque nous descendîmes chez Tallien, Lanjuinais venait de quitter sa femme, après l'avoir avertie que les dénonciations se multipliaient à l'infini, qu'elles avaient donné de l'ombrage aux comités de gouvernement, et que des bruits sinistres couraient sur leurs intentions. Cette jeune femme, tout effrayée, s'empressa de faire part à son mari des confidences de Lanjuinais. Pendant qu'elle parlait, Tallien me regardait fixement, et je lus dans ses yeux que je ne devais plus compter sur son intervention en faveur des prisonniers. »

Il est impossible de conserver le plus léger doute, après cette révélation d'un témoin oculaire, qui dit ce qu'il a vu, raconte ce qu'il a entendu, et qui, loin d'être hostile à Tallien, était son ami, son protégé, car Rouget de l'Isle lui dut de rentrer dans l'armée active, après avoir combattu comme volontaire à Quiberon. Pour Tallien, la question n'est plus entière. Il faudrait se mettre en travers du courant de la passion révolutionnaire; Tallien recule. Il y avait, à Rome, une sorte d'esclaves qui appartenaient à la peine à laquelle ils avaient été condamnés; dans son énergique brièveté la langue latine désignait le malheureux voué à cette chaîne sous ce nom : *servus pœnæ*, l'esclave de la peine. Dans la Révolution il y avait des misérables livrés par leurs précédents à la chaîne du crime; on pouvait dire de chacun d'eux : *Servus sceleris*, l'esclave du crime, car il lui appartenait comme à un maître inexorable. Tallien renonça au second des discours qu'il devait prononcer, celui par lequel il aurait provoqué la clémence de la Convention, il s'en tint au premier[1]. Il eut peur de l'idée de clémence qu'il avait ac-

[1] Je citerai encore ici le témoignage de Rouget de l'Isle : « Il était tard, dit-il en continuant le récit que j'ai cité, je fus obligé de me retirer sans avoir pu entretenir Tallien en particulier. Le jour suivant, 9 thermidor, je courus chez lui de très-bonne heure, je ne le trouvai plus, et je ne pus le rejoindre qu'à la Convention, au moment où il monta à la tribune. Lorsqu'il parut, la salle retentit de vifs et chaleureux ap-

cueillie quand il était à côté du général Hoche et du général Humbert, en face de Sombreuil et de ses infortunés compagnons. Il mit dans le discours qu'il prononça toute la fougue des haines qu'il n'éprouvait pas. Il voulut prouver que, s'il avait frappé Robespierre, il n'était pas devenu pour cela moins révolutionnaire. Il eut peur d'être accusé de clémence, de *modérantisme*, de royalisme peut-être, à cause de ses relations avec les amis de Mme Fontenay, de son mariage avec une femme appartenant à l'ancien régime ; on sait que cette accusation avait été fatale à plus d'un de ses pareils. Il affecta donc dans son discours un vif enthousiasme révolutionnaire. Après avoir jeté à ces braves soldats qui étaient descendus sur le littoral les armes à la main l'accusation atrocement absurde de porter des poignards empoisonnés et de ne pas s'en être frappés, parce qu'ils connaissaient le venin que cette arme recélait [1] :

plaudissements. La première partie de son rapport, prononcée telle qu'il l'avait méditée, fut souvent interrompue par de bruyantes acclamations et suivie de cris de joie mêlés d'imprécations contre les royalistes. Mais je ne m'étais pas trompé sur le changement de ses dispositions relativement aux émigrés prisonniers, et la seconde partie de son discours fut supprimée. »

[1] Il y a quelque chose de si absurde dans cette accusation jetée aux royalistes de ne pas s'être poignardés dans la crainte de s'empoisonner avec le venin recélé dans les poignards, comme si le fer ne tuait pas comme le poison, que je me crois obligé de mettre sous les yeux la phrase de Tallien que j'extrais textuellement de son discours dont j'ai un exemplaire devant moi, en écrivant ces lignes : « Je tiens à la main un de ces poignards dont tous ces chevaliers étaient armés, qu'ils destinaient à percer le sein des patriotes, et dont ils n'ont pas fait usage pour eux-mêmes, parce qu'ils savaient le venin que cette arme recélait. Il faut apprendre à toutes les nations qu'un animal en ayant été frappé, il a été vérifié que la blessure était empoisonnée. » *(L'orateur présente ce poignard.)*

« Les flots, s'écria-t-il, ont rejeté sous le glaive de la loi le vil ramas des stipendiés de Pitt, ces exécrables auteurs de tous nos maux. Les émigrés ont osé remettre le pied sur la terre natale, et cette terre les dévorera. Après le combat, ils nous envoyèrent plusieurs parlementaires ; mais quelles relations pouvaient exister entre nous et ces rebelles ? Qu'y avait-il de commun entre nous, si ce n'est la vengeance et la mort ? »

Paroles contradictoires qui se démentent d'elles-mêmes; car comment des hommes armés se seraient-ils rendus à un ennemi qui aurait refusé même de recevoir leurs parlementaires ? Comment auraient-ils sacrifié à la certitude de la mort les chances qui leur restaient de se défendre les armes à la main ou d'être recueillis par les chaloupes anglaises ? Comment se seraient-ils engagés par serment à ne point se dérober par une fuite possible à la mort certaine qui les attendait à Auray ? Oui, tout cela est exact; mais Sombreuil n'était point en présence de Tallien pour lui jeter à la face la capitulation conclue. Hoche se taisait. La Convention, que la mort de Robespierre avait affranchie sans l'adoucir, se leva tout entière, et ses applau-

---

* Nous trouvons dans la relation du chevalier de Grandry l'explication de la présence des poignards dans l'armement des officiers émigrés : « Oui, sans doute, dit cet honorable émigré, plusieurs d'entre nous avaient des poignards, c'étaient les officiers qui, comme tous les officiers anglais de ce temps, suspendaient cette arme, au lieu d'épée, à leur baudrier quand ils n'étaient pas de service. »

Tallien ajoute que les poignards étaient empoisonnés pour ajouter à l'effet mélodramatique qu'il ne manqua pas de produire en brandissant cette arme du haut de la tribune. On comprend si cette calomnie était de nature à faire prévaloir les idées de clémence dont Tallien s'était promis de se faire le promoteur.

dissements achevèrent d'enivrer Tallien. Elle acclama tout d'une voix, en passant à l'ordre du jour, la mise en jugement, c'est-à-dire le supplice des prisonniers de Quiberon. Quelques milliers d'hommes à mettre à mort à l'extrémité de la Bretagne, qu'était-ce pour cette homicide assemblée qui avait fait couler tant de sang? Sur les places de Paris, déshabituées des tragédies de la Terreur, elle n'aurait point osé peut-être relever la machine des supplices, que la mort de Robespierre avait renversée il y avait un an jour pour jour, car Tallien, on l'a vu, faisait sa rentrée à la Convention le 9 thermidor 1795. Mais si loin de Paris, au fond de la Bretagne, qu'importait le sang de quelques milliers de victimes, qui ne rougirait ni le pavé de la place de la Révolution ni celui de la Grève! Ce sang royaliste versé à flots aurait l'avantage de prouver qu'en abattant Robespierre, ce n'était ni pour la royauté ni pour l'humanité que Tallien avait combattu.

On trouve dans le rapport de Tallien rédigé d'un bout à l'autre de manière à exciter les passions révolutionnaires contre les prisonniers de Quiberon, la preuve qu'il savait qu'à l'heure où il parlait, les exécutions militaires commençaient dans le Morbihan : « Il est une circonstance précieuse que je ne dois pas taire, disait-il, en calomniant l'armée au moment même où il lui rendait hommage, c'est la générosité, l'humanité, avec laquelle se sont conduits les soldats. Hors du combat, il n'a pas péri un seul ennemi ; il n'en a même été insulté aucun. J'en ai vu même soutenir les émigrés malades ou blessés, les traiter avec humanité et leur prodiguant les soins qu'exigeait leur état. — « Représentants, nous disaient ces

» braves gens, nous ne sommes pas des assassins, nous
» nous défendons contre celui qui est armé, mais nous
» soulageons le criminel sans défense. Il existe des lois
» contre les traîtres. Nous demandons qu'elles soient exé-
» cutées. » Nous leur avons promis que justice serait faite
par la commission militaire ; elle est actuellement en activité, et s'occupe de l'application de la loi. »

Le vœu cruel que Tallien attribue à l'armée est diamétralement contraire à celui qu'elle formait, comme elle l'avait déjà montré par des manifestations éclatantes, comme nous allons la voir le prouver encore d'une manière plus claire et plus évidente par une généreuse protestation. Mais Tallien savait le 28 juillet 1795 que le sang commençait à couler à Vannes; Tallien, rallié par la peur à la politique exterminatrice de la Convention, se mettait à la queue des passions qu'il s'était cru un moment assez fort pour réprimer et contenir. Il ne voulait pas qu'on pût l'accuser de regretter les crimes qu'il ne croyait plus pouvoir empêcher. Il se rangeait à la suite de Blad, que nous allons retrouver dans le Morbihan donnant le signal du massacre.

IV

LES COMMISSIONS MILITAIRES A VANNES, AURAY, QUIBERON. — EXÉCUTION DE SOMBREUIL.

Pendant les six jours d'attente qui avaient succédé à la capitulation, deux faits graves s'étaient passés à Auray. On a vu que Sombreuil avait été séparé, le 24 juillet, de ses compagnons, et tiré de la prison commune pour être renfermé dans une auberge où on le gardait à vue. Le 27 au soir, on le rapporta à la première prison, « sans connaissance, dit le comte Harscouet de Saint-Georges, témoin oculaire de cette scène, le front noirci et comme brûlé. » Que lui était-il donc arrivé? Les prisonniers interrogèrent naturellement les soldats qui rapportaient Sombreuil évanoui. On leur répondit qu'il avait essayé d'attenter à ses jours, et voici comment on expliqua cette tentative peu vraisemblable de la part d'un soldat chrétien et d'un prisonnier sans armes, gardé à vue par des hommes armés. Un officier de gendarmerie, leur dit-on, était arrivé de Vannes à Auray en courrier; il était allé visiter l'officier de gendarmerie, son camarade, chargé de surveiller Sombreuil. Comme la journée était chaude et que le nouvel arrivant était fatigué de sa course, il fit venir de la bière, et, pour se délasser, se débarrassa de sa ceinture, qui contenait ses pistolets, qu'il plaça sur le lit. Sombreuil, qui se promenait de long en large dans la chambre, se serait approché du lit sans être remarqué, et, saisissant un des pistolets, l'aurait appuyé sur son front et aurait fait feu. Soit que l'arme ne fût chargée qu'à poudre, soit qu'elle fût trop fortement appuyée sur le front pour que l'explosion eût lieu, le chef royaliste n'aurait éprouvé qu'une violente commotion qui l'aurait renversé.

Cette histoire rencontra dans la prison de nombreux incrédules, et je trouve dans le récit du comte Harscouet de Saint-Georges la trace de cette incrédulité. Ces cœurs catholiques ne pouvaient croire à un projet de suicide de la part de leur noble chef. Ils aimaient mieux supposer que les deux gardiens de Sombreuil avaient fait sur sa personne une tentative de meurtre pour le dépouiller, dans la pensée qu'arrivant d'Angleterre, et commandant en chef d'une des colonnes expéditionnaires, sa dépouille leur offrirait une riche moisson de guinées. Ils insistaient sur le peu de vraisemblance du récit des révolutionnaires. Comment un officier républicain aurait-il commis l'imprudence de parcourir la route de Vannes à Auray, longue de cinq lieues, et qui présente plusieurs passages favorables à des surprises, emportant dans ses fontes des pistolets chargés à poudre ? Comment aurait-il commis la seconde imprudence de déposer ses pistolets à la portée d'un ennemi jeune, ardent, énergique, brave jusqu'à la témérité ? Non, non, cela était impossible; il n'était pas moins impossible de croire que Sombreuil, un chevalier, un chrétien, eût voulu attenter à sa vie. On le rapportait blessé, évanoui, on ne pouvait douter qu'il n'eût été fouillé. Il était naturel de croire à un crime de plus de la part des terroristes, qui avaient commis tant de crimes.

J'ai voulu que l'écho de ce doute pieux que je trouve exprimé dans la relation manuscrite du comte Harscouet de Saint-Georges arrivât à la postérité. Cependant, je dois le dire, telle n'est pas l'opinion du plus grand nombre des contemporains de l'événement. Sans doute, Sombreuil était un chevalier, un chrétien, et, s'il n'avait eu que la mort à braver, la mort à laquelle il était résigné d'avance en signant la capitulation, puisqu'il s'en était excepté, je suis convaincu que le trouble ne serait pas entré dans son esprit. Mais il dut y avoir pour cette âme généreuse un moment terrible, ce fut celui où elle comprit que la capitulation ne serait pas observée. Ainsi, en arrachant les armes des mains de ses braves compagnons, il les avait livrés au bourreau ! Il avait enlevé aux uns le bonheur de mourir sur le champ de bataille de la mort du soldat, il avait ravi aux autres les chances de salut que leur offraient les chaloupes anglaises qui croisaient en vue de la côte. C'est pour avoir cru à sa parole à lui, qui avait trop cru à celle des républicains, que tant de braves gens allaient mourir ! Je n'approuve pas, je n'excuse même pas la tentative désespérée qu'on prête à M. de Sombreuil ; mais je pense qu'en présence d'une pareille pensée, qui devait être, on le comprend, la pensée fixe des journées de M. de Sombreuil, le cauchemar de ses nuits, la torture de son âme, l'intelligence la plus ferme se soit troublée, et que l'égarement de la folie ait un instant vaincu la raison de l'homme et la conscience du chrétien. Mourir à la fleur de l'âge, quand on est l'honneur de sa famille et qu'une chaste et sainte affection doit embellir votre vie, c'est chose douloureuse sans doute ; mais on affermit son âme contre un malheur personnel. Ce qui est presque au-dessus de la force humaine, ce n'est pas le malheur que l'on endure, c'est le malheur que l'on cause. M. de Sombreuil ne vit-il pas un moment par la pensée les scènes de meurtre qui allaient se dérouler à Vannes, à Auray, à Quiberon, et les scènes de deuil qui allaient les suivre, et ne retomba-t-il pas comme écrasé sous ce poids de larmes et de sang ?

Plus j'examine les récits qui sont restés de ces funèbres événements, plus je les compare en les contrôlant les uns par les autres, plus je me sens invinciblement ramené à cette explication. Le R. P. Martin, qui a écrit sur le pèlerinage de Sainte-Anne d'Auray une notice intéressante, dans laquelle il parle du Champ des Martyrs et par conséquent de Quiberon, le R. P. Martin, dont la mère fut au nombre des saintes femmes qui secoururent les victimes au péril de leur vie, admet l'idée d'une tentative de suicide ; mais il l'attribue à un moment d'égarement de la part de Sombreuil, désolé de quitter la vie, où il laissait sa fiancée. Je crois l'autre version plus plausible que celle du P. Martin et celle du comte Harscouet de Saint-Georges.

Cette autre version, la voici. On savait le 26 juillet à Auray que la commission militaire nommée pour juger les prisonniers allait entrer en fonctions. La mise en jugement, c'était la mort ; Sombreuil demeura comme foudroyé par cette nouvelle qui rendait son sacrifice inutile et la perte de ses compagnons inévitable ; il se fit conduire chez le général Humbert, au Pavillon d'en haut, il lui reprocha avec amertume la violation de la capitulation. Comme la réponse d'Humbert qui recevait des ordres du général Lemoine et se trouvait obligé de les exécuter n'avait rien de satisfaisant, Sombreuil dans le paroxysme du désespoir eut un moment d'égarement ; il saisit un pistolet posé sur la cheminée, et, s'appuyant le canon sur le front, il lâcha la détente. Comme il arrive quelquefois quand on tire de si près, la balle, n'ayant pas toute sa force de projection, ne produisit qu'une forte contusion ; ce fut alors qu'on le rapporta à la prison des officiers dans l'état où le vit le comte Harscouet de Saint-Georges. L'évêque de Dol représenta alors à Sombreuil avec l'austère fermeté de sa parole épiscopale ce qu'il y avait de coupable et de contraire au christianisme dans cette tentative de suicide. Sombreuil s'inclina sous la voix qui l'avertissait, il se courba sous la main qui pouvait l'absoudre. Il se releva repentant d'avoir cherché à se donner la mort, et résolu à la recevoir en chrétien et en homme de cœur.

Le lendemain 27, on vint chercher Sombreuil, Mgr de Hercé, et plusieurs de leurs compagnons d'infortune, et on les conduisit devant un conseil de guerre siégeant à Auray. Ce conseil de guerre était présidé par le chef de bataillon Laprade, du 72e, dont le nom mérite d'être conservé à la postérité. Il avait combattu à Quiberon, et les autres membres du conseil avaient, comme lui, pris part à la lutte. Quand Sombreuil parut devant ses juges, on vit commencer la scène si souvent racontée depuis. Il répondit à toutes les questions avec une dignité et une fermeté qui lui concilièrent toutes les sympathies. Il ne demanda rien pour lui; il s'était voué à la mort, à ce prix on avait garanti solennellement aux siens la vie sauve. Puis vinrent ces solennelles paroles, gravées, d'une manière ineffaçable, dans la mémoire de ceux qui les entendirent, et qui ont été souvent rapportées depuis :

— Prêt à paraître devant Dieu, je jure qu'il y a eu capitulation et qu'on a promis de traiter les émigrés en prisonniers de guerre.

Puis, se tournant vers les soldats qui remplissent la salle :

— J'en appelle à votre témoignage, grenadiers !

— C'est vrai ! répondent ces braves gens, tout d'une voix.

Et la commission militaire se sépare, en déclarant par la voix du chef de bataillon Laprade, qu'elle n'a pas le droit de juger des ennemis qui ont capitulé.

Le général Lemoine, furieux de la résistance qu'il éprouve, nomme immédiatement une nouvelle commission. Celle-ci se compose du chef du 1er bataillon de la Gironde, Barbarou, de Ducarpe, capitaine au même bataillon, de Moisset, lieutenant au 16e de ligne, de Bouvet, sergent-major, de Cunit, caporal. Le jour même, c'est-à-dire le 27, on conduit devant elle Sombreuil et quinze de ses compagnons, parmi lesquels on remarquait Monseigneur de Hercé, le comte de Senneville, le comte Joseph de Broglie, le chevalier de la Landelle, de Vannes. Cette commission à laquelle le général Lemoine a déclaré qu'il ne tolérerait pas de refus et qu'il entendait qu'on ne parlât pas de la capitulation, subit son mandat et entra en fonction dans l'après-midi du 28 juillet 1795 (9 thermidor) [1],

---

[1] Ce n'est pas sans peine que nous avons établi cette chronologie. Il y a beaucoup de confusion dans les souvenirs des émigrés échappés à Quiberon, sur les dates de chaque fait. Ils n'apprennent d'ailleurs que par la rumeur publique ce qui se passe, car ils sont en prison. Les directoires du Morbihan et les commissions n'ont pas laissé de procès-verbaux réguliers, ou ces pièces ont été soustraites. Nous avons cependant trouvé un triste document qui fait foi, c'est l'arrêt de mort de Sombreuil et de ses compagnons d'infortune qui comparurent en même temps que lui; le voici :

« *Liberté, humanité, égalité, justice.* Cejourd'hui 9 thermidor (28 juillet), l'an III de la République française une et indivisible, nous Barbarou, chef du 1er bataillon de la Gironde, Ducarpe, capitaine audit bataillon, Moisset, lieutenant au 1er bataillon d'Infanterie, Bouvet, sergent-major au 1er bataillon des 83 départements, et P. Cunit, caporal au même bataillon, membres de la commission militaire établie à Auray, nommée par le général Lemoine, commandant de la 5e division, en vertu de la loi du 25 brumaire, 3e année républicaine, et l'arrêté du représentant du peuple Blad, en date du 3 courant, pour juger les prisonniers faits ledit jour 3 dans la presqu'île de Quiberon, avons fait extraire de prison pour comparaître devant nous les dénommés Urbain-René de Hercé, âgé de 60 ans, Charles de Sombreuil, âgé de 25 ans, René de la Landelle, etc., etc. »

LE CHAMP DES MARTYRS.   239

comme le constate la lettre de Blad, que je cite plus bas (la première s'était donc réunie dans la matinée). Le comte de Broglie reprocha vivement au conseil de guerre la violation de la foi jurée. Sombreuil renouvela avec calme sa protestation de la veille, avec la triste certitude qu'elle ne serait pas entendue, puisque la commission qui l'avait

Suit la condamnation à mort avec prescription d'exécuter l'arrêt dans les 24 heures. Le 1ᵉʳ thermidor de l'an III tombant, d'après le calendrier républicain, le 19 juillet, il s'ensuit que le 9 thermidor, jour de la condamnation de Sombreuil et de ses compagnons, était le 28 juillet, par conséquent le 10 thermidor, jour de leur exécution, le 29 juillet.

Il résulte de ce document que Sombreuil et ses compagnons furent condamnés à mort le 28 et exécutés le 29. Puisque c'est le lendemain du jour où il a été réintégré, le front contusionné et sanglant, dans la prison dite des Anglais que Sombreuil a été jugé, c'était le 27 qu'il s'était porté à l'acte de désespoir dont il a été parlé. Il résulte également de ce document que le 3 thermidor, 22 juillet, le lendemain même du désastre des royalistes, Blad avait pris un arrêté pour faire instituer une commission militaire. Selon toute vraisemblance, Hoche et Tallien étaient convenus avec lui qu'elle n'entrerait pas immédiatement en fonctions, dans l'espoir que Tallien pourrait faire ratifier à Paris leurs promesses de clémence. Il y avait dès lors un tiraillement entre les deux représentants.

Nous trouvons dans un autre document authentique une lettre adressée par Blad au comité du salut public, après l'exécution de Sombreuil, la preuve indirecte du fait attesté par un grand nombre de témoins oculaires et consacré par la tradition, je veux dire le refus de la première commission de condamner les prisonniers qui invoquaient la capitulation et la création d'une commission nouvelle. Blad, pour ne pas ébruiter cet acte d'*incivisme*, en parla de la manière la plus vague et la plus obscure, et n'entra dans aucun détail, mais sa lettre n'en établit pas moins le fait d'une manière irréfragable.

« La commission créée par arrêté du 21 courant, dit-il, est entrée en activité le 27 après-midi. Les individus condamnés ont été fusillés hier vers onze heures du matin. (Ceci nous donne la date de la lettre qui doit être du 30 juillet.) Il nous a paru, nonobstant l'assurance que nous avons donnée à cette commission, qu'il n'y avait eu ni pu avoir de capi-

accueillie le matin avait été cassée. Alors la commission militaire, sans faire aucune mention de la protestation des accusés, les condamna à mort comme « ayant été convaincus d'émigration et d'avoir porté les armes contre la république, et tous de s'être réunis dans le rassemblement d'émigrés et autres ennemis de la France, descendus sur son territoire. » Le jour même, on les conduisit à Vannes enchaînés sur une charette. Seize kilomètres seulement séparent Auray de Vannes ; ils arrivèrent dans cette ville à minuit. Les derniers bruits de la fête anniversaire du 9

tulation entre des républicains et des traîtres pris les armes à la main, *elle chancelait, elle hésitait à remplir avec fermeté* la tâche qu'elle a acceptée, et *risquait, par des délais hors de saison,* de compromettre la tranquillité de ce pays, dont le plus grand nombre des habitants n'est que trop disposé à une insurrection en faveur des ennemis qui sont détenus à Auray. En conséquence, *nous avons cru devoir supprimer cette commission et en nommer une autre qui fût à la hauteur de ses fonctions et qui mît dans ses opérations la célérité qu'exigent les circonstances et la notoriété du délit.* Le comité sentira la nécessité de cette mesure lorsqu'il réfléchira que les côtes sont menacées par la flotte anglaise, que les chouans continuent leur brigandage à l'intérieur, enfin que le plus léger incident peut délivrer les prisonniers et en inonder le pays. »

Cette lettre, citée par M. Muret (*Histoire des guerres de l'Ouest,* t. IV, p. 193), et dont Rouget de l'Isle (écrit déjà cité) confirme le contenu par ce témoignage : « La commission militaire établie à Auray, et devant qui le général Lemoine traduisait les prisonniers, refusa de les juger et se déclara incompétente, » est d'un grand intérêt. Elle établit, par l'aveu même du représentant du terrorisme, Blad, que la capitulation fut invoquée, qu'elle ne fut pas invoquée en vain, que la première commission (celle qui était présidée par le chef de bataillon Laprade), *hésitait, chancelait,* c'est-à-dire qu'elle refusait de condamner à cause de la capitulation. Elle refusa si bien qu'on en nomma immédiatement une autre qui prononça la condamnation demandée. Ce document nous fait connaître aussi les motifs qu'alléguait le parti de l'extermination pour faire prévaloir son système, et justifie l'explication que j'ai donnée plus haut.

thermidor expiraient quand ils firent leur entrée. Il y avait eu des discours où le procureur de la commune et le président du département avaient prodigué le mot d'*humanité;* les citoyennes de Vannes avaient chanté des chœurs à la fraternité, puis les danses avaient commencé; elles duraient encore quand la lugubre charrette passa avec un bruit sourd, en portant les victimes vouées à la boucherie du lendemain. On les enferma dans les deux tours qui surmontaient une des portes de la ville, celle qui est voisine de la Garenne, la promenade favorite des habitants de Vannes. C'était le lieu marqué pour le supplice des honorables et infortunés condamnés. Il y eut encore une généreuse protestation des soldats républicains qui avaient combattu à Quiberon. Des chasseurs faisant partie de la 19ᵉ demi-brigade avaient été commandés pour l'exécution; officiers et soldats refusèrent d'accepter cette tâche d'assassins : ils se souvenaient, eux, qu'il y avait eu capitulation. On a conservé les noms de trois des officiers qui s'honorèrent par ce refus qui n'était pas sans péril dans cette homicide époque où souvent il fallait tuer sous peine de périr : c'étaient MM. Pradal, Fayard et Saint-Clair. Un bataillon des volontaires de Paris accepta la tâche noblement repoussée par d'autres. Pendant que le général Lemoine cherchait des ouvriers pour la besogne de meurtre qui allait commencer, les condamnés se préparaient avec calme à mourir. L'évêque de Dol exhortait avec une onction sainte ses compagnons à pardonner à leurs bourreaux et leur donnait le sublime exemple du pardon. Sombreuil s'était agenouillé à ses pieds et s'était relevé armé du signe de la croix, toujours intrépide, mais soumis cette fois à la volonté de Dieu [1]. C'étaient les deux grandes formes du courage chrétien : le courage du prêtre et celui du chevalier.

Le 28 juillet, à onze heures du matin, on conduisit les dix-huit royalistes, Mgr de Hercé, Sombreuil, le comte de Broglie, la Landelle et quatorze prêtres à la promenade de la Garenne ; l'évêque de Dol et ses prêtres récitaient les prières des trépassés, et menaient ainsi leur propre deuil. Quand ils furent arrivés sur l'espèce d'esplanade qui domine la promenade, on les avertit qu'ils étaient parvenus au lieu du supplice. Bien souvent dans mes voyages à Vannes, j'ai parcouru les lieux consacrés par cette scène de mort. J'ai cherché la trace des pas des victimes ; j'aurais voulu qu'une simple colonne funéraire me dît : « Ici tomba Sombreuil. » Rien, rien que le vide et le silence, et la mémoire de ceux qui ne sont plus planant sur ces lieux funèbres. Un des exécuteurs offrit à Sombreuil de lui bander les yeux et lui prescrivit de s'agenouiller pour recevoir le coup mortel. Sombreuil repoussa d'une main indignée le mouchoir qu'on voulait lui placer sur les yeux : « J'ai l'habitude de regarder mes ennemis en face ! » s'écria-t-il. Puis mettant un genou en terre : « J'incline celui-ci devant Dieu, dit-il, je tends l'autre à mes bourreaux. » Il avertit les soldats qu'il fallait viser plus à droite pour ne pas le manquer, et après avoir une dernière fois rappelé la capitulation et énergiquement protesté contre la violation de la foi jurée au nom de ses compagnons qu'il avait cru sauver et qui allaient mourir avec lui,

---

[1] Le narrateur du département dit des prisonniers à leur arrivée : « Aucun ne paraissait abattu, et tous causaient de sang-froid. »

il commanda le feu. Les soldats troublés tirèrent mal et, malgré l'observation qu'il avait faite, la première décharge ne l'atteignit qu'aux mains qu'il tenait au-dessus de sa tête; il fallut recommencer. Les autres condamnés étaient tombés au premier feu, et l'évêque de Dol, avant de recevoir le coup mortel, avait une dernière fois béni ses compagnons, et avait ouvert une dernière fois ses lèvres, afin de prier pour ses bourreaux. C'était la mort d'un saint, je l'ai dit, à côté de celle d'un chevalier. Lorsqu'il touchait à son heure dernière, Sombreuil au moment de se séparer de ce qu'il avait de plus cher au monde pour ne songer qu'à Dieu devant lequel il allait paraître, avait coupé une mèche de ses cheveux, et approchant ses lèvres du portrait de sa fiancée, il avait remis ces chers gages à un officier républicain en le priant de faire parvenir à Mlle de la Blache ces reliques d'une tendresse qui avait eu les derniers battements de son cœur.

Ainsi mourut à vingt-cinq ans Sombreuil, une des plus nobles victimes de la Révolution ; à la fleur de la jeunesse, d'un courage héroïque, d'une beauté idéale qui frappa ses ennemis eux-mêmes ; aussi bien doué du côté de l'intelligence que du côté du corps ; militaire déjà remarqué pour son aptitude aux choses de la guerre ; caractère magnanime qui ne pouvait croire au mensonge et à la déloyauté parce qu'il était incapable de tromper et de mentir; adoré par sa sœur, aimé par sa fiancée, chéri par ses soldats, il voyait se fermer devant lui un avenir de gloire et de bonheur. Cependant il mourut en pardonnant. Le christianisme seul peut rendre l'homme capable de remporter la plus difficile des victoires, celle par laquelle il triomphe de lui-même.

V

LES RESPONSABILITÉS DE QUIBERON. — TROIS LETTRES DE SOMBREUIL.

C'est ici le moment de reproduire, avant de s'engager dans la suite de ce funèbre récit, les lettres écrites par Sombreuil depuis la capitulation. Elles sont au nombre de trois. La première est adressée au général Hoche et porte la date du 22 juillet 1795 ; la seconde est adressée à sir John Warren, commandant de la flotte anglaise, porte la même date ; la troisième est adressée à Mlle Sombreuil, sœur du jeune héros ; elle est datée du 23 juillet. On assure que les deux premières, qui passèrent par les mains des révolutionnaires et furent envoyées par Hoche aux journaux, furent falsifiées dans une certaine mesure, et certes le comité de salut public était très-capable d'un pareil procédé. Cependant, pour la seconde du moins, celle adressée au commodore Warren et dont l'authenticité a été contestée par Puisaye sur la mémoire duquel elle est restée comme un poids accablant, nous avons le témoignage positif d'un compagnon d'armes et de captivité de Sombreuil : « J'atteste ici, dit M. de Chaumereix, officier de marine, dans sa relation écrite et publiée en 1795, que la lettre de Sombreuil au commodore Warren est véritable ; il me l'avait lue. » Ce n'est donc guère que sur la première que peuvent porter les soupçons d'altération ; elle contient, dit-on, des mots raturés et effacés postérieurement avec beaucoup de soin. Au fait, c'était celle-là où pouvait se trouver une mention plus positive de la capitulation convenue avec Hoche en personne :

Auray, ce 22 juillet 1795.

« Monsieur,

« J'écris à M. Tallien, et lui parle du sort de ceux dont les circonstances m'ont fait le chef. Dans le calme comme dans l'orage des combats, j'emploierai les moyens que me permettent les lois militaires pour veiller à ce qui les intéresse. Toutes vos troupes se sont engagées envers le petit nombre qui me restait, qui aurait nécessairement succombé; mais, monsieur, la parole de tous ceux qui sont venus jusque dans les rangs la leur donner, doit être sacrée pour vous. Je m'adresse à vous pour la faire valoir ; s'ils ne doivent point y compter, monsieur, veuillez m'annoncer leur sort.

« Je suis, monsieur, votre très-humble serviteur,

« Le comte CHARLES DE SOMBREUIL. »

Sombreuil ne reçut point de réponse, et sa lettre à Tallien dans laquelle il devait insister plus encore que dans celle adressée à Hoche, a été probablement supprimée, car elle ne nous est pas parvenue. Cette suppression de la lettre de Sombreuil à Tallien devient un fait très-considérable dans le débat, quand on la rapproche du témoignage de Rouget de l'Isle sur les dispositions et les préoccupations de ce conventionnel pendant son voyage de Vannes à Paris.

Voici la lettre adressée au commodore Warren :

Auray, le 22 juillet 1795.

« Sir,

« Je n'espérais pas avoir à vous envoyer un rapport où je dusse détailler les événements de la malheureuse journée qui m'a conduit ici, pour demander la plus scrupuleuse recherche sur la conduite du lâche fourbe qui nous a perdus. M. de Puisaye m'ayant donné l'ordre de prendre une position et de l'y attendre, a eu l'extrême prudence de joindre vite un bateau, abandonnant au hasard le sort des nombreuses victimes qu'il a sacrifiées, les gardes du fort ayant été forcées, toute l'aile gauche de la position était déjà tournée et il ne restait de ressources que dans l'embarquement le plus précipité, rendu presque impossible par la proximité de l'ennemi.

« Les régiments de d'Hervilly et du Dresnay se rangèrent entièrement vers lui, abandonnant et massacrant leurs officiers [1]. La majorité des soldats, désespérant d'une aussi affreuse position, s'éparpillèrent dans la campagne. Je me trouvais resserré et cerné au rocher, à l'extrémité de l'île, avec deux ou trois cents gentilshommes, restés fidèles, mais sans cartouches, n'ayant pu en obtenir que pour les gardes du fort, malgré mes instances réitérées. Sans doute M. de Puisaye avait eu des raisons qu'il expliquera. Plusieurs bateaux encore à la côte pouvaient me donner la ressource déshonorante dont a si promptement profité M. de Puisaye. L'abandon de mes compagnons d'armes m'eût été pis que le sort qui m'attend (je crois demain matin) [2]. J'en méritais un meilleur, vous en conviendrez avec tous ceux qui me connaissent, si le hasard laisse à quelques-uns de mes compagnons d'infortune les moyens d'éclairer l'univers sur cette journée sans égale sans doute dans l'histoire ; la terreur d'une bande sans ordre

[1] Je trouve la confirmation de ce fait dans la relation de M. de Chaumereix : « Lorsque la colonne du centre de l'ennemi fut à portée du fusil, dit-il, un grand nombre de nos soldats passèrent à l'ennemi en criant : Nous sommes républicains. » Page 6.

Je trouve également la confirmation de ce fait dans la relation de M. Monthron :

« En vain, dit-il, Sombreuil fit tout ce qu'on devait attendre d'un si valeureux chef... à chaque instant, les prisonniers enrôlés dans les cadres faisaient feu sur les officiers et passaient à l'ennemi. »

[2] On voit que Sombreuil avait séparé son sort de celui de ses compagnons, puisqu'il croyait être fusillé le lendemain.

abandonnée par le chef en qui l'on a mis toute la confiance, et qui, dans sa sécurité inepte, n'admettait pas même qu'on l'engageât à prendre les mesures nécessaires à la sûreté générale, et qu'il a si bien pu prendre pour lui.

« N'ayant plus de ressources, j'en vins à une capitulation, pour sauver ce qui pouvait échapper, et le cri général de l'armée m'a répondu que tout ce qui était émigré serait prisonnier de guerre et épargné comme les autres, j'en suis seul excepté. Beaucoup diront : Que pouvait-il faire ? D'autres répondront : Il devait périr. Oui, sans doute, je périrai aussi. Mais étant resté seul chargé du sort de ceux qui, la veille, avaient vingt chefs, je ne pouvais qu'employer les moyens qu'on m'avait laissés, et ils étaient nuls ; ceux qui les avaient préparés pouvaient m'éviter cette responsabilité.

« Je ne doute pas que le lâche ne trouve quelques excuses à sa fuite, mais je vous somme sur les lois de l'honneur de faire connaître cette lettre au public; et M. Windham voudra bien y ajouter celle que je lui ai écrite de Portsmouth. Adieu ! je vous le fais avec le calme que donne seule la pureté de la conscience. L'estime de tous les braves gens qui, aujourd'hui, partagent mon sort et le préfèrent à la fuite du lâche qui, n'osant combattre parmi nous, aurait dû au moins me prévenir, cette estime est pour moi l'*immortalité*. Je succombe à sa lâcheté et à la force des armes qui me furent longtemps heureuses. Dans ce dernier moment, j'éprouve encore une jouissance, s'il en peut exister dans ma position, l'estime de mes compagnons d'infortune, et celle même de l'ennemi qui nous a vaincus. Adieu ! adieu à toute la terre.

« Je suis, sir, votre très-humble serviteur.

« Le comte CHARLES DE SOMBREUIL. »

Puisaye se débattit sous le poids de cette lettre accablante, mais il ne se releva pas. Il chercha, dans ses *Mémoires*, à nier l'authenticité de cette pièce: Hoche et Tallien, dit-il, avaient trouvé d'habiles faussaires pour contrefaire l'écriture de Sombreuil. Cette allégation, inadmissible pour Hoche, tombe devant l'affirmation précise de M. de Chaumereix, qui déclare que Sombreuil lui avait lu sa lettre au commodore, et devant une induction logique : le chevalier de Grandry, M. de Montbron, M. de Saint-Georges, partagent, comme M. de Chaumereix, l'opinion de Sombreuil sur Puisaye. On peut dire que c'était l'opinion de toute cette petite armée, exprimée par son général. Reste l'étrange dilemme posé par Puisaye à la fin de sa triste apologie : « Ou bien cette pièce est un faux, ou bien Sombreuil fut un lâche. » Cette accusation, jetée par la prudence qui fuit à l'héroïsme qui meurt, ne demande pas à être réfutée. Une autre excuse, mise en avant par Puisaye, qui allègue la nécessité où il était de sauver ses correspondances et ses plans, auxquels était attaché le salut de l'Europe, ne mérite guère plus d'attention. Quand on accepte un commandement militaire, le poste d'honneur est là où l'on meurt, et six pieds de terre couvrent la responsabilité de l'homme d'État. Si M. de Puisaye avait, comme l'ont dit ceux qui l'ont connu, le génie de la politique, sans être né pour le métier des armes, mieux valait ne pas accepter un commandement militaire que de le déserter. Il avait eu raison contre le comte d'Hervilly quand il proposa, au moment du débarquement, de s'enfoncer immédiatement dans la Bretagne, au lieu de demeurer immobile sur le littoral. Il eut tort, lorsqu'il prit le commandement après l'affaire du 16 juillet, de ne prendre aucune précaution militaire, de confier la garde du fort Penthièvre, cette clef de la position, aux déserteurs républicains, de laisser la plus grande partie des troupes sans cartouches ; il fut coupable lorsque, dans la crise suprême, il abandonna son poste et quitta son armée, et c'est à bon droit que Sombreuil préfère sa douloureuse mais noble et fière destinée à celle de Puisaye.

Puisque j'ai touché cette grave question des responsabilités du désastre de Quiberon, il m'est impossible de ne point m'expliquer sur la rumeur lointaine qui, venue jusqu'à nous, accuse la politique de l'Angleterre de ne pas avoir été étrangère à ce désastre. Cette accusation a trois origines : d'abord les antipathies nationales qui ont séparé les deux peuples, entre lesquels se dressent Crécy, Poitiers, Azincourt, le bûcher de Jeanne d'Arc, la bataille de Fontenoy et le souvenir de luttes séculaires sur les mers. Quand quelque chose de néfaste arrive à la France, on cherche toujours la main de l'Angleterre dans le désastre. Puis il y a deux mots historiques prononcés dans le parlement d'Angleterre. Le chef du ministère anglais, quand il fut interpellé dans le parlement à l'occasion de la catastrophe de Quiberon, répondit avec l'égoïsme britannique : « Du moins, pas une goutte de sang anglais n'a coulé ! » Ce à quoi Sheridan, ce grand orateur de l'opposition, répondit : « Si le sang anglais n'a pas coulé, l'honneur anglais a coulé par tous les pores. » Terrible phrase ! Là-dessus on écrit un acte d'accusation. L'Angleterre, quand elle a organisé l'expédition de Quiberon, avec le machiavélisme britannique, avait ses vues ; elle voulait détruire les glorieux restes de la marine française, qui sont venus tomber sous les balles des républicains, d'abord dans les combats du 16 et du 21 juillet 1795, ensuite dans les exécutions militaires, à la Garenne de Vannes, au Champ des Martyrs d'Auray, sur la plage funèbre de Carnac.

Une observation préalable : cette inculpation n'est pas d'origine royaliste, elle est d'origine révolutionnaire. Je ne trouve dans aucune des relations des échappés de Quiberon une seule plainte contre les Anglais. A partir du discours de Tallien, toutes les voix révolutionnaires s'élèvent pour accuser les Anglais d'avoir entraîné les émigrés à leur perte : on dirait une consigne donnée et suivie. Si les révolutionnaires voulaient conserver les glorieux restes de la marine française, il y avait un moyen bien simple de déjouer les projets de l'Angleterre, c'était de ne les pas envoyer en masse à la mort. Arrivons aux faits. L'expédition, préparée par l'Angleterre, avait entraîné des dépenses considérables, qu'on ne saurait évaluer à moins de vingt-cinq ou trente millions. Trois divisions avaient été organisées et devaient être débarquées sur la côte de Bretagne par des bâtiments de transport. Une escadre de dix bâtiments de guerre, commandée par le commodore sir John Warren, convoyait la première, qui ne comptait pas moins de trois mille hommes de débarquement. La seconde, composée de quinze cents hommes, suivait de près. Une seconde escadre de guerre, commandée par l'amiral Bridport, chargé de combattre la flotte républicaine, marchait en avant de la première colonne expéditionnaire. Une troisième escadre de guerre, aux ordres de sir Robert Strachan, était chargée d'inquiéter la côte de Saint-Malo et Granville. La première colonne expéditionnaire portait avec elle trois mois de vivres pour une armée de six mille hommes, et un matériel considérable destiné aux royalistes de l'intérieur : 17,000 uniformes d'infanterie, 4,000 de cavalerie, 27,000 fusils, avec des cartouches en proportion, 5,000 sabres, 7,200 livres de poudre, des effets d'équipement. Évidemment, un gouvernement ne fait pas de pareilles dépenses quand il n'a pas l'espoir d'atteindre un but considérable, et ce but est clairement indiqué dans les instructions données par le secrétaire d'État, sir Henry Dundas, au comte de Puisaye. Il s'agissait de soulever la Bretagne, de renverser le gouvernement républicain, que les cabinets étrangers regardaient comme le perturbateur du monde, et de proclamer le rétablissement du gouvernement royal. Il était expressément recommandé au chef de l'expédition de s'emparer à tout prix d'un port, Lorient ou Brest, dont la possession permettrait d'avoir des communications libres par la mer. Dire que le cabinet anglais s'employa à faire échouer une entreprise qu'il avait préparée à grands frais, dont le succès eût été dans le sens de la politique de l'Angleterre, dont l'échec fut un échec personnel pour le cabinet, c'est soutenir une thèse contraire au sens commun, une thèse démentie par les faits. L'amiral Bridport livra, en effet, une bataille navale à l'escadre française, commandée par Villaret-Joyeuse, pour ouvrir une route à l'expédition. Le commodore Warren fit tout ce qu'il était humainement possible de faire pour opérer le débarquement, pour aider les troupes débarquées dans leurs combats. Enfin, après le désastre, il n'omet rien pour opérer le sauvetage de tout ce qui pouvait être sauvé. « Après la capitulation du 21 juillet 1795, dit M. Muret, pendant le reste du jour et la nuit suivante, le commodore Warren n'avait cessé de faire côtoyer le rivage par ses bateaux, afin de recueillir tous les malheureux que les caches des maisons ou le creux des rochers avaient pu dérober aux recherches des républicains. Le 22, on fit à bord de l'escadre un recensement général de tous ceux qui avaient pu s'embarquer, soit avant, soit depuis la capitulation. Il se trouva 900 hommes des régiments d'émigrés, 1,400 chouans, et environ 800 non combattants de tout âge et de tout sexe, en tout, un peu plus de 3,000 individus. Le marquis de Balleroy, le marquis de la Jaille, le comte de Vaugiraud, le comte de Rotalier, le baron de Gras, les comtes de Vauban et de Contades, le vicomte de Chambray, étaient au nombre des officiers marquants qui avaient pu se rembarquer [1]. »

Ainsi l'Angleterre fit des dépenses considérables pour l'expédition; sa politique était intéressée au succès. L'échec fut un échec pour ses intérêts, un échec pour le cabinet, qui se trouva en butte aux attaques de l'opposition. Si elle fit des fautes en enrôlant des prisonniers républicains dans les cadres royalistes, en ne déterminant pas d'une manière précise la question de commandement, et en ne mettant pas à la fois les trois divisions expéditionnaires sur la côte, ce furent de ces fautes de conduite qu'on rencontre dans toutes les affaires humaines, et non des fautes intentionnelles. Elle avait préparé de son mieux l'expédition, elle l'aida de son mieux; et, après le désastre, elle sauva tous ceux qu'elle put sauver.

Les Anglais mis ainsi hors de cause, revenons à Sombreuil, dont il importe de reproduire la troisième lettre,

[1] *Histoire des guerres de l'Ouest*, t. IV, page 291.

celle qu'il adressa à sa sœur, Mlle de Sombreuil ; la plus importante des trois, parce qu'elle n'a pas passé par les mains révolutionnaires, et qu'on ne peut l'accuser d'avoir été falsifiée [1] :

« Auray, ce 23 juillet 1795.

« Sans doute, ma chère amie, tu apprendras tous les sacrifices que mon cœur fit à l'ordre précipité qui me conduisit ici. Je gémis sur le sort des malheureux qui survivent à cette infortune commune. Si jamais des circonstances vous réunissent, dis-*lui* [2] bien que mon cœur n'éprouva un sentiment plus pur, ni plus vif; dis-*lui* bien que le soin de son bonheur eût été à jamais mon unique objet... Adieu, ma sœur, adieu. Nous méritions un meilleur sort. Je vais rejoindre notre malheureux père... Je succombe aussi pur que lui... Je succombe par devoir pour les braves gens qui furent abandonnés. J'eusse pu fuir aussi; mais quelle peut être l'existence de ceux qui causent aujourd'hui nos désastres! Sans doute quelques-uns échapperont à la mort prochaine qui m'est réservée : je survivrai dans leur estime. Je me suis dévoué pour eux et j'espère les sauver : *on me l'a promis;* serait-ce me flatter en vain que d'y croire? Je suis prêt à tout; mais c'est mille fois mourir que de songer au fleuve de sang qui va couler si mon attente est trompée. Adieu, ma bonne amie, toi seule faisais toute ma famille, toutes mes espérances. Réunis-toi à celle que j'allais adopter et qui réunissait avec toi mes meilleurs sentiments. Adieu, mon cœur se brise et mes derniers soupirs se portent vers vous. Bien des gens auront des doutes sur la journée qui nous a amenés ici, étant abandonnés par celui qui nous a mis aux mains de l'ennemi. J'aurais pu me sauver comme *lui;* mais, s'il m'avait prévenu, j'aurais tout sauvé et je ne serais parti que le dernier. J'ai souvent prouvé que je ne craignais pas la mort. Je pouvais

---

[1] Cette lettre, remise à Mlle de Sombreuil par une main amie, est aujourd'hui dans les mains de son fils, M. de Villebrune-Sombreuil.

[2] A Mlle de la Blache, sa fiancée.

me permettre d'essayer de sauver les autres en me sacrifiant moi-même. Je meurs sans reproche et fier de cet événement. L'Europe me rendra justice. Puissent ceux qui ont fui être aussi contents d'eux! Adieu!

« CHARLES DE SOMBREUIL. »

Ces trois lettres, sans nommer Hoche, parlent de la capitulation comme d'un fait incontestable. Y avait-il eu entre Sombreuil, Hoche et Tallien une entente à laquelle Sombreuil demeurait fidèle juqu'au bout, et cette entente consistait-elle à présenter la capitulation comme proposée, accordée par l'armée républicaine tout entière, afin d'éviter les responsabilités personnelles, dangereuses à cette époque, et de ménager à l'orgueil de la Convention un beau rôle, en lui laissant l'honneur de confirmer la parole donnée par l'armée? Je serais tenté de le croire. Cette hypothèse expliquerait à la fois l'affirmation si souvent réitérée de Sombreuil qu'il y a eu capitulation, qu'on lui a promis la vie sauve pour tous les siens, ses lettres à Tallien et à Hoche, son désespoir quand il apprend que la promesse ne sera pas tenue, son appel aux grenadiers républicains, entendu et accueilli par ceux-ci dans la séance du conseil de guerre, sa protestation au moment suprême. Elle expliquerait, en même temps, l'inquiétude fébrile de Tallien pendant son voyage de Vannes à Paris; c'était lui qui s'était chargé de faire accepter l'acte de clémence par la Convention, et à mesure qu'il approchait de Paris sa confiance diminuait, et il sentait les difficultés grandir, jusqu'à ce qu'enfin, après avoir appris, à son arrivée, ce qui se passait dans le Comité de salut public, il renonça, dans la crainte de compromettre son influence, peut-être sa vie, à sauver les prisonniers. Elle expliquerait enfin l'attitude embarrassée de Hoche, laissant voir qu'il est pour la clémence, mais refusant d'avouer qu'il a souscrit une promesse formelle et personnelle, et, quand il est mis en demeure, niant la capitulation dont il n'existe pas de texte écrit, puisque la convention a été verbalement faite sur le champ de bataille.

Rouget de l'Isle, dans sa relation de l'expédition de Quiberon, rappelle que le général Hoche, tout récemment échappé à la proscription, était obligé à beaucoup de circonspection; il ajoute que ce chef militaire aurait couru de grands dangers par la manifestation de quelques sentiments d'humanité, et qu'il aurait eu à craindre pour sa tête.

Ces détails sont exacts. Saint-Just, après le succès de l'armée du Nord qui, à la fin de 1793, avait débloqué Landau et pris Spire, Newstadt et Worms, n'avait plus balancé à satisfaire la rancune et la haine qu'il nourrissait depuis longtemps contre le général Hoche, peu docile aux directions de l'impérieux représentant du peuple. Il l'avait dénoncé comme coupable de désobéissance au comité de salut public dans un rapport haineux, et sans attendre la réponse, il avait fait arrêter ce jeune victorieux au milieu de ses troupes frémissantes encore de l'enthousiasme du triomphe.

Hoche, après avoir été interrogé par Carnot, avait été emprisonné au Luxembourg [1]. Heureusement pour lui que Saint-Just, absorbé par mille préoccupations, oublia

[1] *Études révolutionnaires. Saint-Just;* par Édouard Fleury, tome II, page 110.

dans cette prison le jeune général qui, destiné à la guillotine, ne dut son salut qu'au 9 thermidor.

Ce fut un mois après son élargissement qu'un arrêté du comité de salut public lui confia le commandement de l'armée des côtes de Cherbourg. Ce n'était qu'une demi-rentrée en grâce, car Hoche eût désiré le commandement d'une armée appelée à agir contre les ennemis du dehors. Il était toujours resté suspect au parti terroriste qui le surveillait de près, et nous voyons dans sa Vie, par Alexandre Rousselin, que Hoche était sans cesse dénoncé par les autorités révolutionnaires du département.

Ces détails vont servir à expliquer sa conduite. J'ai cité les lettres de Sombreuil, je dois, par un sentiment d'équité, citer *in extenso* celles de Hoche, qui se rapportent aux mêmes faits. Voici d'abord la lettre que le général républicain adressa aux journaux du temps, en les invitant à publier les deux lettres de Sombreuil reproduites plus haut, celle que le jeune chef royaliste écrivait à Hoche et celle qu'il lui faisait passer pour être remise au commodore Warren.

16 *thermidor an* III (6 août 1795).

« Je vous prie, citoyen, d'insérer en entier, dans la feuille que vous rédigez, la lettre ci-jointe, dont l'original est dans mes mains pour être envoyé à son adresse, à la première occasion. Elle ne saurait être trop répandue. Puisse-t-elle faire rentrer en eux-mêmes les misérables auxquels il ne restera bientôt plus qu'à suivre l'exemple de Puisaye ou à se résigner comme Sombreuil! Mais, d'un autre côté, je dois à l'armée de vous déclarer qu'il y a erreur dans la lettre que je publie : 1º J'étais à la tête des 700 grenadiers qui prirent M. de Sombreuil et sa division. Aucun soldat n'a crié que les émigrés seraient traités comme prisonniers de guerre, ce que j'aurais démenti sur-le-champ; 2° les ennemis firent leur sortie le 28 messidor, et certes ce jour-là on avait donné des cartouches aux soldats. Depuis, ils ne brûlèrent pas une amorce. Enfin, ils en manquaient si peu que les grenadiers jetèrent les leurs qui étaient avariées par le mauvais temps pour prendre celles que les émigrés avaient dans leurs gibernes, et qu'ils jetèrent sur le rocher de Portigues, au pied duquel six ou sept cents se noyèrent. »

Faisons tout d'abord une remarque sur la date de cette lettre. Hoche, qui n'a pas répondu à celle que Sombreuil lui avait adressée, ne rompt le silence que le 16 thermidor (6 août 1795), sept jours après l'exécution de Sombreuil. Il attend que le jeune chef royaliste ne soit plus là pour lui lancer un double démenti. Six pieds de terre jetés sur son cadavre, à la garenne de Vannes, garantissent son silence. Le mot que Hoche emploie pour indiquer la fin cruelle du jeune héros a quelque chose de doucereux qui fait mal : « Puisse-t-elle (cette lettre) faire rentrer en eux-mêmes les misérables auxquels il ne restera bientôt plus qu'à suivre l'exemple de Puisaye ou à se *résigner* comme Sombreuil! » Les *misérables*, quelle triste injure jetée à ceux qui meurent ou qui vont mourir ! Sombreuil s'est *résigné,* vous savez à quoi, à être fusillé, lui seizième, avec des amis qu'il avait cru sauver de la mort par son dévouement.

Une seconde remarque : Hoche écrit, le 6 août 1795, cette lettre où il nie la capitulation, où il nie même que ses soldats aient promis la vie sauve à ceux qui se rendraient. Quand on songe que, déjà depuis plusieurs jours, les commissions militaires fonctionnaient à Vannes, Auray,

Quiberon, que depuis plusieurs jours la grande tuerie a commencé, il n'est guère possible de douter que cette lettre ait été demandée au général Hoche pour étouffer la protestation de Sombreuil, le témoignage des grenadiers républicains, le cri public de tout le pays, et pour confirmer l'ordre du jour rendu par le général Lemoine afin de certifier aux commissions militaires que les seules paroles proférées avaient été celles-ci : « Bas les armes ! A nous les patriotes ! »

Mais que peut cette dénégation tardive de Hoche contre tant d'affirmations sorties des rangs républicains comme des rangs royalistes ? Qu'il dise qu'il n'a pas entendu les cris dont il est question, on le comprendrait encore ; mais qu'il dise : « Pas un soldat n'a crié, » comme si son oreille, au milieu du bruit de la fusillade et de la canonnade, et du fracas de la tempête, démêlait tous les accents, et, présente partout à la fois, entendait toutes les paroles, c'est ce qu'on ne saurait admettre, surtout si l'on se souvient que, d'après toutes les relations, Hoche était en arrière avec son état-major, et qu'il dut traverser la ligne d'Humbert pour s'aboucher avec Sombreuil.

Reste l'inutile et dure affirmation qui tend à ôter aux victimes que les commissions militaires envoient à la mort, l'excuse du manque de munitions dans la journée du 21 juillet 1795. Remarquez que Sombreuil n'a pas dit que tout le monde en manquait, mais seulement qu'un grand nombre de soldats royalistes en manquaient, et notamment ceux de sa division. Or, le raisonnement de Hoche sur la distribution de cartouches, qui avait eu lieu le 16 juillet, ne saurait s'appliquer à la division de

Sombreuil, qui ne débarqua que le lendemain de cette journée [1].

Hoche abandonnait donc les prisonniers de Quiberon, comme Tallien les avait abandonnés. Il avait appris, à ses dépens, à l'armée du Nord, qu'il était périlleux d'aller à l'encontre de la volonté des représentants du peuple. Je n'ai plus à citer qu'une lettre de Hoche, et il m'est pénible de la citer. Cette lettre, datée du 27 thermidor an III (17 août 1795), et par conséquent écrite au plus fort des massacres de Quiberon, forme, par son ton badin, un contraste affligeant avec les scènes de sang et de deuil qui se succédaient à Vannes, Auray et sur la côte de Carnac; elle prouve jusqu'à quel point le général Hoche avait pris son parti des horreurs qu'il n'avait pu empêcher :

[1] Je trouve dans l'écrit de M. le chevalier de Grandry un témoignage qui vient à l'appui de mon observation, et qui démontre l'exactitude de l'assertion de Sombreuil, contestée par Hoche : « Nous nous repliâmes d'abord sur le parc d'artillerie, où nous ne trouvâmes que trois pièces, sauvées à l'affaire du 16, et dont les caissons étaient tous vides. *Nos gibernes l'étaient aussi, aucune distribution de cartouches n'ayant été faite depuis cette affaire*, de sorte que la moindre résistance nous devenait impossible, excepté à la baïonnette. Au surplus, je ne parle ici que de Loyal-Émigrant, ne sachant pas si les *autres corps étaient mieux pourvus.* » *(Récit sommaire de la déplorable affaire de Quiberon,* page 19.)

M. de Montbron, qui était aussi de la division de Sombreuil, dont faisait partie *Loyal-Émigrant*, parle de même : « Que pouvaient des troupes éparses, abandonnées par leur chef (Puisaye), sans plan de défense, sans point de ralliement, et *presque sans munitions?*... J'avais un poste sur la côte, *mais point de poudre pour mes deux pièces de canon... Ceux de nos soldats qui avaient des cartouches* s'embusquaient derrière des murs et ne laissaient pas de faire beaucoup de mal aux républicains. »

Évidemment, il y avait des soldats royalistes qui avaient des munitions, mais beaucoup n'en avaient pas, et c'étaient surtout ceux de la division de Sombreuil.

AU REPRÉSENTANT TALLIEN.

27 thermidor.

« Vous l'aviez bien prévu... je l'aurais bien parié, mon cher représentant, que vous ne reviendriez pas. D'abord, les services que vous rendez à Paris, puis vos relations d'amitié, puis des liens plus chers, tout contribue à empêcher votre retour. D'ailleurs, convenez-en, nos figures, nos usages, notre rudesse et nos habitudes ne sont pas agréables. Ah ! je ne suis vraiment pas paresseux ; je vous ai écrit dix fois...

« Si vous avez fait une carmagnole, c'est en élevant beaucoup un pauvre garçon qui voudrait bien rester ignoré ; mes ennemis ne vous le pardonneront certainement pas. Votre rapport est aussi exact qu'il est bien écrit, quant aux preux [1]. »

C'est ainsi qu'en étudiant le dossier de Quiberon, on finit par comprendre la position de chacun des acteurs de ce funèbre drame. Après le dénoûment de l'action militaire, Hoche s'était sauvé sur de nouveaux champs de bataille ; le 27 juillet, on le trouve à Uzel, dans les Côtes-du-Nord, où il prend des dispositions pour fermer le chemin à la colonne de chouans que Georges Cadoudal ramena par une marche audacieusement conçue et habilement conduite dans la forêt de Camors où il la licencia ; de là il se rend à Rennes, chef-lieu de son commandement, où il cherche à se faire oublier. Cependant il demeura, comme on vient de le voir, en correspondance continuelle avec Tallien qu'il remercia de son rapport ; en outre, il a adressé aux journaux la lettre fâcheuse pour sa mémoire, où il déclare que ses soldats n'ont pas crié aux émigrés : « Rendez-

---

[1] Je crois devoir rappeler que l'authenticité de cette lettre, publiée en l'an VI par Alexandre Rousselin, admirateur enthousiaste de Hoche, n'a jamais été et ne saurait être contestée.

vous, vous serez prisonniers de guerre. » Allégation contraire à tous les documents contemporains, et démentie par ses propres soldats dans le premier conseil de guerre devant lequel a comparu Sombreuil. Tallien est revenu à Paris, et en présence du Comité de salut public où il a des ennemis et de la Convention, le cœur lui a manqué; il a eu peur de sa bonne action, et il a reculé dans le crime. C'est sur lui que tout le monde avait compté pour faire agréer la capitulation du 21 par la Convention. Nous en avons trouvé, nous en trouvons de nouvelles preuves dans tous les témoignages du temps, et M. Chasles de la Touche qui a publié la relation la plus complète peut-être de cette lamentable affaire [1], après avoir interrogé plusieurs des survivants du camp républicain comme du camp royaliste, a recueilli sur ce point des détails précieux. Il apporte sur l'entrevue du général Hoche avec Sombreuil le témoignage du chef de bataillon Bouvier, habitant Rennes à l'époque où il écrivait. « Le général Hoche, dit-il, accompagné de ses aides de camp, suivi d'une douzaine de guides à cheval, traversa la ligne du général Humbert et vint trouver M. de Sombreuil, qui s'entretenait depuis quelques minutes seulement avec celui-ci. M. Bouvier, chevalier de la Légion-d'Honneur, ancien guide de Hoche, aujourd'hui chef de bataillon, Rennais bien connu pour son courage et pour sa franchise, me racontait tout récemment cette entrevue qu'il vit de très-près, quoiqu'il ne fît pas partie de l'escorte de Hoche. »

[1] *Relation du désastre de Quiberon*, par Chasles de la Touche; Paris, 1838.

Le même écrivain a eu communication d'une relation manuscrite du capitaine Cruzel qui, à l'époque où ces événements se passèrent, rencontra à Vannes un aide de camp du général Humbert, et qui s'exprime ainsi à ce sujet : « Ayant rencontré à Vannes le capitaine Laville qui avait fait à Quiberon les fonctions d'aide de camp d'Humbert, il me dit que son général avait capitulé avec M. de Sombreuil, » et ajouta : « Il est déshonorant pour la nation de mettre en jugement des hommes qui se sont confiés à notre loyauté. »

Voici un dernier témoignage plus imposant encore. M. Chasles la Touche habitait Vannes à l'époque où le général Humbert, retiré du service, résidait dans son château de Crevist. Ils se rencontraient souvent à Elven où les attiraient leurs affaires. « Il m'a plusieurs fois entretenu de Quiberon, dit M. la Touche, plutôt pour expliquer les opérations militaires, juger le mérite relatif des chefs, que pour apprécier l'importance politique ou la moralité des événements, et je dois convenir qu'il ne parlait jamais de la capitulation. Mais voilà ce qu'il me dit un jour : « Nous » pensions tous qu'ils étaient sauvés, les malheureux, » mais Tallien les abandonna, et ils périrent. » M. Letarouilly, ancien directeur des transports militaires de Hoche, était présent; il ajouta : « Oui, ils périrent, mais » vous savez mieux que moi, général, que ce n'était pas » ce qu'on leur avait promis. Leur malheur vient de trop » de confiance, ce qui était dangereux dans ce temps-là. » Pour vivre, il ne fallait se confier à rien ni à per- » sonne. » Humbert reprit : « Tallien les abandonna, » Hoche en eut bien du chagrin [1]. »

[1] *Relation du désastre de Quiberon*, par Chasles de la Touche.

C'est donc Tallien qui demeure chargé de la plus lourde part de responsabilité avec le représentant Blad et le général Lemoine. Le général Humbert courba la tête, le général Hoche la détourna avec tristesse, après avoir néanmoins donné un argument aux rigueurs impitoyables des terroristes. Encore faut-il le dire, Blad, dans un entretien avec Mlle de Talhouet qui lui présentait une pétition en faveur de son frère, âgé de moins de vingt-et-un ans, rejeta la responsabilité sur son collègue de la Convention : « Quelle triste mission m'a laissée Tallien[1]! dit-il. J'ai été prisonnier avec le père et le frère de M. de Sombreuil, j'ai eu beaucoup de rapports avec eux, et c'est moi qui le fais fusiller ! »

Le même jour, c'était le 30 juillet 1795, comme on l'a vu dans une lettre de Hoche, citée plus haut, Blad se rendit à Nantes. Ils se sauvaient les uns après les autres, effrayés de leur sanglante tâche. Mais l'esprit de la terreur demeurait derrière eux et suffisait pour mener au dénoûment cette boucherie qui commençait. L'esprit de la terreur, c'est-à-dire la peur qui se fait terrible, l'épouvante qui tremble et veut faire trembler ! Pendant plus d'un mois cette terrible démence allait sévir sur ces trois points de l'extrême Morbihan, Auray, Vannes, enfin Quiberon, nom fatal ! L'esprit de la terreur, servi avec passion par quelques caractères violents et cruels comme le général Lemoine, obéi avec crainte par les autres qui tuaient pour ne pas mourir, allait multiplier les immolations sur cette côte

---

[1] J'emprunte ces détails à l'appendice placé par le rédacteur de la *Revue de Bretagne et de Vendée* à la fin de la brochure de M. Berthier de Grandry. Un peu plus loin je cite cette scène *in extenso*.

malheureuse. Le signal des massacres juridiques avait été donné par l'exécution de Sombreuil et de ses dix-sept compagnons.

VI

LES QUATRE COMMISSIONS MILITAIRES. — VANNES, AURAY, QUIBERON.

Quatre commissions militaires furent instituées : deux à Vannes, l'une siégeant à l'hôtel de ville, l'autre à l'hôtel de Gouvello, sur les Douves ; une troisième à Auray ; la quatrième à Quiberon. Le 31 juillet, l'ordre arriva à Auray de conduire à Vannes les détenus qui avaient fait partie de la première division débarquée à Carnac le 27 juin précédent : c'étaient les restes des régiments de *la Châtre* ou *Loyal-Émigrant*, d'*Hector* ou *la Marine, du Dresnay* et d'*Hervilly* ou *Royal-Louis*. Un grand nombre de chouans, faits en même temps prisonniers à Quiberon, partageaient le sort des émigrés après avoir partagé leurs périls. « Nous fîmes à pied et en plein jour, mais cette fois bien escortés, dit M. Harscouet de Saint-Georges, les quatre longues lieues qui séparent les deux villes. Nous marchions sur quatre de front, sans être attachés, mais entre une double haie de soldats républicains. Notre escorte était nombreuse, et nous trouvions de distance en distance de forts détachements postés sur la route, aux endroits les plus propres à une surprise, afin de prévenir un coup de main de la part des royalistes du pays, qui auraient pu tenter de nous délivrer. Chemin faisant, nos conducteurs achevèrent de nous dépouiller de nos meilleures hardes, et les remplacèrent par leurs guenilles, de sorte qu'à notre entrée à Vannes nous avions l'air de brigands. On nous conduisit d'abord dans l'enclos d'un ancien couvent, et l'on nous y laissa environ deux heures, en nous livrant en spectacle aux soldats de la garnison de Vannes, troupe révolutionnaire choisie dans l'armée de l'Ouest, en dehors des combattants de Quiberon, pour la sanglante tâche qu'elle allait remplir. C'était une sorte d'exposition précédant le supplice et y ajoutant un supplice de plus. Le peuple, le vrai peuple de Vannes, n'y parut pas : nous n'aperçûmes que quelques-unes de ces figures patibulaires qui semblaient, en tout lieu, sortir de terre pour assister aux fêtes hideuses de ces malheureux temps. De là on nous dirigea sur l'église du grand séminaire, dite du Mené, assez vaste pous nous contenir tous, et qui dut à sa position isolée d'être choisie pour notre prison. »

Le grand séminaire de Vannes est situé, en effet, à l'une des extrémités de la ville. Je crois avoir précédemment raconté comment, à l'époque où je fis mon premier voyage dans le Morbihan (en 1850), je trouvai l'évêque, Mgr de la Mothe-Vauvert, assistant, avec la simplicité des premiers siècles, à une partie de boules que jouaient les professeurs de son grand séminaire, alors en vacances, et comment il me montra, à quelques pas de la porte d'entrée, le lieu où retentirent les premières fusillades. Ces récits sont si naturels dans le Morbihan, qu'on les fait et qu'on les entend avec une sorte d'indifférence. Les exterminateurs révolutionnaires avaient fini par ne pas plus s'étonner de tuer que les royalistes ne s'étonnaient de mourir.

« Quand on nous eut enfermés dans l'église du grand séminaire, continue M. de Saint-Georges, on la fit entourer de troupes, et cinquante soldats de ligne, toujours debout et l'arme au bras, firent le service intérieur. La journée avait été brûlante. Nous étions partis d'Auray à dix heures du matin, et, quoique six heures eussent sonné, on ne nous avait fait aucune distribution de vivres. Je ne fais qu'exprimer un fait littéralement vrai en disant que nous tombions de fatigue et de besoin. Nous demandâmes du pain. A Vannes comme à Auray, l'autorité n'avait rien à nous offrir : elle était chargée, comme nous le vîmes bientôt, de nous tuer et non de nous faire vivre. Seulement elle fit annoncer dans la ville que, s'il se trouvait des personnes qui voulussent venir en aide aux prisonniers de l'église du Mené, la République, dans sa munificence, ne s'opposerait point à ce qu'on nourrît ses captifs, et que même elle laisserait pénétrer dans la prison ceux qui voudraient y porter eux-mêmes leurs aumônes. »

Ce mot suffit. Il est remarquable que les époques des grands crimes deviennent aussi les époques des grandes vertus. Il semble que la nature humaine fasse un effort pour égaler le bien au mal, l'honneur à la honte. Madame Elisabeth domine du haut de son échafaud Théroigne de Méricourt et les furies de la guillotine, le doux Louis XVI sert de contraste à Marat et à Robespierre, et Malesherbes répond à Danton, lorsque celui-ci lui demande qui le rend si hardi de traiter de Sire et de Majesté le prisonnier de la Convention : « Le mépris que j'ai pour la vie et pour vous. » Les habitants de Vannes, comme ceux d'Auray, furent admirables de générosité et aussi de courage, car, dans ces temps de fureur et de tyrannie, un acte d'humanité était un acte de courage; et l'intérêt témoigné à des proscrits désignait à la proscription. La population de Vannes, qui ne s'était pas montrée quand il s'agissait d'insulter les prisonniers, accourut quand il s'agit de les secourir. Ce fut un véritable concours. Vannes fit plus encore qu'Auray, parce que, s'il y avait égalité de cœur entre ces deux villes, il y avait en faveur de la première supériorité de richesse. Les pauvres, du reste, rivalisèrent avec les riches. En un instant le pavé de l'église du Mené, transformée en prison, fut jonché de paille fraîche, couvert de matelas; le pain, la viande, les fruits, le cidre, le vin, affluèrent de tous côtés. On prodigua aux prisonniers les consolations, les secours de toute espèce, les soins les plus assidus, on leur offrit de l'argent. Les femmes surtout se signalèrent dans cette circonstance, comme dans toutes celles où un immense malheur provoque une immense pitié. Elles apparurent aux victimes de Quiberon comme ces bons anges qui soutiennent les hommes dans leurs épreuves. Dans le récit de M. le comte Harscouet de Saint-Georges, calme et sévère quand il raconte ses infortunes et celles de ses compagnons, on sent palpiter le cœur des captifs au souvenir d'un intérêt si cordial, si intrépide et si touchant. Et il ne s'agit pas ici d'un intérêt d'un jour, qu'un mouvement d'enthousiasme fait naître et qui s'éteint aussitôt. Pendant trois semaines l'église du Mené contint des prisonniers; pendant trois semaines les mêmes actes de générosité se renouvelèrent sous les yeux des bourreaux, qui, chaque jour, venaient chercher de nouvelles victimes. Vannes, cette ville dont l'âme était plus fortement trempée que celle de Paris, ne connut pas l'empire de cette ignoble terreur qui non-seulement éteint l'humanité au cœur de ceux qui l'inspirent, mais la générosité au cœur de ceux qui la subissent.

J'ai dit que les quatre conseils de guerre fonctionnaient, un à Auray, deux à Vannes, un quatrième à Quiberon. Ils étaient composés d'un lieutenant-colonel ou d'un chef de bataillon qui présidait, d'un capitaine, d'un lieutenant, d'un sergent, d'un soldat et de deux greffiers, l'un militaire, l'autre civil. L'une de celles que le général Lemoine nomma le 1er août à Vannes imita le généreux refus de la première commission d'Auray. On a conservé la lettre de son président, le chef de bataillon Douillard : « Citoyen général, j'aime bien la république ; je déteste les ex-nobles et les chouans ; je les combattrai jusqu'à la mort ; mais sur le champ de bataille j'ai voulu les épargner. J'ai prononcé avec tous mes camarades les mots de capitulation honorable. La république ne croit pas devoir reconnaître le vœu de ses soldats. Je ne puis plus juger ceux que j'ai absous le sabre à la main. »

Cette lettre confirme les détails donnés par le chevalier de Grandry et justifie les expressions dont il se sert quand il dit : « Ce ne fut que sur les ordres les plus impératifs et les plus menaçants du général Lemoine qu'une nouvelle commission s'était constituée, on pourrait dire le pistolet au poing [1]. »

---

[1] *Récit sommaire*, p. 30. M. de Chaumereix apporte un témoignage analogue : « Le général Lemoine, dit-il, cassa la commission d'Auray et en fit nommer quatre autres. Tous les officiers ayant refusé, il ordonna que l'armée prît les armes et il menaça de faire fusiller sur-le-champ celui qui n'accepterait pas sa place dans une commission » (page 17).

Quand le général Lemoine fut parvenu à organiser les commissions, elles fonctionnèrent comme des machines pour rendre des arrêts de mort. Y eut-il, comme on l'a dit, des ordres supérieurs pour prévenir le scandale d'un acquittement ? M. le comte Harscouet de Saint-Georges ne le pense pas, et une telle précaution était, selon lui, inutile.

« Choisis *ad hoc*, dit-il, par le général qui avait pris la direction suprême après le départ de Hoche et de Tallien, ainsi que les bataillons qui avaient pris la place de nos adversaires de Quiberon, les uns et les autres étaient à la hauteur de leur mission. »

Voici comment, à Vannes, les exécutions commencèrent.

« Le 1er août, sur les neuf heures du matin, un capitaine d'infanterie, monstrueuse figure coiffée d'un bonnet rouge, se présenta dans la prison suivi d'un détachement de sans-culottes. Il dit, sans autre explication, « qu'il lui « fallait à l'instant dix de nous. » La proposition n'avait rien de séduisant, et personne n'était préparé à cette brusque demande. Il y eut donc naturellement parmi nous peu d'empressement à le suivre. Furieux de cette hésitation qui lui semblait une révolte, il saisit un des prisonniers les plus proches, et s'écria en jurant que, « si « l'on n'obéissait pas immédiatement, il allait, en un « temps, nous éventrer tous avec son sabre. » Comme il avait le sabre nu à la main et qu'il gesticulait de manière à en approcher la pointe de nos corps, nous comprîmes que l'effet allait suivre la menace. L'effet désiré fut produit : douze des plus rapprochés suivirent au hasard et

disparurent pour ne plus reparaître. Nous sûmes bientôt après qu'ils avaient été conduits devant une des commissions militaires. Nous jugeâmes bien que cette scène allait se renouveler, et nous nous préparâmes à mourir. Nous profitâmes du répit qui nous était donné pour nous distribuer en sections de dix ou douze personnes, afin de marcher au supplice au premier appel. Nous acceptions la mort avec résignation, et nous ne voulions pas nous exposer, en disputant quelques minutes de vie, à nous faire insulter, qui sait? frapper par les mains souillées de nos bourreaux. Cette résolution avait été prise sur la proposition d'un de nos anciens, qui, élevant la voix au milieu du silence de tous, s'était écrié : « Mourons avec
« courage, en hommes dignes de notre origine, de la
« cause que nous servons. Montrons à nos bourreaux et à
« ceux auxquels nous allons être donnés en spectacle, et
« qui seront attentifs à notre contenance, que la mort, si
« affreuse que soit la forme sous laquelle elle se présente,
« devient douce autant qu'honorable quand c'est pour son
« Dieu, pour son roi, pour sa conscience, qu'on fait le
« sacrifice de sa vie. »

Je transcris textuellement, dans le manuscrit du comte Harscouet de Saint-Georges, cette allocution chrétienne et héroïque, dont le souvenir aurait péri avec ceux qui l'entendirent, si Dieu n'avait pas arraché miraculeusement à la mort commune ce véridique témoin pour nous la conserver. Ne vous semble-t-il pas être introduit tout à coup dans une réunion de chrétiens de l'Église primitive attendant le supplice? N'avez-vous pas lu quelque chose de pareil dans les Actes du martyre de sainte

Félicité et de sainte Perpétue, délibérant sur la manière de se présenter à la dent des bêtes du cirque ou au couteau du gladiateur? Ne vous rappelez-vous pas aussi le récit du sire de Joinville sur la mort des chevaliers livrés au fer des bourreaux musulmans par les ordres du soudan? « Le dimanche, après que nous fûmes pris et mis en pavillon, les riches hommes et chevaliers portant bannière, ouïmes grant cri de gens. Demandâmes ce que c'étoit, et l'on nous dit que c'étoit notre gent que l'on mettoit dans ung grant parc tout clos de murs de terre. Ceulx qui ne se voloient renier, on les tuoist. » La noblesse française, comme le soleil au moment de disparaître, jetait un aussi vif éclat que dans sa glorieuse aurore, et, dans ces fatales journées où le malheur des temps lui refusait la mort des champs de bataille, les dignes héritiers de ceux qui ont teint de leur sang généreux toutes les pages de notre histoire en combattant pour la France élevaient jusqu'à eux cette mort des criminels jusqu'à laquelle on avait voulu les faire descendre ; l'échafaud devenait un autel où l'on mourait pour Dieu, pour l'honneur et pour la conscience, et le champ du supplice allait conquérir devant la postérité le nom de Champ des Martyrs.

Les paroles prononcées par le vieux gentilhomme dont le comte Harscouet de Saint-Georges ne nous a pas conservé le nom furent acceptées, adoptées par tous. Les prisonniers se choisirent et s'associèrent par groupes d'amis afin de mourir ensemble. A peine avaient-ils pris ces dispositions, que l'on vint chercher une de leurs sections. La machine aux arrêts de mort allait vite en besogne, et il fallait fournir des vies humaines à cet homicide moulin qui, broyant la chair et le sang, tournait toujours.

Quelques heures se passèrent. Tout à coup on entendit éclater une détonation, puis tout rentra dans le silence. Les prisonniers devinrent attentifs. Le bruit avait retenti si violemment dans l'église-prison, qu'il était évident qu'un feu de peloton venait d'être exécuté à quelques pas du grand séminaire. La même pensée se présenta à l'esprit de tous les prisonniers : c'était une exécution, le massacre commençait. Un officier de garde, voyant la préoccupation qui se peignait sur la physionomie des prisonniers, leur dit avec un mauvais sourire : « Messieurs, n'ayez pas peur. Ce n'est que l'explosion d'une mine. C'est l'ouvrage de notre major de place. Je dois vous avertir qu'il en fera sauter beaucoup comme cela aujourd'hui. » L'accent railleur avec lequel ces paroles furent prononcées trahissait assez la sinistre ironie cachée sous cette explication. La voix d'un prisonnier s'éleva : « Nous sommes des soldats, dit-il, nous devons savoir mourir, nous saurons mourir, et nous ne connaissons pas la peur. La connaîtriez-vous, par hasard, vous qui nous attribuez ce honteux sentiment ? Quelle âme avez-vous donc pour vous réjouir de notre infortune et ricaner en face de la mort ? » L'officier baissa la tête et se tut ; ses soldats gardaient un silence désapprobateur. Dieu a donné au courage et à la vertu un accent dont la cruauté et le crime lui-même subissent l'empire.

Les prisonniers ne s'étaient pas trompés en attribuant à une cause néfaste le bruit qu'ils avaient entendu. Ils surent, dans la journée, que leurs douze camarades, tirés les premiers de la prison, avaient été fusillés dans l'étroit triangle que forme le portail actuel du grand séminaire avec la grande voûte de la rue du Mené, avec laquelle il se trouve en faux équerre. On sut, dans la ville, ce qui s'était passé dans la prison lors de la première détonation, et les autorités décidèrent que les exécutions auraient lieu hors de la ville, mais à peu de distance. « Dans cette première journée de tuerie, dit M. le comte Harscouet de Saint-Georges, le tiers de ce que nous étions environ fut immolé. »

J'ai suivi jusqu'ici mon guide dans la prison de Vannes, qui défrayait à la fois deux commissions militaires. Ce qui se passait à Vannes se reproduisait à Auray et à Quiberon. La vengeance implacable, ou la peur plus implacable encore, siégeait dans les commissions de Quiberon et d'Auray comme dans celles de Vannes ; le courage, la résignation, la foi qui se soumet, l'honneur qui se dévoue, animaient les prisonniers d'Auray et de Quiberon comme ceux de Vannes. A Auray, les fusillades commencèrent le 4 août. La sympathie et la pitié des populations entouraient les victimes ; c'était, dans ces temps mauvais, la seule manière de protester contre les bourreaux. L'histoire a conservé le nom de quelques-unes de ces femmes vraiment évangéliques qui vinrent les visiter dans ces chapelles transformées en prisons, qu'un jeune prisonnier d'Auray appelait du nom « d'antichambres de la mort. » C'étaient Mmes Leconte, Fougère, Tanguy, femme du peuple, qui fit confectionner, à ses frais, des vêtements pour les prisonniers, Humphry, Hémon, Kerdu, Brunet, Guillevin, Duparc, Le Normand, Glain, Béar, Lauzer,

Vial. Un religieux, le R. P. Martin, de la Compagnie de Jésus, auteur du *Pèlerinage de Sainte-Anne,* nous apprend qu'il faut ajouter un nom à cette liste : celui de sa mère, qui, au risque de sa vie, tenta de sauver celle du jeune comte de Rieux, et ensevelit de ses propres mains, dans la sombre vallée des Paluds, celui qu'elle n'avait pu arracher à la mort.

Les rares survivants des prisons de Quiberon et d'Auray ont conservé le souvenir des scènes dont ils furent témoins dans ces prisons, comme le comte Harscouet de Saint-Georges nous a transmis la mémoire de celles qui eurent lieu dans la prison de Vannes. Ici, c'est un prêtre à cheveux blancs, se levant tout à coup au milieu des prisonniers et leur adressant ces paroles : « Chevaliers chrétiens, toujours fidèles à Dieu et au roi, faites un acte de contrition, vos péchés vous sont remis. » Là, ce sont les prisonniers agenouillés, récitant les prières des morts au milieu des républicains, qui, s'étonnant d'être attendris, répétèrent plus d'une fois les psaumes de l'Église, en mêlant leur voix à celle de ces hommes pleins de vie, qui, tout à l'heure, allaient mourir. On vit, comme il arrive dans les grandes crises de la société et celles de la nature, des caractères sublimes, qui ne se soupçonnaient pas eux-mêmes, se révéler tout à coup. Un domestique, rival du dévouement de cet honnête et brave Letellier qui suivit le directeur Barthélemy, déporté à Sinnamary, après le coup d'État du 18 fructidor, demanda à suivre à la mort son maître, sans lequel il déclara qu'il ne voulait pas vivre. Un autre domestique, nommé Malherbe, se dressa tout à coup au milieu de ses compagnons surpris ;

et, comme si une langue de feu l'avait touché au front, il leur parla de Dieu, de la mort et du pardon des injures avec tant d'éloquence, que tous les cœurs étaient émus. C'était une scène digne des *Actes des martyrs*. Le ciel était descendu dans cette prison, les victimes pardonnaient à ceux qui allaient être leurs bourreaux et priaient pour eux. Dans la prison où se trouvaient les restes de cette troupe héroïque de vieux chevaliers de Saint-Louis, fauchés par la batterie républicaine, ce furent eux qui, découvrant leurs cheveux blancs, parlèrent à leurs jeunes compagnons de la mort, qu'il fallait subir en chrétiens, après l'avoir bravée en soldats sur le champ de bataille Comme les anciens du peuple dans Israël, ils se levaient au milieu de leur tribu, et, sacrés par le temps et l'expérience, ils conduisaient cette brillante jeunesse à la terre promise qu'ils lui faisaient apparaître au delà du tombeau.

Nous trouvons dans la relation d'un des détenus d'Auray, le comte de Montbron, qui échappa au sort funeste de ses compagnons, un récit où revivent toutes les émotions des scènes auxquelles il assista. Il avait été touché par un souffle de l'esprit du siècle, et, dans l'enivrement de sa vive jeunesse, il n'avait jamais regardé, c'est lui-même qui l'avoue, au delà de l'horizon du temps. Son témoignage n'en a que plus de prix : « Un spectacle douloureux, dit-il, m'attendait dans une chapelle basse, de l'autre côté de l'autel. Les émigrés, qui étaient presque tous officiers de marine, s'y étaient retirés pour prier ; le hasard avait réuni, dans cet affreux moment, des personnes douées d'une rare piété. Un jeune chevalier de

Malte attira surtout mon attention par ses sanglots, son visage pâle et flétri par la douleur, ses longs regards que l'amour de Dieu élevait vers le ciel et que la pénitence ramenait vers la terre ; ses discours où régnait, avec le ton passionné de l'adolescence, l'austérité de la vieillesse tout rappelait en lui ces premiers martyrs que la piété conduisait à l'héroïsme et consacrait à la vénération des siècles. Un autre était assis auprès de lui, dont l'air paraissait aussi religieux et plus composé. Le jeune chevalier, à qui tous ses compagnons avaient dit qu'il se sauverait en accusant une ou deux années de moins, avait consulté celui-ci : la vie est-elle d'un prix égal au prix de la vérité ? lui avait-il demandé. — « Il vaut mieux mourir que de vivre par un mensonge, » avait répondu l'ancien officier ; et cette réponse était un arrêt de mort. »

Nous pouvons nommer le jeune chevalier de Malte désigné dans le récit de M. de Montbron : c'était de Lage de Volude, brillant officier, chéri de ses camarades pour ses aimables qualités. Son oncle austère était M. de Kergariou-Locmaria, dont le frère avait été tué dans le combat du 16 juillet. L'oncle et le neveu se rendirent ensemble au supplice ; M. de Kergariou voulut y marcher pieds nus, pour mieux imiter le Christ, son divin modèle. Un des deux Lassenie, volontaire dans le régiment de Damas, montra la même rigidité de principes. Un des commissaires, touché de son aspect juvénile, lui suggéra le seul moyen de défense qui pût le sauver : « Vous êtes bien jeune, lui dit-il ; sans doute, vous n'aviez pas seize ans quand vous avez émigré ? — Je les avais, monsieur, répondit le jeune homme ; je ne puis me décider à racheter ma vie par un mensonge. » Le jeune de Viart, élève de marine, suivit cet exemple, et plutôt que de tromper la Commission sur son âge, il mourut avec deux parents du même nom, son oncle, major de vaisseau, et son cousin, élève de la marine comme lui.

Je rends ici la parole à M. de Montbron, que j'ai interrompu au moment où il racontait le trait du jeune de Volude : « Je versai des larmes, continue-t-il, sur cette victime d'une vertu dont mon âme était bien loin. La terreur d'une fin prochaine n'était pas la cause de sa douleur; il déplorait les erreurs d'une vie sans doute bien innocente, et moi, j'avais à peine des remords! J'étais pourtant touché de cet exemple, et le respect que la vertu nous inspire est souvent le premier pas qui nous y conduit.... Comme on proposait à mes compagnons de leur donner de la paille pour se reposer, ils préférèrent coucher sur la terre humide et avoir de la lumière pour prier. Un de nous ayant parlé de prendre quelque nourriture : « Occupons-nous de nos âmes, » répondit l'ami du jeune chevalier, et il se mit à réciter l'office des morts, qui fut écouté avec ferveur. Tous les autres étaient prosternés et se frappaient la poitrine avec force. Ils disaient les répons de ces prières que les échos de l'église répétaient d'un ton plus lugubre encore.... Une lueur pâle et incertaine ne se ranimait quelquefois que pour nous laisser apercevoir la pieuse agonie de nos compagnons. Mais mon âme n'était point appelée à recevoir la récompense d'une si touchante résignation. Soit mépris de la mort, soit lâche espoir de la vie, je m'endurcis contre ce spectacle, ou plutôt je ne versai d'autres larmes que celles de la pitié. Une seule fois, cependant, je priai. Rien n'est plus salutaire à l'âme que la prière, cet entretien avec Dieu, qui voit tout, et devant lequel il faut rougir de fautes ignorées des hommes, de pensées criminelles, à qui la possibilité seule a manqué pour devenir des crimes.

« Après la messe des morts, l'ami du jeune officier de Malte parla d'effusion de cœur pour nous disposer à une fin prochaine. Après lui, son domestique prit la parole, et déploya une éloquence dont nous fûmes aussi touchés que surpris. Son esprit était nourri des livres saints, et les approches du supplice semblaient enflammer son enthousiasme. L'un et l'autre nous supplièrent de pardonner à nos assassins. Une grande partie de la nuit fut employée à prier Dieu pour qu'il leur pardonnât de même. Que la religion me parut sublime alors, et combien je déplorai que sa lumière n'eût point éclairé mon âme! Dans cet instant cruel, où tous les efforts de la philosophie ne pouvaient donner qu'une froide tranquillité, cette religion commandait, inspirait encore l'oubli des offenses [1]. »

Tant qu'il y eut des prisonniers à Auray, ces scènes se renouvelèrent dans la chapelle de la congrégation des hommes, appelée depuis, en mémoire de ce douloureux souvenir, *chapelle de l'agonie*. Le premier jour, elle avait reçu dix-neuf condamnés. La ville d'Auray, dont tous les habitants étaient royalistes, ne cachait point sa consternation et son deuil. Plusieurs dames sollicitèrent et obtinrent la grâce de voir une dernière fois les victimes auxquelles elles avaient rendu les soins de mères et de

---

[1] Récit de l'*Évasion d'un officier*, pages 52-59.

sœurs. Quand la porte s'ouvrit, les prisonniers étaient agenouillés devant la balustrade du chœur; le vieux comte de Soulanges, blessé et malade, remplissait le rôle que devait remplir le lendemain le comte de Kergariou-Locmaria; appuyé sur l'autel, il récitait les prières des agonisants. A cet aspect, les soldats, frappés de respect, demeurèrent immobiles; les femmes pleuraient : « Mesdames, leur dit M. de Soulanges, votre charité nous suivra donc jusqu'à la mort ! »

C'est probablement après cette scène que les grenadiers de la 72º demi-brigade, commandée par le capitaine Delaprade, frère du chef de bataillon que nous avons déjà nommé, refusèrent de remplir l'office de bourreaux, et durent être remplacés par les soldats d'un bataillon belge.

A Quiberon, nous trouvons un respectable officier, M. d'Harscouët, remplissant auprès de ses compagnons d'infortune cette noble mission d'aumônier et de consolateur que nous avons vu MM. de Soulanges et de Kergariou-Locmaria remplir à Auray. Il rassurait les timides, fortifiait les faibles, les exhortant au nom du Christ, dont il leur lisait l'*Imitation;* il leur apprenait à souffrir en leur rappelant ses souffrances, à mourir, en leur rappelant sa mort. Plusieurs domestiques, arrêtés avec leurs maîtres et condamnés, quoiqu'ils n'eussent jamais porté les armes, leur durent la résignation et le courage qu'ils montrèrent à leurs derniers moments.

Là c'était dans un grenier qu'on entassait les victimes jusqu'à l'heure de l'exécution. Elle avait lieu sur le bord de la mer qui emportait les cadavres. On fusillait vingt prisonniers à la fois, et il n'y avait qu'un soldat pour chaque prisonnier, de sorte que la plupart des victimes ne mouraient pas du premier coup. Chose terrible à dire, et que cependant les traditions locales affirment, chaque victime choisissait son bourreau et le payait pour être visé au cœur. Le tarif de ces meurtres, exécuté avec précision, était une guinée pour ceux qui possédaient encore de l'argent [1]; les vêtements du tué appartenaient de droit au tueur. Il arriva qu'une exécution se fit à la tombée de la nuit : un bâtiment anglais était mouillé en vue de la côte; deux officiers épargnés, dit-on, à dessein par les soldats se jetèrent à la mer; l'un d'eux, M. Génot, lieutenant au régiment de Rohan, fut atteint par une décharge au milieu des flots et disparut pour jamais; son camarade, M. de Kérautem, plus heureux, gagna le navire à la nage.

M. d'Houaron, autre prisonnier, condamné aussi à mort par la commission militaire de Quiberon, et conduit, à la tombée de la nuit, à l'endroit où il devait être fusillé, rompit tout à coup ses liens, et prit sa course avec la rapidité de l'éclair. Quelques soldats le poursuivirent, mais il ralentit leur course en semant derrière lui des pièces d'or. Bientôt il disparut derrière les murailles basses qui coupent de distance en distance le terrain de la presqu'île. Les soldats, craignant que pendant leur absence les autres condamnés se révoltassent contre l'escorte, revinrent en toute hâte pour prêter main-forte à l'exécution. Quand ils eurent terminé leur tâche homicide, la nuit était tout à fait venue, et les soldats durent renoncer à reprendre leur poursuite.

Le prisonnier qui venait de leur échapper n'était pas un

[1] Muret, *Histoire des guerres de l'Ouest*, tome IV, page 204.

émigré, c'était un officier vendéen qui connaissait parfaitement le pays. « Couché derrière une muraille, continue M. le comte de Montbron, à la relation duquel j'emprunte ce récit, il resta d'abord immobile; mais, comme il n'était pas fort loin du hameau qu'il avait habité, il fut assez heureux pour le regagner sans être vu. Il eut la prudence de ne point se montrer aux habitants qui, sans doute, logeaient des soldats. Caché près de la chaumière, il écoutait attentivement et ne savait à quoi se résoudre quand il vit sortir la fille de la maison. Il n'hésita point à se faire connaître. Dans toute la France, et surtout en Bretagne, les femmes ont montré un si héroïque dévouement que leur habit seul inspirait la confiance. Cette jeune paysanne montra la joie la plus vive en voyant un prisonnier sauvé. Aussi courageuse que bien avisée, elle donna pour asile à M. d'Houaron une place vide qui se trouvait dans un tas de foin. Pendant un mois ou six semaines, elle lui porta tout ce qui lui était nécessaire; elle ne fut jamais aperçue de ses parents; elle n'avait point osé leur confier un semblable secret. On ne pouvait sortir de la presqu'île que par le fort, et la porte était toujours bien gardée. La jeune paysanne y fit cependant passer M. d'Houaron avec des habits de femme. »

Ces évasions sur le champ même du supplice furent très-rares. Bien peu les tentèrent, et parmi eux quelques-uns seulement réussirent.

Quelque horribles que soient les détails que, dans la suite de ce récit, je vais avoir à donner, je ne puis les omettre : quand il s'agit d'histoire, le peintre n'a pas le droit de reculer devant l'horreur du tableau. J'y suis d'autant moins autorisé que, dans le temps où nous vivons, il y a des écrivains qui entreprennent la réhabilitation des hommes et des actes de 93. Il faut que ceux qui sont disposés à les admirer sachent à quoi ils s'engagent. La révolution de 93, ce prétendu sacre de l'humanité, pour parler la langue emphatique d'un poëte, fut un long massacre qui, nulle part, n'offrit d'aussi lamentables scènes qu'à Auray, à Vannes, sur la plage de Carnac, où tombèrent les victimes de Quiberon, plus de quinze cents hommes envoyés au supplice par la Convention, qui, inclinant vers sa fin, réchauffait sa vieillesse homicide dans un bain de sang.

Sur deux des trois points où fonctionnaient les conseils de guerre, on avait adopté le même mode d'exécution. Chaque matin, suivant les proportions de l'égorgement de la journée, les autorités républicaines faisaient creuser, sur le champ du supplice, une fosse dont les dimensions répondaient au nombre de ceux qu'elle devait recevoir. Les prisonniers, liés deux à deux, étaient conduits à cette fosse. On les faisait ranger sur le bord, le visage faisant face au trou qu'on avait creusé pour leurs cadavres, le dos vers les exécuteurs. Deux soldats à Auray et à Vannes, un seul à Quiberon, où la mer emportait les victimes, devaient faire feu à bout portant sur chaque condamné. Ils tiraient à un commandement donné par leurs chefs, et les victimes tombaient pêle-mêle sur le bord de la tranchée ou au fond. « Aussitôt, continue M. Harscouet de Saint-Georges, dont je suis ici la relation, les sans-culottes se précipitaient sur les martyrs, les dépouillaient entièrement et s'appropriaient leurs dépouilles. Les vêtements et le linge étaient la proie exclusive des simples soldats ; s'il y avait des bijoux et de l'argent, on se les partageait dans les grades supérieurs. »

Je n'ai transcrit qu'à regret ces lignes. Mais la vérité, quelle qu'elle soit, doit être dite. Il faut se rappeler que Hoche n'était plus là, qu'on avait même retiré les troupes qui avaient combattu les royalistes à Quiberon, sans doute parce qu'on ne comptait pas assez sur elles pour leur confier cette abominable besogne, bien que l'on voie, par les lettres mêmes de Hoche au Directoire, qu'elles contenaient dans leurs cadres de tristes éléments. On avait donc choisi, dans l'armée révolutionnaire de l'Ouest, dans ces colonnes infernales qui avaient porté partout le fer et la flamme, des ouvriers appropriés à la tâche. Ce n'étaient point, comme on l'a prétendu par un sentiment de pudeur nationale, des étrangers, des Belges, qui furent partout chargés des exécutions. M. Harscouët de Saint-Georges, qui vit les choses de si près, le nie formellement. Hélas ! pour les massacres de Quiberon, comme pour les massacres de la Glacière, à Avignon, et ceux de l'Abbaye, de la Force et des Carmes, à Paris, dans les journées des 2 et 3 septembre 1792, la Montagne, cette reine hideuse de la Convention, ne fut pas obligée de s'expatrier pour trouver des instruments de meurtre. Elle était trop riche de crimes pour avoir besoin d'emprunter. Lorsque les peuples et les fleuves sortent de leur lit, sous l'influence des crises de la société ou de la nature, les fanges qui croupissent au fond montent à la surface. Les natures perverses, surexcitées par la passion générale, et n'étant plus contenues par le joug de la loi, se développent dans leur sauvage liberté et reculent les frontières du crime.

Ces explications étaient nécessaires pour l'intelligence des détails qui précèdent et de ceux qui suivent.

« Quelque habitué que fût le regard des exécuteurs au spectacle des supplices, continue le comte Harscouët de Saint-Georges, et quelque bronzée que fût leur âme, l'horreur des exécutions journalières était si grande, que parfois la main de quelques-uns des soldats venait à trembler en serrant la détente du fusil, de sorte qu'une partie des victimes, mal ajustées, ne tombaient que blessées. Lorsqu'il en était ainsi, ou celui qui présidait à ces exécutions ordonnait une décharge nouvelle, à moins qu'il ne commandât d'achever les blessés à coups de sabre, ou bien il faisait jeter dans la fosse les blessés pêle-mêle avec les morts, pour achever d'y mourir dans les tortures d'une agonie plus ou moins lente. On vit même le chef militaire qui, l'injure et la raillerie à la bouche, veillait à ce que personne n'échappât à la tuerie, fouler les mourants aux pieds de son cheval. La fosse, creusée chaque jour, n'était recouverte que le lendemain, et, si quelques-unes des victimes qu'elles contenait respiraient encore, on les achevait ou on les enterrait vivantes. »

C'est ainsi que les choses se passaient pour les royalistes condamnés par les deux commissions qui fonctionnaient à Vannes, et que celles-ci faisaient conduire à peu de distance de la ville, sur la route du Mené. On n'opérait pas autrement à Auray ; j'ai dit comment on s'y prenait à Quiberon. A Auray fonctionnait la troisième commission militaire. On lui avait réservé le soin de juger la deuxième division de l'expédition de Quiberon, celle qu'avait commandée Sombreuil ; c'étaient les cadres des régiments ou plutôt des bataillons de Rohan, Périgord, Salm, Damas et Béon ; un grand nombre de ces chouans intrépides, qui avaient lutté contre les meilleurs soldats de la République, partageaient la prison des émigrés, et, envoyés comme eux devant la commission militaire, ils subissaient le même sort.

A deux kilomètres d'Auray, vers l'endroit où se rencontrent, dans une espèce de carrefour, les routes de Sainte-Anne, de Pluvigner et d'Auray, s'ouvrait une prairie solitaire, d'un aspect sombre et sinistre, située sur les bords d'un marais salant au milieu duquel coule la rivière le Loc, profondément encaissée dans le fond de cette sauvage et humide vallée. A l'époque du massacre, il y avait un chemin d'Auray à Pluvigner qui passait beaucoup plus près de cette prairie, destinée à une douloureuse célébrité, que ne le fait la route actuelle ; mais il en était séparé par un fort d'ajoncs piquants, drus et serrés, et l'on n'y avait accès que par un sentier étroit, rude et tortueux. Cette prairie, de médiocre étendue, entourée de hauts talus couverts de ces gros chênes à émonde, sorte de cadavres d'arbres décapités qu'on voit partout en Bretagne, entre-joignant leurs courtes ramures, et qui ont quelque chose de difforme et de monstrueux, avait une physionomie sombre, mystérieuse et terrible. On eût dit un lieu tout préparé pour un malheur ou pour un crime. Un malheur ! il y en avait eu un sur ce sinistre terrain. Cette prairie faisait partie du champ de bataille où, au quatorzième siècle, Charles de Blois avait perdu la couronne et la vie dans la célèbre journée à laquelle l'histoire a conservé le nom de bataille d'Auray. Ce fut cette vallée, avec sa rivière encaissée au milieu, que, malgré l'avis prévoyant de du Guesclin, dont le regard militaire avait jugé le terrain, Charles de Blois fit traverser à son armée pour aller attaquer les bataillons anglais, qui, par l'ordre de l'habile Chandos, se tenaient immobiles sur l'autre bord. Ce champ avait donc déjà été engraissé par le sang humain ; mais, au moins, c'était la guerre qui l'avait versé. Cette fois, il allait servir à un crime, et avec sa situation élevée, sa ceinture de chênes à émonde, et cette lugubre vallée du Loc qu'il domine, il ne ressemblait pas mal à la plate-forme d'un échafaud gardé de tout côté. Hélas ! de siècle en siècle, les dates de malheur et de crime s'évoquent comme de sinistres échos.

Ce fut là que pendant trois semaines on amena, chaque jour, les prisonniers condamnés à mort par la commission militaire d'Auray. Comme à Vannes, ils étaient conduits vingt par vingt devant une fosse creusée d'avance et à laquelle on leur ordonnait de faire face, puis fusillés à bout portant par les soldats placés derrière eux. Malgré la surveillance sévère exercée à l'entour du champ du carnage, quelques-uns, malheureusement un bien petit nombre, parvinrent à s'échapper en traversant les paluds, qui sont guéables quand la mer est basse. Les femmes d'Auray, qui avaient visité les prisonniers dans leurs geôles, allaient courageusement, au moment des exécutions, s'établir dans les bois de Kerso avec des vêtements préparés pour faciliter la fuite de ceux qui parviendraient à échapper à leurs bourreaux en traversant les marais. Quelques-uns y réussirent : on cite parmi eux Fournier de Boisairault d'Oiron, qui se jeta par terre au moment de la décharge, et, se relevant, parvint à s'échapper. Le jeune marquis de Rieux, le dernier représentant d'une famille illustre, l'essaya. On lui avait indiqué un gué qui se trouve un peu à côté d'une ligne droite qui serait menée du champ où l'on fusillait les victimes jusqu'à Kerzo, situé sur l'autre bord. Dans cet endroit le marais salant est plat, large, couvert d'ajoncs à travers lesquels, de distance en distance, les eaux des sources des coteaux voisins se rendent, au fond de coupures vaseuses, vers le Loc qui partage la vallée par le milieu. Le jeune marquis de Rieux avait franchi le talus du champ de carnage. Il cherchait le gué qu'on lui avait indiqué ; malheureusement il ne le trouva pas tout d'abord, et entra dans les vases. Dans ce moment, un sabotier d'Auray qui assistait à l'exécution étendit la main pour désigner le fugitif aux gendarmes à côté desquels il se trouvait ; ceux-ci firent feu à l'instant dans cette direction. Le jeune Rieux tomba mortellement atteint. C'est une tradition dans la ville d'Auray que l'indigne sabotier qui avait rejeté aux mains des bourreaux cette vie à demi sauvée fut le soir même providentiellement puni. Rentré chez lui, la tête troublée par le souvenir de sa détestable action, il voulut se remettre à l'ouvrage, et, du premier coup de hache qu'il donna sur son bois pour le dégrossir, il s'abattit la main gauche, la main coupable avec laquelle il avait désigné, le matin, le jeune marquis de Rieux aux balles homicides. Quant à la victime que deux amis, deux prisonniers de Quiberon échappés au supplice, le comte de Montbron et le vicomte de la Villegourio, attendaient cachés dans les bois de haute futaie du manoir de Kerso, demeure hospitalière de la famille Lauzer, son corps sanglant fut ramassé, la nuit suivante, par une pieuse femme qui avait essayé de sauver le jeune et illustre condamné.

Cette courageuse chrétienne, mère du religieux qui a écrit, comme je l'ai dit déjà, le *Pèlerinage à Sainte-Anne,* bravant les patrouilles républicaines qui battaient les bois, ensevelit les restes du malheureux jeune homme à l'endroit même où, plus de quatre siècles auparavant, le 29 septembre 1364, un de ses aïeux, le sire de Rieux, s'était fait tuer, à la fin de la bataille d'Auray, aux pieds du duc de Bretagne, Charles de Blois, avec les sires de Rochefort, du Pont, de Tournemine, de Montauban, de Dinan, de Kergorlay, de Boisboissel, de Kergouet, sanglante hécatombe qui mit la Bretagne en deuil, mais qui ne lui ôta pas autant de sang des veines que les massacres de Quiberon.

Pendant plus de trois semaines, ces massacres se prolongèrent, et, à Quiberon, la commission militaire ne fut pas moins implacable qu'à Auray et à Vannes; les exécuteurs de ses arrêts ne furent pas moins cruels. Elle condamna sans les entendre les prisonniers blessés ou malades qui ne purent se rendre à sa barre. « On les fusilla ensuite, dit M. Harscouet de Saint-Georges, sur leurs grabats ou dans l'église transformée en prison, sur la paille qu'on leur y avait jetée. Personne ne fut excepté : jeune ou vieux, soldat de l'armée de débarquement ou chouan, leur sort à tous fut le même : la mort [1]. »

---

[1] Ces dernières lignes du manuscrit du comte Harscouet de Saint-Georges doivent être notées. Elles servent à expliquer comment la liste officielle des suppliciés publiée par le général Lemoine ne s'élève qu'à 710 noms. Les prisonniers blessés et malades qui, sans être entendus, furent fusillés sur leurs grabats, figureront probablement dans la colonne réservée aux prisonniers morts dans les prisons.

C'est ainsi que, dans le triangle étroit dont Vannes et Carnac forment la base, Auray le sommet, périrent entre quinze cents et deux mille hommes. Parmi ces hommes se trouvait la fleur de la noblesse française, un Sombreuil, un Soulanges, un Rieux, un Goulaine, un Talhouet, un la Noue, descendant de la Noue Bras-de-Fer, l'ami de Henri IV ; un Kergariou, un Caradec, un de Langle, dont l'aïeul était au combat des Trente ; un de la Landelle, de la même famille que l'écrivain qui, de nos jours, s'est fait un nom par ses histoires de mer ; un d'Arbouville, de la famille du général qui, dans l'armée d'Afrique, a ajouté à l'illustration de ce nom ; un Fénelon, un Chevreuse, un Broglie, un Damas, un Beaumont, un Bellegarde. Que dirai-je ? Cette glorieuse marine qui avait tenu tête à l'Angleterre avec Suffren, d'Estaing, d'Estrées, la Motte-Piquet, vit ses nobles demeurants qui ne s'étaient pas épargnés au milieu des combats qui suivirent le débarquement dans la presqu'île de Quiberon, achever de disparaître dans le massacre. Il y eut des familles qui, perdant à la fois tous leurs rejetons, se trouvèrent éteintes. En même temps périrent un grand nombre de braves paysans bretons qui, s'ils n'avaient pas la noblesse du sang, avaient la première des noblesses, celle du cœur.

Encore faut-il ajouter que ce massacre n'eut pas pour excuse un de ces transports de colère, un de ces accès de fièvre chaude politique qu'on allègue quelquefois dans les temps de révolution. L'égorgement, commencé le 29 juillet, ne se termina que le 26 août ; il dura donc vingt-huit jours. Pendant vingt-huit jours, les ministres de la vengeance de la Convention échelonnèrent les échéances de meurtre : ils firent durer le crime comme d'autres, suivant une expression vulgaire, font durer le plaisir. On inventa, pour arriver à ce but, des industries singulières, d'étranges rouéries, et la soif du pillage et des rapines aiguisa la soif du meurtre; la boue se mêla au sang. D'abord, il y eut l'invention des sursis. On avait accordé, à partir du 2 août, des sursis à la moitié des prisonniers qui restaient. L'âge, ceux qui n'avaient que seize ans au moment de l'émigration, la santé, une origine plébéienne, étaient la cause la plus ordinaire de ces sursis, qui semblaient motiver d'autant mieux les espérances de ceux qui les obtinrent qu'on ne leur assignait pas de délai déterminé. Là brillèrent encore les sentiments d'honneur dont les victimes de Quiberon étaient animées : il y en eut, le jeune Coatudavel et le jeune de Volude entre autres, qui, n'ayant que six mois de plus que l'âge où l'on accordait les sursis, refusèrent de se rajeunir devant leurs juges, parce que la vie ne valait pas un mensonge. Nobles âmes, bien dignes d'être reçues par le Dieu de vérité dans ses bras miséricordieux et paternels !

Le 24 août seulement on prononça en dernier ressort sur les sursis accordés. La décision du comité de salut public avait été atroce : tout égorger, sans distinction d'âge, de rang, de profession; l'égalité devant la mort! On ne fit pas connaître aux détenus le texte même du décret; on leur donna à entendre que les sursis accordés à cause de l'extrême jeunesse avaient seuls chance d'être confirmés. Ce mensonge cachait un piége tendu par la cupidité. On avertit ceux qui se trouvaient dans les conditions du sursis à cause de leur âge qu'ils auraient à comparaître encore une fois devant la commission militaire : « Le nouvel interrogatoire qu'ils allaient avoir à subir, leur dit l'homme de police qui venait les chercher pour les mener à la commission, n'était que de pure forme. Il les engageait donc à prendre tous les effets à leur usage, au lieu de les laisser dans un lieu où ils ne devaient pas revenir. » Dans ces paroles, rapportées par M. Harscouet de Saint-Georges, qui les entendit, il n'y avait qu'une moitié vraie, vraie d'une vérité sinistre : les prisonniers que l'on conduisait à la commission ne devaient plus revenir. La jeunesse est crédule, parce qu'elle a besoin d'espérer même contre l'espérance ; cette brillante jeunesse, qui trouvait si naturel de vivre, si cruel de mourir, crut donc à cette promesse d'un meilleur avenir qu'on lui apportait. « Les jeunes prisonniers, poursuit le comte Harscouet de Saint-Georges, emportèrent non-seulement ce qui était à leur usage particulier, effets et argent, dont les habitants de Vannes leur avaient fait présent, mais ce que s'empressèrent de leur remettre ceux qui, comme moi, n'avaient plus en perspective qu'une mort prochaine. Nous leur donnâmes même presque tous des lettres pour nos familles. »

C'était une ruse, une ruse d'oiseau de proie, tramée par la cupidité de ceux qui s'étaient chargés de l'exécution des victimes, et qui voulaient faire une bonne journée en se préparant de plus riches dépouilles. A peine ces jeunes gens, qui à Vannes étaient au nombre de trente, furent-ils arrivés devant le conseil, qu'on les lia les uns aux autres, après leur avoir demandé leurs noms, et qu'on les conduisit au supplice.

Ainsi périt le jeune Louis de Talhouet, fils du comte de

Talhouet, lieutenant-colonel de du Dresnay, tué à la tête de son régiment, dans la journée du 16 juillet. Redisons la destinée de ce jeune officier de la plus grande espérance, dont la touchante histoire est arrivée jusqu'à nous, grâce à la pieuse tradition conservée par un écrivain distingué, dans les veines duquel coule le sang des Talhouet [1].

Mlle de Talhouet, qui habitait, en 1795, Auray avec sa mère, était parvenue, dans la matinée du 24 juillet, à pénétrer dans la prison où était enfermé son frère. Louis de Talhouet connaissait, comme tout le monde, la capitulation, mais il n'avait aucune foi dans la promesse des républicains. Mme de Talhouet, que son entrevue avec ce fils bien-aimé, et les tristes pressentiments qu'elle avait emportés de sa visite, avaient rendue malade, envoya sa fille à Vannes, sous la conduite d'une de ses parentes, Mme de Boscozel, dont le mari était aussi au nombre des prisonniers. Ces deux dames se rendirent chez un des membres les plus distingués et les plus estimés du barreau de Vannes, M. Jollivet, qui rédigea, à chacune d'elles, une pétition, sans leur cacher que la position de Louis de Talhouet était bien meilleure que celle de M. de Bocozel. En effet, le premier avait émigré, avec son père, avant l'âge de seize ans ; il était donc censé avoir agi sous l'influence de l'autorité paternelle.

« Munies de ces pièces, continue M. de la Gournerie, au touchant récit duquel j'emprunte ces détails, Mme de Bo-

---

[1] M. de la Gournerie, collaborateur de la *Revue de Bretagne et de Vendée*. Le père de M. de la Gournerie épousa Mlle de Talhouet, cette courageuse jeune fille, qui avait fait d'inutiles efforts pour sauver son frère, comme le raconte M. de la Gournerie à la fin du *Récit sommaire de la déplorable affaire de Quiberon*, de M. Berthier de Grandry, recueilli et publié par ses soins.

cozel et sa jeune parente se rendirent chez le représentant du peuple Blad, qu'elles trouvèrent, dans sa cour, occupé à examiner un cheval avec quelques *citoyens*. A leur vue, Blad se détacha du groupe, et l'on monta en silence. Jusqu'à cette époque, Blad avait pris peu de part aux excès de la révolution. Lors du procès de Louis XVI, il se prononça pour le sursis [1]. Plus tard, il fut incarcéré comme fédéraliste, et connut en prison le vieux comte de Sombreuil, son fils aîné et son héroïque fille. La pétition que lui présenta Mlle de Talhouet parut l'émouvoir : « — Quelle triste mission m'a laissée Tallien! dit-il. J'ai été prisonnier avec le père et le frère de M. de Sombreuil, j'ai eu beaucoup de rapports avec eux, et c'est moi qui le fais fusiller [2] ! — Mademoiselle, ajouta-t-il en s'adressant à Mlle de Talhouet, j'accorde un sursis à tous les jeunes gens qui ont émigré avant l'âge de seize ans. » Mme de Bocozel présenta à son tour sa requête : « — Je ne puis rien, répondit Blad ; je vous tromperais si je vous donnais de l'espoir, mais la Commission est humaine, je le sais, elle pourra sauver quelque infortuné. »

« De retour à Auray, Mlle de Talhouet rendit compte à sa mère du succès de sa mission. Elle le fit en présence de M. Ulysse Brachet, lieutenant au bataillon du Bec d'Ambez, qui montra, dans toutes ces circonstances, le dé-

[1] Blad était représentant du Finistère. Il avait voté la mort de Louis XVI, mais avec sursis jusqu'au moment de l'expulsion des Bourbons. (Voir le *Moniteur.*)

[2] Ces paroles de Blad confirment ce que j'ai dit plus haut sur cette espèce de machine de la terreur qui, mise en mouvement, continuait à fonctionner en entraînant dans son engrenage ceux-là mêmes qui auraient voulu qu'elle s'arrêtât, mais qui n'osaient pas l'arrêter.

vouement le plus généreux. « — On vous abuse, dit aussitôt M. Brachet; l'ordre de sursis n'est point arrivé; la Commission militaire est cassée, et elle est remplacée par quatre Commissions tirées des bataillons belges, qui vont juger, l'une à Auray, deux à Vannes, et la quatrième à Quiberon. »

« Mlle de Talhouet repart immédiatement pour Vannes, non plus avec Mme de Bocozel, mais avec quelques autres infortunées. Elles vont ensemble chez le représentant du peuple. On leur refuse la porte ; elles insistent vivement : Blad ouvre au bruit. Mlle de Talhouet se précipite dans la chambre malgré un officier qui veut la retenir par le bras.

« — Qu'avez-vous, ma petite demoiselle ? lui dit Blad. — Ce que j'ai, grand Dieu ! Vous me promettez un sursis, et l'ordre de surseoir n'est pas arrivé ! Vous parlez de l'humanité de la Commission, vous y applaudissez, et la Commission est cassée, et quatre nouvelles prennent sa place ! »

« Blad assura que le sursis aurait lieu. « — Mais on juge ! on juge ! » s'écria Mlle de Talhouet. Blad la conduisit alors au bureau de ses secrétaires. « — Veuillez bien, lui dit-il, leur dicter l'ordre de sursis. Le général Lemoine le fera expédier. Quant à moi, je pars pour Nantes [1]. »

« Le sursis était obtenu, mais serait-il sanctionné par la Convention? Jusque-là, ce n'était pas encore le salut, ce n'était qu'une espérance. Elle se changea toutefois en réalité pour un petit nombre qui s'évadèrent. Quant aux autres, leur sort s'améliora. On se montra moins sévère

---

[1] Voici une preuve de plus, qui confirme ce que j'ai dit plus haut: « Ils se sauvaient tous devant le crime. »

pour eux, et Louis de Talhouet étant tombé malade, on permit qu'il fût transporté chez une de ses parentes, pour y être soigné par sa famille. Il y fut placé d'ailleurs sous la surveillance d'un gardien qui se montra plein d'humanité. Tout semblait donc annoncer un meilleur avenir, mais la Convention voulait encore du sang ; elle finit par annuler le sursis au bout de trois semaines ; et, un matin, tandis que Louis de Talhouet, à peine convalescent, se promenait, appuyé sur sa mère et sur sa sœur, deux gendarmes se présentèrent avec ordre de le reconduire en prison. C'était le 25 août, jour de sa fête. Le lendemain matin, il était fusillé à Vannes. »

J'ai voulu reproduire ces lignes où semblent palpiter encore les émotions de ces tristes et dernières scènes. Ce sursis accordé, puis révoqué, fut une des plus grandes cruautés de cette cruelle époque. L'espérance était éteinte ; on en ralluma un rayon pour l'éteindre de nouveau. Un petit nombre de familles, après avoir cru leurs enfants perdus, avaient le droit de les regarder comme sauvés ; les mères avaient repris possession de leurs fils, qui avaient repris possession de la vie, et, tout à coup, à l'improviste, on venait arracher ceux-ci des bras de leurs parents pour les conduire à la mort. C'était atroce.

A l'atrocité de l'acte vinrent quelquefois s'ajouter des atrocités de détails dans l'exécution. Ainsi, M. d'Antrechaux, officier de marine, l'un des condamnés qui parvinrent à échapper par la fuite à la mort, a raconté un trait de froide cruauté du général Lemoine, qui peint l'homme auquel Hoche avait laissé le commandement en s'éloignant du Morbihan : « Il y avait parmi nous, dit-il, un des plus jolis hommes que j'aie vus de ma vie et dont le nom m'est échappé. Il avait vingt ans au plus, il dessinait dans la perfection. Quelques-uns de ses ouvrages étant parvenus au général Lemoine, il le prit avec lui pour lever des plans et pour faire son portrait; il lui fit partager sa table, et bientôt ce jeune homme fut l'ami de tous les officiers de son état-major. Nous le regardions comme sauvé. Le jour où l'ordre de révocation du sursis arriva, ni ce jeune homme, ni personne ne pensait que cet ordre pût lui être appliqué. Le général le fait dîner avec lui et le traite encore mieux que de coutume ; à la fin du repas, il boit à sa santé, puis il appelle un caporal et quatre soldats et le fait fusiller sous ses fenêtres. Ses officiers furent indignés, et, à la désobéissance près, ils firent tout pour sauver ce malheureux [1]. »

VII

DÉTAILS SUR L'ÉVASION DU COMTE HARSCOUET DE SAINT-GEORGES. — PETIT NOMBRE DES ÉVASIONS.

Sans doute les lecteurs nous sauraient mauvais gré de ne leur donner aucun détail sur la manière dont l'honorable gentilhomme dont le manuscrit nous a particulièrement guidé dans le récit de l'expédition de Quiberon et des mas-

---

[1] M. Muret, en rapportant le témoignage de M. d'Antrechaux dans l'*Histoire des guerres de l'Ouest*, tome IV, p. 212, ajoute que ce fut M. le duc d'Angoulême qui empêcha, par égard pour le général Lemoine, qui vivait encore, M. d'Antrechaux de publier ce fait dans la relation qu'il publia en 1824.

sacres qui la suivirent, parvint à s'échapper des mains des révolutionnaires qui moissonnèrent tant de nobles vies. Nous ne voulons pas encourir ce reproche. Le comte Harscouet de Saint-Georges avait comparu dès les premiers jours d'août devant la commission militaire de Vannes, qui siégeait à l'hôtel Gouvello. « Un par un, nous comparûmes devant les pourvoyeurs de meurtres, écrit-il. Après avoir ou n'avoir pas répondu aux questions qui nous furent faites, nous passâmes au fur et à mesure dans une nouvelle salle. Sur le soir, nous nous y trouvâmes trente-deux ; c'était la besogne de la journée. La vacation close, un huissier vint faire un appel. L'individu appelé sortait, et la porte était fermée. Après l'appel du dix-septième nom, on ne revint plus. Nous crûmes à un récollement. De quelle horreur ne fûmes-nous pas saisis lorsque, attirés aux fenêtres par un bruit de tambours battant une marche, nous vîmes nos malheureux camarades liés deux à deux et traînés au supplice ! Quant à nous, nous passâmes la nuit dans l'hôtel de Gouvello, sous bonne garde, attendant, l'esprit plein de sinistres prévisions, le lendemain, qui devait probablement nous apporter la mort. Le lendemain, à huit heures, nos gardiens nous transférèrent dans la prison dite de la *Tour au fou ;* c'est une dépendance des vieilles fortifications de Vannes, à l'est de la ville. Nous y trouvâmes un grand nombre de nos compagnons à qui l'on avait accordé comme à nous le bénéfice du sursis. C'est là que nous attendîmes jusqu'au 24 août le décret suprême qui devait décider de notre sort. Ce fut le 25 août que nous comparûmes de nouveau devant la commission militaire. L'interrogatoire n'était qu'une affaire de pure forme. Pas un n'échappa à la condamnation définitive. Le soir, on nous ramena en prison ; c'était le lendemain que nous devions mourir. Le lendemain, 26 août, de deux heures en deux heures, on vint prendre les victimes pour les conduire au lieu de l'exécution. On vidait la prison étage par étage, sans faire aucun choix, sans observer aucun ordre ; seulement on ne passait à l'étage supérieur qu'après avoir épuisé l'étage inférieur. Tout ce que contenait la prison était destiné à périr. Pendant toute la journée j'étais parvenu à me soustraire à l'attention des pourvoyeurs de la mort. Enfin je fus oublié ainsi que cinq de mes camarades. Nous nous réfugiâmes dans les combles, et le soir nous parvînmes à nous sauver en rachetant notre vie au sergent et au caporal de garde, au prix de trois cent quinze louis d'or que de bons parents voulurent bien me fournir. »

Tels furent les massacres qui suivirent l'expédition de Quiberon. On y trouve, malgré les vaines et immorales réhabilitations essayées de nos jours en faveur des crimes de la Convention, une nouvelle preuve qu'après comme avant la chute de Robespierre, cette assemblée exterminatrice conserva ses passions implacables et ses instincts meurtriers. Dans la journée du 9 thermidor, comme l'a dit Joseph de Maistre, quelques scélérats envoyèrent au supplice quelques autres scélérats. Ce fut tout. Le génie proscripteur de la Convention survécut à ses querelles domestiques, et, quand l'occasion se présenta de se baigner dans le sang de près de deux mille Français couverts par une capitulation qu'on ne peut nier sans nier en même temps l'évidence, la sinistre assemblée n'hésita pas à ordonner ce meurtre colossal, cette immense tuerie. De bonne heure, la pitié sympathique des habitants du pays donna au champ où avait coulé le sang d'un grand nombre des victimes le nom de *Champ des Martyrs*. Il ne me reste plus qu'à dire un mot de ceux qui furent préservés du massacre, et à parler du monument destiné à consacrer sur ce lieu funèbre le souvenir de ce lamentable événement et des regrets de la patrie.

La plupart des prisonniers qui parvinrent à échapper à la mort, — et ils furent malheureusement peu nombreux, un peu plus de vingt, moins de trente certainement [1], — durent leur salut à leur présence d'esprit, et à des âmes courageuses et compatissantes, à des femmes surtout. J'ai nommé M. de Kerausen, et cité, d'après M. de Montbron, M. d'Houaron. MM. Tercier, le vicomte de la Villegourio, et M. de Montbron lui-même furent sauvés par Mlles Lauzer, Vial, Mme du Bois de Beauchesne et par plusieurs femmes de leurs amies qui les secondèrent [1]; Mlles Lauzer offrirent un asile à M. du Boisberthelot; M. de Chaumereix dut son salut à Mlle Kerdu; M. Lamour-Lanjégu, du régiment de Rohan, à M. Philippe Kerarmel, chirurgien de l'hôpital d'Auray. Une ancienne religieuse du couvent des Cordelières d'Auray, Mme Lenormand, sauva M. de Lantivy. M. Ulysse Brachet, lieutenant au bataillon du Bec d'Ambez, désigné dans la relation de M. de Montbron sous le nom de Saint-Alme, ferma les yeux sur l'évasion de plusieurs prisonniers, enfermés à l'hôpital,

[1] M. le comte de Montbron, dans son *Récit*, a raconté son évasion; les pages dans lesquelles il explique la manière dont il échappa sont les plus intéressantes de son petit *Récit*.

et fut pour ce fait incarcéré pendant plusieurs jours. N'oublions pas de mentionner, parmi les cœurs généreux qui contribuèrent à sauver quelques prisonniers, deux honorables familles, la famille Guérin et la famille Bosquet, républicains par principes, mais qui appartenaient avant tout au grand parti de la pitié et de l'humanité. Le chevalier Berthier de Grandry, qui leur dut la conservation de sa vie, leur a rendu une justice éclatante. Quelques-uns des soldats républicains faits prisonniers au fort Penthièvre au début de l'expédition, et incorporés un moment dans les troupes royales, firent évader un officier royaliste sous les ordres duquel ils avaient été placés, M. d'Epinville. On cite encore parmi ceux que leur présence d'esprit et leur sang-froid sauvèrent, MM. de la Garde et de Fondenis. Si l'on ajoute à ceux que j'ai nommés, le chevalier Berthier de Grandry, détaché et délivré par une main inconnue au moment où on le conduisait au supplice et dont la délivrance inexpliquée et inexplicable rappelle celle de Mlle de Tourzel, prisonnière à la Force, le 2 septembre 1792; M. Harscouet de Saint-Georges et ses cinq compagnons de captivité, parmi lesquels il y en a deux dont nous savons les noms, M. du Bouëric-la-Driennais, capitaine de chouans, M. de Walter, sous-officier de Béon; MM. d'Antrechaux, de Chamillard, de Villeneuve-la-Roche-Barnaud [1], de Préfontaine et de la Villéon, on aura la liste à

---

[1] M. de Monthron raconte ainsi l'évasion de M. de Villeneuve : « Deux jours après mon départ, dit-il, on vint annoncer aux prisonniers leur arrêt de mort. Quelques heures après, ils s'engagèrent les uns les autres à mettre sur une table tout l'or et les bijoux qu'ils possédaient encore, et faisant appeler le geôlier, ils lui dirent que tout était à lui s'il pouvait sauver quelqu'un d'entre eux. Jeannet répondit : « Il est étonnant

peu près complète des condamnés qui parvinrent à échapper à la mort.

Plusieurs d'entre eux trouvèrent un asile au château de

qu'aucun de vous n'ait pu s'échapper d'ici, soit par le secours des dames d'Auray, soit à l'aide des militaires, tandis que plusieurs de vos camarades ont trouvé le moyen de sortir des prisons de Vannes. Vous pourriez vous cacher dans cette lucarne ou dans quelque autre réduit de la prison; je ne vous trahirai point; mais il m'est impossible de vous aider; il y va de ma tête, et je suis père de famille. »

« Vers le soir quelqu'un fit sauter les planches qui masquaient les cloisons de la mansarde. Le lecteur présume peut-être que ces infortunés vont tirer au sort pour savoir lequel d'entre eux doit échapper au supplice : ce serait mal connaître leur générosité... D'un commun accord ils choisirent M. de Villeneuve, l'un des plus jeunes de ceux qui restaient. — Vos deux frères ont péri dans l'expédition, lui dirent-ils, vos parents ne doivent pas rester sans consolation, c'est vous qui vous sauverez. »

« On le plaça donc dans la cloison de cette lucarne. Il avait le corps renversé; un chevron soutenait ses reins, un autre pressait son front; un troisième ses pieds. Il fallait rester immobile dans cette pénible attitude... Ses compagnons furent tous appelés à la mort. Les gendarmes le cherchèrent sans succès. Pendant plusieurs heures il resta seul dans la prison déserte... La privation d'air et la gêne horrible où il se trouvait allaient le délivrer d'une existence plus douloureuse que la mort, quand le geôlier osa venir à son secours. On ne put le cacher ailleurs que dans une étable à cochons qui donnait sur la cour et dont la porte n'avait pas de serrure... Dès que les arrangements furent pris pour le départ de M. de Villeneuve, Jeannet et Audran, chef de chouans, le placèrent dans une huche à pétrir, et vers le soir ils se mirent en devoir d'emporter cette huche sous prétexte des réparations dont elle avait besoin. Quand ils furent arrivés devant la porte de la prison, le dessous de la caisse s'enfonça sous le poids et M. de Villeneuve tomba par terre. Les deux hommes, posant à l'instant leur fardeau, remédièrent à cet accident en posant la huche sur deux longues planches qu'ils firent passer par dessous. Dans la nuit même, le jeune officier fut conduit au château de M*** de G...o. Cette dame, aussi recommandable par ses vertus que par son courage, le recueillit et lui donna les moyens de rejoindre la flotte. (*Récit de l'évasion d'un officier*, par M. de Montbron, pages 124-180.)

Kerantré, situé à l'embouchure de la rivière d'Auray, dans une position favorable qui domine la baie de Quiberon et d'où ils purent, à l'aide d'une embarcation, gagner les bâtiments de la flotte anglaise. Là résidait une noble dame, la comtesse de Gouvello qui, tandis que son mari et ses deux frères combattaient dans les armées royales où figuraient jusqu'à six gentilshommes du nom de Gouvello, était demeurée chez elle avec trois enfants en bas âge. Dévouée à la même cause, elle la servait par tous les moyens. Son château de Kerantré était le centre des correspondances royalistes, le lieu d'asile des proscrits, le point de départ où ils venaient s'embarquer et où ils trouvaient tous les secours et tout le concours dont ils avaient besoin pour gagner l'escadre anglaise toujours en vue.

Avec tous ces dévouements, c'est par goutte qu'on sauva le sang royaliste tandis qu'il coulait par torrent à Vannes, à Quiberon, à Auray. Malheureusement ce ne sont pas là de vaines figures. Un écrivain qui a publié l'*Histoire de la révolution en Bretagne*, et dont le témoignage n'est pas suspect, car il appartenait à l'opinion révolutionnaire, Duchâtellier raconte [1] qu'après avoir pris quelques jours la Garenne pour lieu des exécutions, on dirigea les condamnés sur l'Hermitage et l'Armor. L'administration municipale de Vannes se plaignait, en effet, non pas au nom de l'humanité, mais au nom de la salubrité publique, de l'énorme quantité de sang que la terre profondément imbibée refusait de boire. Les chiens ne parvenaient pas à l'épuiser, quoiqu'ils vinssent s'en gorger

[1] *Histoire de la Révolution en Bretagne*, tome V, page 159.

tous les jours, et les cadavres dépouillés demeuraient, pendant plusieurs heures, exposés nus aux regards du peuple, parce que les transports manquaient pour les transférer au cimetière.

Ces souvenirs, racontés de génération en génération pendant les veillées, sont restés présents à toutes les mémoires. Combien de fois j'ai vu les paysans, habitant les communes voisines de ces lieux funèbres, s'agenouiller, en partant pour leur journée de travail, devant ces calvaires rustiques qu'on trouve partout en Bretagne ! Après avoir récité avec ferveur un *Pater* pour demander à notre Père, qui est aux cieux, le pain de leur laborieuse journée, ils disaient, sur un ton plus bas, un *De profundis* pour le repos de l'âme de ceux qui ont péri à Quiberon.

VIII

CHAPELLE EXPIATOIRE. — MONUMENT DE QUIBERON.

Dès les premiers jours de la Restauration de 1814, au moment où les restes de Louis XVI et de Marie-Antoinette étaient transférés à la nécropole de Saint-Denis, on songea à ouvrir une souscription pour élever un monument aux victimes de Quiberon. Mon intention n'est pas de faire l'historique de cette souscription ; je me contenterai de dire qu'un de ses principaux promoteurs fut un des glorieux soldats de l'Empire, le maréchal Soult, duc de Dalmatie. Dès le 1er juillet 1814, le duc d'Angoulême était allé visiter ces funèbres lieux, consacrés par un lamentable souvenir. Déjà une première mesure avait été prise par le curé d'Auray, M. Deshayes. Jusqu'en 1814 les restes des victimes étaient demeurés dans les fosses où on les avait jetés à la hâte au moment de l'exécution ; ces chrétiens, qui étaient morts en pardonnant à leurs bourreaux, ne jouissaient pas des honneurs d'une sépulture chrétienne. Le curé d'Auray eut la pensée de les transférer dans une terre bénie et d'élever au moins le signe de la rédemption sur le lieu où ils reposeraient. Les fosses, remplies à la hâte et mal comblées, étaient faciles à reconnaître à un enfoncement circulaire d'où sortaient des ossements déjà blanchis par le temps. Le curé d'Auray avait acheté la Chartreuse ; c'était la fondation faite jadis par Montfort sur le champ de bataille où il avait vaincu Charles de Blois, afin que des messes fussent dites à perpétuité, dans une chapelle placée sous l'invocation de saint Michel, pour l'âme de ceux qui avaient succombé dans cette journée. Cette chapelle, connue dans le pays sous le nom de chapelle de Saint-Michel du Mont, avait été confiée, un siècle après sa fondation, à douze chartreux, et on l'avait rebâtie sous Louis XV. Les chartreux continuèrent à y prier et à édifier le pays par leurs vertus comme à soulager les pauvres par leurs aumônes, jusqu'à la grande révolution, qui les obligea à quitter la France. Le curé d'Auray, qui avait placé dans leur ancien domaine une école de sourds-muets sous la direction des sœurs de la Sagesse, eut, aussitôt après le retour des Bourbons, la pensée de recueillir les ossements des victimes de Quiberon et de les faire transporter dans un des caveaux de l'église de la Chartreuse, préparé vis-à-vis de celui des anciens solitaires. Lorsque, en 1814, le duc d'Angoulême vint en Bretagne, il descendit dans ce caveau funéraire et vint prier devant les ossements des victimes de Quiberon. J'ai devant les yeux, en écrivant ces lignes, une gravure qui représente cette douloureuse scène, destinée à être plus tard reproduite, avec certaines modifications, sur les bas-reliefs de la chapelle. Le prince et ses aides de camp sont à genoux dans le caveau, devant une montagne d'ossements qui n'a pas moins de douze mètres de large sur quatre mètres à peu près de hauteur. Ce chaos de têtes aux yeux vides, entassées pêle-mêle avec des ossements, produit un effet inexprimable de tristesse et d'horreur. Un prêtre, debout, lit des prières pour les trépassés, les prières qui manquèrent aux funérailles des victimes, jetées sans honneur dans les fosses béantes, creusées à la hâte pour les recevoir ; la religion, qui a le dépôt des promesses éternelles, a seule le droit de se tenir debout en présence de la mort.

Ce fut quelques années plus tard que, les souscriptions ayant afflué, on commença à élever deux chapelles, une chapelle expiatoire et une chapelle sépulcrale, avec un caveau destiné à contenir les ossements. La première pierre de ces deux chapelles fut posée le 20 septembre 1823 par Madame la duchesse d'Angoulême. Six ans après, le 15 octobre 1829, on fit l'inauguration. Ce fut une cérémonie solennelle. Les évêques de Vannes, de Saint-Brieuc et de Quimper y assistèrent ; les députés du département, M. Harscouet de Saint-Georges, fils de celui qui échappa au sort commun de ses compagnons d'infortune, et M. de Margadel, étaient présents à la cérémonie, ainsi que les généraux Joseph de Cadoudal, de Coislin, de Villiers, de la Boessière, de la Bourdonnaye. Deux cents communes portant leurs bannières étaient accourues de tous les points de la Bretagne, et ce fut au milieu d'une réunion de vingt mille hommes que l'on procéda à l'inauguration. Ainsi, trente-quatre ans après l'événement, les victimes de Quiberon recevaient les honneurs funèbres ; la Restauration semblait se hâter de mettre en possession de leur suprême demeure les victimes de la première révolution, comme si elle avait eu le pressentiment qu'elle-même allait être emportée par une révolution nouvelle qui grondait déjà dans le lointain.

Je ne crois pas que l'art ait fixé sur la toile ou sur le marbre le souvenir de cette fête funèbre ; mais un artiste de talent, M. Couderc, a peint la scène de la pose de la première pierre du monument par la fille de Louis XVI en 1823. On voit Madame la duchesse d'Angoulême, suivie de ses dames d'honneur, tenant le marteau pour frapper la pierre ; une sœur de Georges Cadoudal assiste à la cérémonie ; l'évêque de Vannes, suivi de son clergé, la préside. Le préfet, M. de Chazelles, tient le plan du monument ; des généraux et des officiers occupent tout le côté gauche de la toile ; dans le fond apparaissent quelques têtes de paysans morbihannais. La croix, tenue par un jeune lévite, et la bannière de la Vierge immaculée, dont les victimes invoquèrent l'intercession du plus profond de leur cœur à l'heure de leur mort (*Ora pro nobis nunc et in hora mortis nostræ*), s'élèvent en face de ces ossements héroïques, comme deux drapeaux qui doivent être à l'honneur puisqu'ils ont été à la peine, car ils ont parlé des espérances du ciel à ceux qui avaient perdu tout espoir sur la terre, et d'immortalité à ceux qui allaient mourir. La figure de la princesse est pleine de gravité et sa physionomie respire une majesté douloureuse ; il y a sur son front comme une ombre descendue du grand échafaud. Tous les visages autour d'elle sont tristes, mornes et recueillis. Le souvenir du massacre de 1795 est présent à toutes les pensées et plane sur cette scène de religion et de deuil.

Il me reste à décrire l'ensemble des décorations funèbres qui s'élèvent sur le théâtre de ce grand martyre. A l'endroit, désigné plus haut, où viennent s'embrancher les routes de Sainte-Anne, de Pluvigner et d'Auray, s'ouvre une espèce de carrefour circulaire au centre duquel s'élève une colonne dorique de granit bleu, supportant une croix sur un globe. Belle image de notre terre, autel sanglant où s'élèvera toujours la croix de la souffrance et de l'expiation, jusqu'au grand jour où la mort sera vaincue et où les larmes cesseront pour jamais de couler! A partir de cette place, on entre dans une sombre avenue de sapins. Elle va aboutir à une arène entourée de terrasses et de plusieurs rangées d'arbres verts. Au fond de l'arène s'élève la chapelle expiatoire : « *Hic ceciderunt!* C'est ici qu'ils sont tombés ! » Vous foulez le champ des martyrs. Malheureusement, à l'époque où le monument fut construit, la renaissance de l'art chrétien, due en grande partie à l'initiative de M. de Montalembert, de M. Victor Hugo, alors fervent admirateur du moyen âge, de M. Rio et de l'école qui se forma autour d'eux, ne s'était pas encore manifestée. On ne songea point à ces chapelles ogivales du moyen âge qui, surgissant tristes et pleines de pensées au milieu de ce paysage breton, comme l'élan d'une âme souffrante vers Dieu, auraient été mieux en harmonie avec la physionomie des lieux et les sombres et douloureux souvenirs qu'il s'agissait de rappeler.

La façade de la chapelle expiatoire est un portique d'ordre dorique à quatre colonnes régulièrement espacées, supportées, à la hauteur des terrasses, par de nombreux degrés [1]. Si l'antiquité a fourni la forme, la Bretagne a du moins fourni la matière ; les colonnes sont chacune d'un seul morceau de granit de Saint-Malo. La charpente de la chapelle est en fer, et la couverture en plaques de cuivre. Il n'y a de fenêtre qu'au fond carré de l'édifice ; une grande croix y est dessinée dans les vitraux de manière à correspondre à celle de l'autel. Les murs devaient recevoir des fresques et l'autel des ornements, qu'ils attendent encore : dans cette époque de changements à vue, les gouvernements passent vite sur la scène sans cesse renouvelée de l'histoire, et la Restauration n'a pas duré assez longtemps, ou ne s'est pas assez pressée pour mettre la dernière main au monument funéraire, dédié par elle aux victimes de Quiberon. Tel qu'il est, le monument a un aspect imposant, et, comme le dit le R. P. Arthur Martin, il atteint le but qu'on s'était proposé autant que l'art grec pouvait le faire. Il est vrai qu'il doit en partie sa grandeur mélancolique au paysage sévère au milieu duquel il est encadré. L'inscription qui avertit le visiteur qu'il est sur le champ des martyrs, *Hic ceciderunt,* est cachée sous le portique. Sur la grande frise de la façade on lit une inscription qui relève l'âme abattue par cette cruelle immolation, et oppose la justice éternelle de Dieu à l'injustice passagère des hommes : « *In memoria æterna erunt justi.* La mémoire des justes sera éternelle. »

Après la chapelle expiatoire, érigée sur l'endroit du

---

[1] J'emprunte en grande partie cette description au R. P. Arthur Martin, dans son *Pèlerinage à Sainte-Anne.*

massacre, on retrouve l'allée de sapins qui continue à monter vers la chapelle sépulcrale, appuyée contre l'ancienne chapelle du couvent des Chartreux, seconde station de ce douloureux pèlerinage. Un portique peu élevé, soutenu par deux colonnes, fait saillie sur la façade unie de la chapelle, surmontée par un fronton ; sous ce portique s'ouvre une porte de fer ; sur la frise du fronton on lit cette inscription, qui rappelle que le monument a été érigé au moyen d'une souscription publique :

GALLIA MOERENS POSUIT.

« La France éplorée l'a élevé. »

Dès qu'on a pénétré dans la chapelle, les yeux s'arrêtent naturellement sur le tombeau dont le petit côté fait face à la porte extérieure de la chapelle. C'est dans ce petit côté que se trouve la porte de la crypte souterraine qui contient les ossements. Le tympan supérieur, surmonté d'une croix, représente la France couverte du voile des veuves, accoudée à droite sur un tombeau et tenant de la main gauche une couronne funéraire. Au-dessous de ce motif on lit cette inscription :

QUIBERON, XXI JULII MDCCXCV.

Au-dessous, deux bustes en ronde bosse sont encastrés dans des niches hémisphériques. Deux noms sont gravés sous ces bustes ; sous le buste gauche : SOULANGES ; sous le buste de l'autre côté : SOMBREUIL.

Au-dessous des bustes, sur la frise du grand sarcophage, on lit cette inscription :

PRO DEO, PRO REGE NEFARIE TRUCIDATI.

« Méchamment immolés pour Dieu et pour le Roi. »

Des génies, — j'aurais mieux aimé des anges, — des génies tenant des flambeaux renversés et des palmes hautes se tiennent debout des deux côtés de la porte du caveau, qui est coulée en bronze et d'une exécution remarquable. Aux quatre angles, ces figures de génies sont répétées. Sur les deux parois latérales du monument pris dans sa plus grande longueur, des cadres, formés de guirlandes de cyprès, contiennent les noms de neuf cent cinquante-deux victimes [1].

Sur le grand côté de droite, en entrant, la frise supérieure du petit sarcophage présente l'inscription suivante :

PERIERUNT FRATRES MEI OMNES PRO ISRAEL.

« Tous mes frères sont morts pour Israël. »

Au-dessous de cette frise, un bas-relief occupe tout le panneau ; il représente le débarquement des émigrés sur la plage de Carnac.

La bordure inférieure de l'encadrement de ce bas-relief contient la date du débarquement :

XXVII JUNII MDCCXCV.

---

[1] On n'a pu réunir les noms de toutes les victimes. A Vannes seulement, d'après le témoignage de Duchatellier, elles furent au nombre de plus de cinq cents jusqu'au 8 août. La plupart des commissions militaires n'avaient pas de procès-verbaux exacts et complets. M. Chasles la Touche évalue le nombre des victimes à deux mille.

Sur la frise du grand sarcophage, on lit cette inscription :

PRETIOSA IN CONSPECTU DOMINI MORS SANCTORUM EJUS.

« Elle est précieuse devant Dieu, la mort de ses saints. »

En tournant autour du monument, on arrive au petit côté postérieur qui fait face à l'arcade donnant dans l'église des Chartreux ; situé à l'opposite du petit côté où s'ouvre la porte du caveau, ce côté a une ornementation analogue. Dans le tympan supérieur, un médaillon soutenu par deux anges et surmonté d'une croix représente Mgr de Hercé, évêque de Dol, celui qui fut fusillé avec Sombreuil sur la plate-forme de la promenade de la Garenne. Au-dessous du tympan, on lit cette date :

QUIBERON, XXI JULII MDCCXCV.

Au-dessous de la frise, deux bustes en ronde bosse dans le même style que ceux qui figurent sur la façade antérieure. Deux noms se lisent au-dessous de ces bustes :

D'HERVILLY, TALHOUET.

Sur la frise du grand sarcophage, on lit cette inscription :

PRO ANIMABUS ET LEGIBUS NOSTRIS.

« Pour nos vies et nos lois. »

Sur le panneau au-dessous, comme du grand côté, les noms des victimes se pressent en colonnes serrées qui rappellent au visiteur ces colonnes d'attaque mitraillées par l'artillerie républicaine, le jour où le général d'Hervilly vint attaquer les positions des républicains.

Nous voici arrivés à la dernière partie du tombeau, c'est le grand côté de gauche.

L'inscription, tracée dans la frise supérieure, est ainsi conçue :

IN DEO SPERAVI, NON TIMEBO.

« J'ai espéré en Dieu, je ne craindrai pas. »

Au-dessous de cette inscription un bas-relief perpétue la mémoire du trait de dévouement de l'héroïque Gesril du Papeu, ce Régulus chrétien, allant à la nage, après la capitulation, prier le commandant de la frégate anglaise, de la part de Sombreuil, de cesser le feu qui décime les rangs républicains, et revenant ensuite se constituer prisonnier.

Sur la bordure inférieure de l'encadrement du bas-relief, cette date néfaste revient :

QUIBERON, XXI JULII MDCCXCV.

Au-dessous règne la frise du grand dé du sarcophage; on y lit ces paroles :

ACCIPIETIS GLORIAM MAGNAM ET NOMEN ÆTERNUM.

« Vous acquerrez une grande gloire et un nom immortel. »

Le grand panneau est rempli des noms des victimes en colonnes serrées. Ainsi les martyrs marchaient au supplice.

Toutes ces inscriptions sont gravées en majuscules romaines, lettres et chiffres dorés, et sur une seule ligne.

Au fond de la chapelle, sur la muraille, de chaque côté de la haute et large arcade qui donne accès dans l'église de la Chartreuse, se trouve un bas-relief en marbre blanc. Celui de gauche représente le duc d'Angoulême priant sur les ossements des victimes, le 1er juillet 1814 ; ce bas-relief, dans lequel le prince est représenté priant devant un autel, n'offre pas le caractère de sublime horreur de la scène réelle et primitive. Celui de droite représente la duchesse d'Angoulême posant la première pierre du monument, le 20 septembre 1823. En face du mausolée, se trouve de l'autre côté de la nef un autel dédié à la sainte Vierge et à saint Michel. Les parois intérieures de la chapelle sont revêtues de marbre blanc et noir ; les fenêtres sont ornées de vitraux de couleur, et la voûte est peinte en ciel étoilé.

Tout en regrettant que l'art chrétien n'ait pas été appelé à ériger le monument destiné à abriter ces morts chrétiennes, il faut rendre hommage au talent de l'artiste Caristie, ancien pensionnaire de France à Rome et membre du conseil royal des monuments. Toute l'ordonnance de l'architecture de la chapelle sépulcrale du Champ des Martyrs respire une gravité majestueuse et morne. C'est la douleur, mais la douleur antique, sans ces rayonnements de lumière au milieu des ténèbres, sans cet élan de l'immortalité jaillissant du sein de la mort même que l'art chrétien s'entend seul à donner à la demeure des morts. Les inscriptions empruntées à l'Écriture prient et espèrent ; le monument, tout remarquable qu'il soit, ne fait que pleurer, et son fronton aplati ne montre guère aux âmes des victimes le chemin des cieux.

Je me rappellerai toujours l'inexprimable serrement de cœur que j'éprouvai quand, avec plusieurs prêtres du diocèse de Vannes, qui avaient bien voulu me conduire, j'en-

trai pour la première fois dans la chapelle sépulcrale [1].
C'était un sourd-muet, probablement élevé par les sœurs
de la Sagesse, qui nous conduisait. J'échappai ainsi à
cette loquacité du *cicerone,* qui, dans cette sombre enceinte, eût été une souffrance morale, presque une profanation. Rien ne troublait le calme auguste de la nécropole; le silence des morts semblait être remonté du
caveau funèbre jusque sur les lèvres de ce triste et morne
vivant, devenu leur hôte accoutumé. Aucun bruit ne dérangeait nos pensées, qui pouvaient s'enfoncer en paix
dans le passé et monter ensuite vers Dieu. Notre guide
ouvrit la grille de bronze qui ferme le caveau, et qui, en
roulant sur ses gonds, produisit un long murmure qui
ressemblait à un gémissement. Je songeai à tant de vies
moissonnées dans leur fleur, à la mort — et quelle mort!
— acceptée avec résignation par tant de jeunes gens qui
avaient devant eux un bel avenir, et je priai du fond du
cœur pour les victimes de Quiberon. Je m'avançai ensuite
pour jeter un triste regard sur leurs ossements, et le
sourd-muet, devinant mon intention, abaissa une torche
résineuse allumée et la promena dans les profondeurs du
caveau. J'aperçus alors un monceau d'ossements blancs
comme la neige, et, comme je me penchais plus avant
sur l'ouverture béante, un des prêtres qui m'accompagnaient m'arrêta par le bras et me retira en arrière. Il

[1] J'y suis retourné plusieurs fois depuis. Dans le mois de septembre 1868, époque de ma dernière visite, j'entrai dans la sacristie de l'église de la Chartreuse. On nous y montra un ornement sacerdotal, qui est une véritable relique : il est composé en entier d'une mosaïque formée de morceaux d'étoffes de velours et de soie provenant des vêtements des victimes.

me raconta, pendant que nous descendions les degrés, que, l'année précédente, un enfant, qui était venu avec sa mère, se précipita étourdiment vers l'ouverture et disparut tout à coup. La mère épouvantée poussa un cri strident qui retentit jusque dans les profondeurs du sépulcre. On crut l'enfant perdu. Le guide descendit précipitamment dans le caveau et, remontant bientôt, il mit dans les bras de la mère l'enfant, qui, tombé sur le tas d'ossements, n'avait pas même une contusion. La mort avait été douce et hospitalière à la vie, et le caveau qui contenait les restes de tant de jeunes hommes, jadis pleurés par des Rachel désespérées qui ne voulurent pas être consolées parce que leurs fils n'étaient plus, rendait à cette mère éplorée l'enfant qu'elle avait cru perdu.

Je ferme sur ce souvenir ce volume, dont la première partie m'a rappelé quelques-unes des meilleures journées de ma vie, et la dernière les plus lamentables journées de notre histoire. Ici, comme ailleurs, j'ai cherché par-dessus tout la vérité, et, telle que je l'ai trouvée, je l'ai dite. J'espère avoir éclairci un problème historique, resté obscur, celui de la capitulation de Quiberon offerte par l'armée républicaine, accordée, selon toutes les probabilités, par Hoche, sous le bénéfice de la promesse de Tallien de la faire ratifier par la Convention. Je n'ai pas caché les fautes des hommes de mon opinion; heureusement, je n'ai eu, de ce côté, que des fautes à signaler, et elles sont couvertes par l'héroïsme chrétien d'une mort digne des premiers martyrs. Je n'ai pas eu à exagérer les crimes de la Révolution et des révolutionnaires, il a suffi de les raconter. Toutes les fois que j'ai trouvé dans les rangs des républicains des cœurs généreux et ouverts au noble sentiment de la pitié, ç'a été pour moi une consolation de les désigner à la reconnaissance publique. Je ne suis pas au nombre de ceux qui aiment à haïr. Le devoir de l'historien est d'entretenir dans le cœur des hommes l'admiration de la vertu et l'horreur du crime, sous quelque drapeau que l'un et l'autre se trouvent. Que ce livre soit dédié au Morbihan, qui me l'a inspiré, et puisse-t-il rester comme un témoignage de mon respect et de mon affection pour cette contrée aux convictions fortes et aux mâles vertus!

PIÈCES JUSTIFICATIVES

Nous croyons rendre hommage aux victimes de Quiberon et servir la piété traditionnelle des familles en reproduisant les noms gravés sur le monument funèbre érigé près du Champ des Martyrs. Nous empruntons cette liste à un écrit publié en novembre 1829, à Vannes, sous ce titre : *Quiberon, nouvelle morbihannaise,* par V... L... On y trouve les noms inscrits tels qu'ils le sont sur le monument. L'honorable M. Eugène de la Gournerie, à qui nous aimons à exprimer ici notre reconnaissance, a bien voulu contrôler cette liste ; il y a fait des rectifications et des additions, en s'appuyant le plus souvent sur les correspondances que M. Charles Hersart du Buron, secrétaire de la commission du monument de Quiberon pour la Loire-Inférieure, avait entretenues avec un grand nombre des familles auxquelles appartenaient les victimes. Mais ici quelques observations préalables sont nécessaires.

La liste officielle, signée par le général Lemoine, résume par les chiffres suivants le bilan funèbre de Quiberon :

Émigrés et chouans fusillés..............	710
Chouans condamnés à une détention de quelques mois...........................	184
Prisonniers français arrachés des prisons d'Angleterre pour servir avec les émigrés, acquittés et incorporés dans différents bataillons............................	2,848
A reporter........	3,742

Report.......	3,742
Mis en liberté par arrêté des représentants du peuple, ayant payé des contributions en grain...............................	2,000
Morts dans les prisons et hôpitaux..........	400
Vieillards, femmes et enfants mis en liberté lors de l'entrée de l'armée dans la presqu'île................................	3,000
Total..........	9,142

Le général commandant la 8ᵉ division de l'armée des côtes de Brest,

LEMOINE.

Cependant, les noms inscrits sur le monument, et dont nous donnons la liste s'élèvent au chiffre de 952 au lieu de 710. En confrontant les deux listes, j'ai trouvé une explication plausible de cette différence. Non-seulement on a inscrit parmi les noms gravés sur les diverses façades du monument celui de d'Hervilly, commandant de la 1re division qui, blessé à mort dans la journée du 16 juillet 1795, mourut à bord de la frégate anglaise la *Pomone*, mais les noms des personnages les plus marquants tués dans la même journée; je citerai particulièrement les noms du commandeur de la Laurencie, du vicomte de Talhouet, mort au champ d'honneur, et père du jeune Louis de Talhouet, qui fut fusillé le 26 août, de MM. de Concise, de Trecesson, d'Orvilliers, de Caux, de Féletz, tous tués dans le combat du 16 juillet. Je dois ajouter cependant que la liste donnée par le général Lemoine est incomplète, de l'avis de tous ceux qui ont écrit à l'époque où le souvenir des événements était récent, et que celle du monument l'est aussi. Les procès-verbaux des commissions militaires avaient été très-inexactement tenus. En outre, il est évident que les exécutions qui, pendant près d'un mois, ont eu lieu tous les jours sur trois points : près de Vannes, de l'autre côté du bras du Morbihan, dans un lieu qu'on appelait encore sous la Restauration la *Pointe des Émigrés*, à Auray dans la prairie de Tré-Auray, à Quiberon sur la plage de la mer, ont atteint un chiffre très-supérieur à celui indiqué par Lemoine, et même à celui des noms portés sur le monument. Duchâtellier, dont les opinions révolutionnaires sont connues, porte, je l'ai dit, à 500 le nombre des émigrés et des chouans exécutés à Vannes seulement jusqu'au 8 août; or les exécutions continuèrent dix-huit jours encore. Elles furent si nombreuses, on l'a vu, que la municipalité se plaignait, au nom de la salubrité publique, de l'énorme quantité de sang qui couvrait le sol, et que le lieu du supplice fut successivement transféré de la Garenne à l'Hermitage, et de l'Hermitage à l'Armor. Il y eut des prisonniers fusillés dans la prison ; nous avons cité sur ce point le témoignage très-précis du comte Harscouet de Saint-Georges, et peut-être sur les 400 prisonniers indiqués comme étant morts dans les hôpitaux et les prisons, un assez grand nombre doivent être portés à l'actif du massacre.

Je ferai une dernière remarque : Hoche, dans sa lettre du 22 thermidor an III au comité de salut public, s'exprime ainsi : « Nous avons près de *cinq mille chouans* prisonniers; » or Lemoine ne porte qu'à *deux mille* le nombre des chouans mis en liberté par arrêté des représentants. Je conclus de tout cela que le nombre des victimes surpasse de beaucoup celui des noms gravés sur le monument.

LISTE

PAR ORDRE ALPHABÉTIQUE DES NOMS GRAVÉS SUR LE MONUMENT
DE QUIBERON.

Ch^{er} d'Aiguillon. Ch^{rs} d'Albert-Mivel. Al^{dre} Allanic. Allary. P^{re} l'Allemand. P.-L.-N. Allieaume. A^{ne} Aloy. L.-J. Aloy. M.-J. Alys. Ch^{rs} d'Amboix. F.-J. d'Amboix. J^{n} Amelin. Ch^{es} d'Anglars. M^{o} Aniéres. J.-B. d'Antresse. A.-M. d'Apchier. G^{t} Apchier. J.-L. d'Arblade. Ph^{pe} Arbon. L.-C.-H. d'Arbouville. R.-V. Larchantel [1]. D'Arnaud. P^{re} Arnoult. Astier. Com^{te} d'Atilly. J.-A. Aubin. F^{cy} Aubry. P^{re} d'Audebard. Mr^{ln} Audrein. F^{ois} Auffrey. Ma. de St-Aulaire. d'Auront. Com^{te} d'Avaray. R^{né} Avril.

M^{el} Bachelot. M^{ln} Bachelot. J.-P.-R. de Bailly. P^{re} Bans. J.-J.-A. de Barassol. L^{is} de Baraudin. J^{n}-J^{h} Barba. F^{ois} Barbaroux. J.-M. Barbut. F.-R. de la Barre. Yves Barré. Barret. B.-F. de Basquières. De la Bassetière [2]. F^{ois} Bassou. M^{al}-Anne Baudiot. L.-C.-H. de Baudrant. J^{h} Baudut. G^{ul} Baulavou. J.-A.-T. la Baume (de Pluvinel). L.-C.-H. de Baupte. Ch^{er} de Bavière. E^{le} de Bayard. P.-P. de Bearn. Ch^{er} de Beaucorps. J.-J. de Beaucorps. De Beaudenet. Mis de Beaufort (de Goyon). C^{mlr} de Beaufort. Ch^{er} de Beaugendre. Ch^{es} de Beaumetz. De Beaumont. J^{b}-P. de Beaumont. P.-M. de Beaupoil. De Beauregard. Ch^{er} de Beauregard. F.-A.-M. Beauregard [3]. E^{ne} Beauvais. J^{n} de Beauvillié. Ch^{es} de Bechillon. P.-E. Beghin. J.-E.-F. de Belle-

---

[1] Porter à L, et lire ainsi : R.-V. Larchantel (Gilart de). — [2] (Ch.-Cal^{te} Morisson). — [3] (Dubois de).

PIÈCES JUSTIFICATIVES. 323

fonds. L^{is} Bélisson. Vic^{te} de Bélizal. J.-F. de Bellegarde. H^{ri} de Benizet. C.-J. Benoit. F^{ois} de Béon. J^{os} Berienne. R^d de Bermond. Ch^{rs} Bernard. J.-M. Bernard. P.-J. Bernard[1]. Jⁿ Berney. Hⁱ-Jⁿ Berthou[2]. J^h Berthe. A^{tin} Berthelot. J.-M. Berthelot. F^{ois} Bertrand. G^{me} Bessin. P^{re} Bétard. A^{tin} Biar. De Bibeau. De Bideran. Jⁿ Bigouen. S.-M. de la Biochaie[3]. H^{ri} Biot. P^{re} Biot. L^{is} Blaize. J^{es} de Blanchoin. P.-A. J. Bleu. J^h Bluherne. J.-H. de Boccosel[4]. A.-J^h du Bocquet. N^{as} Bocquet. L.-H. de Boguais. J^{es} Boilleteau. Th. Boisanger[5]. Ch^{er} de Bois-Baudry. M^{el} Bois-Duc. E^{des} de Boisendes. Comte de Boiseon[6] (Forestier). M^{quis} de Bois-Février[7]. V^{or} du Bois-Frérent. M. du Bois-Hue (Guéhéneuc). J.-R. du Bois-Tesslin. De Boissendes. De la Boissiere. Com^{te} de Boissieux. P^{re} le Boitreuse. A^{dre} de Bombart. M^{ce} de Bonafous. L.-N. Bonard. E^{che} Bonge. H^{ri} Bonge. De la Bonnelière. H.-J. de Bonneville. R^{el} de Bonneville. L^{is} de Bonore. H^{rl} Bonoure. G^{me} Bossenot. H.-D. de Botterel[8]. P^{re}[9] le Bouche. F.-G. Boucher. J.-J^h du Bouetiez. J.-M. du Bouetiez. De Boukin. La Boulandière. N^{as} Boulard. J^{ques} Boule. C.-L. de Boulefroy. De Boulon. Jⁿ Boulot. J^h de Bourdon de Ris. C.-A. de Bourdon (Grammont[10]). J.-J. de la Bourdonnière[11]. F^{ois} Bourguignon. P.-S. de Boussineau. J^{ques} Bouvier. F^{ois} Brébion. F^{ois} Bréhaut. P.-F. Bréhern. J.-F. Breton. Le Breton. A.-F. du Breuil. Brevelley. L.-J. Briche. J.-M.-M. de Brie. P.-M. Briend. Com^{te} de Briges. Le Bris. Cl^{de} Brodier. Vic^{te} de Broglie. Jⁿ Brohan. Ch^{es}-C. Brossard. L.-A. de Brossard. Jⁿ la Brousse. P.-J^{ques} la Brousse. H.-J.-G.-T.-H. du Breignou (Cte[12]). De Brumeau. F.-P. de Brusly. T.-H. de Bry. F^{ois} du Buat. C.-M. de Buissy. F.-L.-B. de Buissy. J^{ques} Bultelle. C.-M. Burnolle.

J^{ques} Cadart. De Caffarelli. F^{ois} de Comparot. Jⁿ Candols. F^{ois} de Candou. M.-A.-J.-B. du Cap de Saint-Paul. F^{ois} de Caqueray. P.-J. de Carheil. A.-M.-L. de Carcaradec. H.-M.-F.-M. de Carcaradec. L.-M.-T. de Carcaradec. Lt Carmouche.

---

[1] Besnard. — [2] Chevalier de la Violaye. — [3] (Colin). — [4] De Bocosel Gouyquet). — [5] (Bréart de). — [6] Boiséon. — [7] Ajouter : de Langan. — [8] H.-F. de Botherel. — [9] Guillemot dit (porter au G). — [10] Gramont. — [11] (Le Barbier). — [12] (Thépault).

De Carneville. A.-M. Caron. J.-F. Carpentier. J.-B\ts de Casal. F\tois du Caste. De Castel. De Caux. De Cazal. C.-A.-F.-M. de Cazaux [1]. De Cazeaux. J\tn Chable. De Champclos (Burles). De Champflour. De Champsavoye [2]. De Chantellenot. Ex. de la Chapelle. J.-F. de la Chapelle. P.-P. la Chapelle. S\ton Chapiteau. J.-F. Chapon. De Charbonneau. H\tri de Charbonneau. J.-B\tte Chardon. J\tn Charlanne. L.-C\th du Charmois. J.-P.-Axis de Chastaignier [3]. P.-F.-A. de Chasteigner. J\tn Chataigne. L\tis Chatel. A\tte de Chaton. R.-G.-M. de Chavoy (Payen). A.-M.-F. de Cheffontaines. N.-J. de la Chenardière [4]. C.-G.-G. de Chenu. Du Chesnay. F\tois Chevé. B.-R.-M. de la Chevière père. J\th de la Chevière fils. A. de la Chevière fils. J.-B.-G. de la Chevière. J.-M. de Chevreux. J\th Chevrier. De Chesea. J.-B\tte Cholet (B\ton de). J.-B\tte Chope. De Chrétien. J.-M. de Chrétien. L.-F. de Christon. A.-M. Ch\ter de Cillart. E.-J.-M. de Cillart. J\tb-M. de Cillart. F.-B. de Clabat. P\tre de Clabat. J\tques [5] Clinchamp. L\tis la Clocheterie. A.-R. du Cluzel (V\tte). J.-F.-L. Coeffeteau. Ch\ter de Coëtlosquet. M\tquis de Coëtlosquet. F.-A. de Coëlaudon [6] (Ch\ter). L.-E. de Coëtudavel. Cognet. M.-C. Colardin. P\tre Colin. J.-B\tte Colinet. A.-J. de Collardeville. F\tois Collette [7]. T.-H.-J. Collibeaut [8]. J\th de Colombet. F\tois de Comblat. H\ter de Compreignac. De Concises [9] (Greslier). C.-H\tes de Corday. J. de Corday. Du Cormier. R\tné de Cornulier [10]. P\tre Corvay. F\tois Costinie [11]. R.-S. de Cotelle. A\tne de Cotte. P\tre Coupet. P.-P.-A. Courcy. A.-L\tdre Courreau. Ch\ter de Cours. D\tel de Courteville. J.-F. de Coustin. N.-M. de St-Crend. T\tt de Croissanville. M\trin de Crommebois. Bar\ton de Crouseilhes. N.-H. de Croutte. J.-B\tte de Crozet. P.-M.-F. de Cruzel. Ch\tes Cunier.

J\tques Dagord. F\tois Dallot. Bar\ton de Damas. F.-J\tde Damoiseau. J.-C.-T. de Danceau. E\tne Danic. F\tois Daniel. J\th Daniel. L\tt Daniel. Isd\tore Dano. J\tn David. A.-F. Delcroix. A\tne Delebarre. P.-L. De-

[1] Cazau. Ajoutez (Gauné de). — [2] (Guignard). — [3] Chasteignier. — [4] Ajoutez (Ballet). — [5] De Clinchamp. — [6] De Coëlaudon. — [7] Collet. — [8] Collibeaux. — [9] De Concise. — [10] Armand-Désiré, et non René, de Cornulier de la Caraterie, blessé, le 16 juillet, à l'attaque des lignes de Sainte-Barbe, parvint plus tard à s'échapper de l'hôpital d'Hennebont. (Note de la famille.) — [11] Costinic.

PIÈCES JUSTIFICATIVES. 325

lisles¹. Jn Delonay. Jh Delorme². J.-P. Desmoto³. Jn Dessat. Emel Dethort. Jh Diétrick. Lis Diserdille. A.-J. Doco. C.-N. Dorigny. Thmas Doudman. J.-A; Douroux. Cher du Dresnay. Fois Drouin. Fois Dufério. Jn Dumaine. Cdo-D. Dupuy. Axle Duqesne. Ches Duret. Lis Dury. Ftln Dusaultoir. Pre Dutertre. Jh Dutertry. Tle Duval.

C.-L. d'Elbeque. Nel Elec. D'Elque. Jques Enamf. D'Enneval. J.-J.-M.-H. d'Erval⁴. Nas Esleven. Cher d'Espagne. Fois d'Espiart. Fois Evan. Pre Evrard. Pre Ezaneau. Pre Ezanot.

Ctin Faget. Gme Falhun. Jim Faller. Bd Fauré. Ane de Fauville. Faval. Mee de Faydit. J.-M.-J. de Faymoreau⁵. A.-J. de Féletz. Mel Félix. C.-Yn Feuardent. A.-E. de Fénelon. L.-J.-C. de la Féraudiere. T.-G. Férét. Cher de la Ferté-Meun. Jques Fiolet. M.-A. Flament. Min Flau. Jn de Flayelle. H.-M. de Fliselle. Pre Florentin. Lis Flouris. Jques de Fleury. Ane de Folmont. Lis Fontaine. Hon des Fontaines. G. des Forges. A.-D. de Foucault. Ane Fougeret. F.-P. de Fouquet. C.-F. du Four. J.-A. Fournier. J.-M. Fournier. Jn Foutroyé. J.-P. de Fréville. R.-B. du Fresne. J.-B. du Fresnoy. Chrs-A. de Froger. Hté de Froger. Lis de Froger (Cher). Fois Frottin⁶.

Fx Gabeau. J.-M. du Gagec⁷. Jques le Galidec. Gles Gallec. J.-S.-M. la Garigue. Jh Garnier. Pre Garot. L.-Hrt le Gauche. Jn Gauthier. Jn Gautier. Lis Gegu. Cher Gonhaut. Eme de Genot. P.-A. de Genouillé. L.-H.-A. de Genouillé cadet. F.-M. de St-Georges. Jn Gérard. Min Gercioque. Jh Anne Gésril du Paspeu. A.-J.-L. de Gérapré. Jn-Bt Gibral. Pre Gilet. Jques de Gimel père. De Gimel fils aîné. De Gimel fils cadet. Axle Giraud. Jques Gondier. Hri de Goulaine. Myula de Goulaine. Jn Gourdet. De Gourin. Jques-Pre Gourot. Atle Gouy. Ches-Nas Goyer. A.-Gel de Grandchamp. La Grange. Pre la Grange. De Granval. Dues de Gras. Mguls de Grave. Jh Grela. N.-V. Grenier. Ches de Grimonville. Jte de Grozon (Cher Sarret). L.-J.-M. Grue. L.-J. du Guégan. J.-Ble Guégué. Jn

¹ Ajoutez (de Barsauvaye). — ² Delorme. — ³ Demptes. — ⁴ De Darval (Mettre au D). — ⁵ Panou. — ⁶ Frotlin. — ⁷ Du Gage (Glais).

19

Guenedeval. R.-M. de Guergelin [1]. J.-F. de Guerroux. De Guerry. Ch^{er} de Guerry. G^{ert} de Guerry. M^{el} Guerry. Fo^{ls} du Guet. J.-D^{que} de Guicheteau. De Guichen (du Bouexic). Jⁿ Guigan. G^{ges} Guillas. H^{ri} Guillemain. J^{ques} Guillerot. Jⁿ Guilleroux. J^h de Guillon. L.-L. Guimvert. F^{ols} Guinguené. A.-C. de Guiquerneau [2]. J^h de Guyomarais [3].

J.-M.-G. du Haffont. L.-F. d'Haise. J^h Hamon. C.-J.-M. de Harscouet. G^{el} de la Haye (Montbault). A^{xie} Hébert. F^d Hélin. F^{ie} le Hellec (le Chauff [4].) G^{froy} Hemery. Yves Henriot. A.-M. de l'Hérondel (Hue). Ur^{ain} de Hercé, évêque de Dol. F^{ols} de Hercé, g^d vicaire de Dol. L^{is} Hervet. Comte d'Hervilly. P.-A. de la Heuse. A^{tin} Hochenac. F^{ols} Hochin. A^{dre} Horhan. Jⁿ Houix. Jⁿ-B^{te} de Houlier. C^{er} de la Houssaye (Vte [5]). J.-B^{te} de la Houssaye (Vte [6]). P^{re} Huby. F^{ols} Huchet. D'Hudebert. C.-L^{de} Hugon.

J^h Imbert. T^h Imbert (de Thoumouard).

J.-B. Jacob. L^{is} Jacques. A^{te} de Jallays. L^{is} de Jallays. P^{re} de Jallays. V^{ce} [7] de Jallays. Jⁿ Jamin. Al. Javel père. A^{xie} Javel fils. F.-J^h du Jay (Vte). F^{ols} Jeanno. J^h Jeanno. A^{ne} Jeannot. Jⁿ Jehanno. Ch^{es} Jehannot [8]. L.-F.-M. Jehoquet. C.-N^{as} Jerome. V^t Jouangay. J^{ques} Joubert. Jⁿ-F. Jouenne. Jⁿ Jouvain. J^h Joyeux. De St-Just.

J^h de Kerandraon [9]. De Keravel (Kerret). Mⁱⁿ Kerhelet. R^y de Kerdaniel. J.-N.-A. de Kerebars [10]. De Kerever [11]. M^{quis} de Kergariou. Comte de Kergariou Locmaria. Comte de Kerguern. G^{el} - Jⁿ de Kerlerec [12]. J.-M.-M. de Kerloury [13]. R.G.-M. de Kermoisan. C.-J.-E.-M. de Kernescop (Courson). J.-F. Keroidier. De Kerouars. J^{ques}-M. de Keruhé [14] (Cramezel). Ol^{iv} de Keruigerel [15]. B^d-M. de Kervénonël [16]. Ch^{es}-M^{ie} de Kervasdoüe [17].

[1] (Boutouillic). — [2] (Le Bihannic). — [3] De la Guyomarais (Lamotte). — [4] De Léhellec (transporter à L). — [5] et [6] C^{tt} de la Houssaye Le Vicomte et J.-B^{te} de la Houssaye Le Vicomte (c'est leur nom). — [7] Vor. — [8] Jehanno. — [9] (Cabon). — [10] (Prigent). — [11] (Guilloton). — [12] (Billouart). — [13] (Roland). — [14] De Kerhué. — [15] Inconnu ; c'est probablement Dargent de Kerbiquet (P^{re}-Ol^{iv}). — [16] (Jouan). — [17] De Kervasdoüe.

PIÈCES JUSTIFICATIVES. 327

Phpe Laféteur. Hre de Lage de Volude. Fols. Lahergne Mel Lainé. Fols Lairet. Lis-F. de Laitre. An de Lalande. Cer de Lalandecaslan[2]. Rné de Lalandelle. Pre de Lamberterie. Fols de Lambrunières. Ches de Lamoignon. Fols Lamour. Fols Lamy. Jn Lanciens. Jn Landrein. Yves Landrein. Lanfernat. L.-M.-V. de Langle. C.-Gme de Lanoue. Pl de Lantivy. Rné-Jh de Lantivy. Lis-Jh Larcher. Rné de Largentaye. Du Largès. P.-F.-M. du Largès. Lis - Gel du Largez. Pre de Laseinie. Thre de Laseinie. Jn Laudu. A.-J.-J. de Lanjamet. Ceur de la Laurencie. Flre [3] du Laurent. Fle du Laurent. F.-C.-M. de Lauzéon [4]. Lavenne. Jen Lebail. Sen Lebeau. Lis Lebian. Jh Leblanc. Lis-Ene Leboucher [5]. Gme-Rné Lebreton. Lis Leclerc. Gme Lecun. Jques Lefebvre. Fi Lefebvre. Jn Lefloch. Mle-Lis Lefort. Min Léfranc. L.-R.-P. Legall. Ces Légo [6]. Fols Legrand. Jn-Nas Legris. Pre Leineven. Rne-Ave Lelargue. Nas Leleu. Rné Lelièvre. Nas Lemaguet. Fols Lemaitre. Jques Leninan. Rné Lenormand Garat (de). Rné-A. Lenormand Garat (de). Jn Leroux. Jques Lesausse. Rne Létat. Pre Lethiec. Lis Leti. Lis Letort. Min Letouze. Jn Léveque. G.-T. de Lezerec [7]. De Lichy. L.-P. de Lieuray. L.-A.-J. de Lombard. Jn-Pre de Loriac. Obmin de Lostende. G.-N. Louet. Jn Loyer. Lis Loyer. Luard. Jn Lubert. Ace de St-Luc [8]. Jn Lulbin. Lis de Lusignan. Jn Jh de Lustrac. Du Lys.

Jn-Mle Madec. Pre Madec. F.-De de la Madeleine. Lis de Madre. Jn Magro. Jques Mahé. Le Maignand. Fols Mailhaud. J.-Bt-B. de Maillet. Jh-A. de Mainard. Gme de Malherbe. Fols Malherbe. Ane de Mannes. Pl des [9] Manny. Ane de Manoite. Des Marais. Des Marais. Jn Marché. De Maréchal. Fx Maret. De Mareuil. Mel Marine. Nas Mariotte. Lis de Marquilier. Ane Martin. Fols Martin. Jh Martin. Jh Mary. Jn-Fols du Masnadou. Cer de Masson. Jh-Al de Maubert. Min Maubert. Nas-Min Maurice. J.-M. Mauroy. Mel-Fx de Maurville. Ane de Mauvisse. Jques de Meoue (le Mouton). Du Meillet. P. de Mélesse (Picquet). Lis-Atin de Mellenger. Cre de

[1] De Laage. — [2] De la Lande de Calan. — [3] Fls. — [4] De Lanzéon (Le Guslès). — [5] Leboucher de Martigny. — [6] Lego. — [7] G.-M. de Lezerec (de Tredern). — [8] (Conen). — [9] De Manny.

Mellot. Rné-Mle de Menou (Bon). F.-M. de Méricourt (le Roy). De Mervé (Fontaines). P.-J.-S. de la Méuvrerie. De Mérillac. Nas Michel. De St-Michel. Lis Mignaux. Pre de Milon. Ces de Miné. Mirlavaud. Fols de Mocourt. Le Moine. Rné le Moiton. Jques Molgat. Pre de Mondion. Fols de Montarnal. Fols du Monteil. Pl de Montenant. Du Montel. De Montesquiou. F.-M. de Montlezun. Hri de Montlezun. P.-F.-H. de Montfort. De Montjoye. De Montronand. Hte Morel. Fols-Ens de Moriencourt. P.-J.-B. de St-Moris. Ces de Morisson. Pre la Motte. Pros la Motte. C.-H.-A. de Moucheron. J.-M.-G. de Moucheron. Cte de Mouillemuse. N. Moulais. J.-G. Moulin. T.-E. Moureaud. Hte Moureville. Vt le Mouroux. Mquis de la Moussaye. De Monterban. Ane-Jn du Moutier.

Cher de Nassal. Pre-Mrle Née. Lr de Neuville. Jn Noël. Nas-Jn Noël. Jn-Bte-P. Nourry. De Noyon.

Jh Ollier. De St-Orent. Pre-Gel d'Orcet [1]. Fols d'Orvilliers. Ougean. Y.-M. Oumes.

Jn-Bte Palespont. Vt Pallouët [2]. Lis de Parfourru. Pre-Jn Penneguin. G.-M.-J. de Panthou. Gll [3] du Parc (de Locmaria). Hri-Ches de Parfuntun. Jques Paris. Jn [4] Pascal. Pre de Passac. A.-R. de Paty. Ld de Paty (vicomte). Ant de Pécholier. Jh L. de Pélissier père. M.-J.-A. de Pélissier fils. Jn le Pelletier. Jn Péranne [5]. R.-Ches de Percy. J.-D. de Perdreauville. Rné le Perray. Min Perigeaux [6]. F.-M. Perion [7]. P.-L. Péron. Chrt de la Péyrouse. Vt Perraut. Jn Pessel. M.-Ches Petit. Rné Petit. Fols Petit Guyot. J.-F.-P. Peunevert. Gme Pharaon. Lis de Phélippeaux. Gme-Pre de Picques. Cte de Saint-Pierre (Meherenc). Viote de Saints Pierre (Meherenc). Pieussen. Fols Pinol. Atin Pintel. Dque Pintel. De la Pisse. Gle de la Planche. Lis-Fols du Pleci. Clde du Plessis. Pre du Plessis. T.-B. du Plessis. Yves Poche. Jme de Ponsay. Pre-Fols du Pont. Jh du Pontich (de Roig). Jn-Lis du Portal. Jn Bte la Porte. L-Hc-Mle de Portzamparc. Fols Poulain.

---

[1] Ajoutez : d'Arragonés. — [2] Inconnu ; il y a évidemment confusion sur le monument avec Cl.-V.-L.-M. de Talhouët, porté également au T. — [3] Gn. — [4] Jh. — [5] Péronne. — [6] Porigault. — [7] Perlou.

PIÈCES JUSTIFICATIVES. 329

Jques-A. Poulain [1], P.-P. Poullain. De Poulpiquet. Thas de Prossac. C-.H. de Préville. Lis-Fies de Prévost. Lis-Adré de Prévot. Victe de Prielley. J.-Bte Priez. Son le Prince. Lis Pujouly. Ches Puniet. Gel de Puyferré. Cle Pynyot.

Jn Quegnec. J.-L.-Cher du Quengo (du Rocher). J.-P.-L.-Cte du Quengo (du Rocher). P.-F. Querolan [2]. Jn-Lis de Quilien. Ad de Quincarnon.

Jacb Raffler. D.-R. de Raillères [3]. De Raoul. Jn-Lis Réchin. Jon-Mel de la Regnaude. Hri-Pl la Reyranglade. B.-Mle Reguidel. Gn.Bte Remy. Gme Renegot. Fols.Pre de Reussec. Rné.-Mle Reville. Jn Ribochon. Pre Ricot. Jn-Mle Ridant. Comte de Rieux. De la Rigale. Jn.Pre Rio. Yves Riou. Cte de Robecq. Etne Robert. Fols Robert. Hri Robert. Jh Robin. Du Roch. Jques de la Roche Aymon. Fols de la Roche Barnaud. J.-P.-A. de la Roche Barnaud. R.-C. de la Rochefoucault. V.-A. de la Roche St-André. G.-F.-L. du Rocher. J.-L. du Rocher (du Quengo) [4]. P.-Jh des Roches. Chrs-C. de Rogrand. De Royrand. Baron de Roquefeuil. Pre-Fois de Roquefeuil. C.-Chrs de Rossel. L.-C. de Rossel. De Rouche. Pre de Rouche. Comte de Rouault (de Gamache). Jes de la Roussille. De Rouvenac. Comte de Rouvenac. Cher de Roux. R.-C.-A. de Rouxville. R.-E. P. le Royer. Pre de Russey.

Comte de Saineville. Jn de Salvard. Jn-Jques de Salvard. Jh de Salvert. Lis Sanié. Jques Santer. Jn Santer. Jn de Sanzillon. De Sauveplanne. J.-Bte de St-Sauveur. Chrr de Savignac. Jh de Savignac. Etne Seguin. God. Semeris. Min Seveneau. Pre Seveno. Pre Sevestre. Fols Sico. De Sidone. Jn de Sills. Mle de Solanet. Comte de Sombreuil. Ane Denis de Souyn. Comte de Soulanges. Jn Sourissot. Fols Stevan. Victe de Ste-Suzanne.

De Taillard. Rt-Ches [5] de Talhouet père. Cl.-V.é-M. de Talhouet fils. Jn.Bte Tardivet. Ato de Tassy. Jh. Tempié [7]. Jn-Fols Teis-

───────────

[1] Poulain du Parc. — [2] Inconnu; ce doit être Kerolain (Bahuno de). — [3] Donatien-Rogatien Rouault des Rallières fut blessé seulement à Quiberon; il parvint à s'embarquer; mais à peine arrivé à Southampton, il y mourut de sa blessure. — [4] Porté à Quengo (double emploi). — [5] L.-J. — [6] L. — [7] Tempier.

19*

selier. J^ques Tessier. F.-L. de Therme. J^h de Therme. J^n Thevenou. R.-E.-D. Thibault. J^n-B^te Thomas. J.-B^te Thomas. J^n Thomassin. J^n Thomazeau. M^el Thomazeau. Com^te de Tinteniac. F^ois Tissot. E^ne Tossene. N^as de la Troupelinière. J.-L. de la Tour. De Traissac. Guy Travaillé. Mis Tré. De Trecesson. De Tréion. J^h de Trévou. De Treouret [1]. De Tristan Lhermite. F.-V. de Tronjoly. De Tusseau.

D'Uston.

Ch^evy le Vaillant. H^t le Vaillant. P^l le Vaillant. T.-F.-H. le Vaillant. De Van Degre. F^ois Vandenne. G^me Vanoche. M^ien de Vanteaux. L^is-G^me de Varin. L^is de Vasconcelles. Ch^er de Vassal. C.-F^ols Vasseur. Et^ne le Vassor. De Vassy. L^is de Vaucassel. F^ois Vaudin. [2] De Vaujuas. F^ois de Vauquelin. P^l de Vauquelin. Vautrin. J.-L^is de Vaux (Jourda). De Veaucassel. L^is de Velard. J^n-B^te de Vence. De Verbois. Du Vergier. De Verine (Puy). Verne. Ch^er de Verne. J.-F.-G.-A. du Verne. Com^te de Viart. Ch^us de Viart. H^il de Viart. F^ois Vichart. J.-J.-A^nt de Vidampierre. De Videaud. F^ois Vido. L.-J. du Vigno jeune. De Villarcy. Ch.-J^h de Villavicencio. De Ville. H^te de Villedieu. (Le vicomte [5]) Villegourio. F.-A. de la Villehélio. H^il de Villeneuve. P^re Villeneuve. L^is de la Villéon. T.-L^am [4] de la Villevalio. Vic^te [5] de la Villevolette. Ur^in-Cl^t Vimar. J.-A.-G. de Violaine. Ch^er de la Violaye [6]. H^te [7] Visdelou. P^re-N^as de Vissel. J^n-L^is Voirin. L^is-M. de la Voltais. Voumard.

J.-F. Wamalle. P^re Warein. H^re Wibaux. J^n-N^as Wolff. P^re Yot.

P^re Proux. (Deux frères) de Botcouard. H^l-M^eu de Bray. De Carheil. F^ois de Falvard. J^n-M^ie-J^h de Kerlerec. Ch^es-Cte de Navailles. F^d-J^h de Préseau. L'abbé de la Heuse. [8]

---

[1] Trehouret. — [2] J.-F^ois. — [3] Le Vicomte (c'est son nom). — [4] T.-L^ard. — [5] Le Vicomte (c'est son nom). — [6] Voir à Berthou (il y a double emploi). — [7] De Visdelou. — [8] Yves-F^ois du Rocher du Rouvre.

TABLE

Sainte-Anne d'Auray.

	Pages
I. De Paris à Vannes par Angers, la Loire et Nantes.	3
II. Vannes. — Auray..................................	16
III. Origine du pèlerinage d'Auray...................	31
IV. Le sanctuaire de Sainte-Anne.....................	45
V. Nouveau voyage de Paris à Vannes par Rennes....	58
VI. Kéronik. — Sainte-Anne. — Kerléano. — Kerantré.	66
VII. Vannes. — La cour du Connétable. — L'ancien palais des ducs. — L'ancienne salle des états. — La cathédrale..	81
VIII. Coup d'œil rétrospectif. — Lorient et Pontivy en 1850. — Kerfrezec. — Le pont et le port de Lorient. — Le chantier de construction. — La préfecture maritime. — La tour de la Découverte. — Panorama..................................	93
IX. Locminé un jour de marché. — Baud et la Vénus de Quinipily. — Statuette de la sainte Vierge. — Le lycée de Pontivy. — Le château des Rohans.	

— Les Filles de Jésus. — Stival. — Verrières.
— La chronique de Saint-Mériadec. — Le Blavet.
— Domaines congéables. — La chapelle de La
Houssaie. — Le vieux fileur. — Retour de Pontivy. — Paysage........................... 99

X. Les pardons. — Les luttes..................... 110
XI. Arradon. — L'île aux Moines. — Souvenirs et récits.
— Traversée. — Arrivée à Sarzeau........... 124

Expédition de Quiberon.

I. Excursion par terre à Sarzeau. — La maison de
Lesage. — Saint-Gildas. — Le trésor de l'église.
Les tombeaux. — Le couvent d'Abailard....... 137
II. La terrasse de Saint-Gildas. — Cimetière des religieuses. — Vue magnifique. — Souvenirs de
l'expédition de Quiberon. — Débarquement du
premier corps. — Enthousiasme des populations.
— Onze jours perdus........................ 145
III. Attaque du 16 juillet........................ 160
IV. Débarquement du corps de Sombreuil. — Désastre
de la nuit du 20 au 21 juillet................ 178

Le Champ des Martyrs.

I. Premier instant de la capitulation. — Marche des
prisonniers royalistes vers Auray............. 197
II. Arrivée des prisonniers à Auray. — Premières journées de leur séjour......................... 211
III. Tallien à Paris. — Son discours à la Convention, le
9 thermidor an III. — Témoignage de Rouget
de l'Isle................................... 218

		Pages
IV.	Les commissions militaires à Vannes, Auray, Quiberon. — Exécution de Sombreuil.............	232
V.	Les responsabilités de Quiberon. — Trois lettres de Sombreuil................................	244
VI.	Les quatre commissions militaires. — Vannes, Auray, Quiberon...........................	264
VII.	Détails sur l'évasion du comte Harscouët de Saint-Georges. — Petit nombre des évasions........	296
VIII.	Chapelle expiatoire. — Monument de Quiberon....	304
	Pièces justificatives..	318
	Liste par ordre alphabétique des noms gravés sur le monument de Quiberon................	322

Nantes. — Imp. Vincent Forest et Émile Grimaud.

www.ingramcontent.com/pod-product-compliance
Lightning Source LLC
Chambersburg PA
CBHW070609160426
43194CB00009B/1229